Ein Reisender sein Leben lang, von der Kutschfahrt des Sechzehnjährigen zum Studium nach Leipzig bis zum Abschiedsspaziergang auf den Kickelhahn mit 82 Jahren. Weit ist Goethe herumgekommen, vierzigtausend Kilometer zu Fuß oder zu Pferd, mit der Kalesche oder im Kahn. Die Abwesenheit macht den Weltneugierigen frei; und große Zwecke treiben ihn an. Was der Wanderer wahrnimmt, wird ihm zu Dichtung. Auf hundert Ortsterminen hat der klassische Reiseleiter uns Wichtiges mitzuteilen. Diese Enzyklopädie eines universalen Unterwegsseins ist gleichermaßen alphabetisches Nachschlagewerk zu Goethes Städten, Bergen, Ländern und autobiographisches Lesebuch mit Berichten von Lebensglück und Todesgefahr.
Arnd Rühle, geb. 1938. Ein Leben für den Zeitungsleser, unter anderem als Feuilletonchef des *Münchner Merkurs* und als Kulturredakteur der *Frankfurter Allgemeinen Zeitung*. Im Goethe-Jahr 1999 Serien in der *F.A.Z.-Sonntagszeitung*: ›Goethes Bildnisse‹ und ›Auf Goethes Spuren‹.

insel taschenbuch 3250
Arnd Rühle
Mit Goethe reisen

Goethes Gartenhaus von der Rückseite, 1780

Arnd Rühle
Mit Goethe reisen

Goethes Orte
Ein Alphabet des Reiselebens
Mit Zeichnungen von
Johann Wolfgang Goethe

Schwanda

Insel Verlag

insel taschenbuch 3250
Originalausgabe
Erste Auflage 2009
© Insel Verlag Frankfurt am Main und Leipzig 2009
Alle Rechte vorbehalten, insbesondere das
der Übersetzung, des öffentlichen Vortrags sowie der Übertragung
durch Rundfunk und Fernsehen, auch einzelner Teile.
Kein Teil des Werkes darf in irgendeiner Form
(durch Fotografie, Mikrofilm oder andere Verfahren)
ohne schriftliche Genehmigung des Verlages reproduziert
oder unter Verwendung elektronischer Systeme
verarbeitet, vervielfältigt oder verbreitet werden.
Umschlag nach Entwürfen von Willy Fleckhaus
Vertrieb durch den Suhrkamp Taschenbuch Verlag
Druck: Druckhaus Nomos, Sinzheim
Printed in Germany
ISBN 978-3-458-34950-1

1 2 3 4 5 6 – 14 13 12 11 10 09

Inhalt

Die Abwesenheit macht frei. Einleitung 9
Goethes Reisen 1765-1831 18

A bis Z: Orte, Berge, Länder, Gewässer 21

Von den Eigenheiten der Franzosen, Italiener, Schweizer
So essen die Franzosen 285
Vom Stundenmaß der Italiener 289
Warum sind die Schweizer so unfrei? 292

Reisebetrachtungen Goethes anders als die heutigen, weil sie aus einer Postkutsche gemacht und mit den langsamen Veränderungen des Geländes sich einfacher entwickeln und viel leichter selbst von demjenigen verfolgt werden können, der jene Gegenden nicht kennt. Ein ruhiges, förmlich landschaftliches Denken tritt ein. Da die Gegend unbeschädigt in ihrem eingeborenen Charakter dem Insassen des Wagens sich darbietet und auch die Landstraßen das Land viel natürlicher schneiden als die Eisenbahnstrecken, zu denen sie vielleicht im gleichen Verhältnis stehen wie Flüsse zu Kanälen, so braucht es auch beim Beschauer keiner Gewalttätigkeiten, und er kann ohne große Mühe systematisch sein ... Viel über den Rheinfall bei Schaffhausen niedergeschrieben, mitten drin in größeren Buchstaben: »Erregte Ideen«.

Franz Kafka, 27. September 1911

Die Abwesenheit macht frei
Einleitung

Goethes Orte – gewiß tausend hat er gesehen, durcheilt, besucht, zuweilen in ihnen gelebt. Und hundert haben in besonderer Weise Bedeutung für Leben und Werk erlangt. Ein bloß neugieriger Reisender sei wahren Kennern und Liebhabern verhaßt, sagt er. Wen nicht große Zwecke in die Welt treiben, der bleibe weit glücklicher zu Hause. »Für Naturen wie die meine«, so erklärt er seine Weltweisheit mit achtundvierzig Jahren dem Geistesfreund Schiller, »die sich gern festsetzen und die Dinge festhalten, ist eine Reise unschätzbar, sie belebt, berichtigt, belehrt und bildet«. Was er sieht, fühlt und erfährt, schreibt er auf. So mag, wer Goethe zum Reiseleiter für diese Ortstermine nimmt, das Unermeßliche seines Werkes lesen wie ein autobiographisches Unterwegs des Dichters, Künstlers, Naturforschers, des Universalisten und Sinnstifters. Eckermann, der uns Goethes Gedankenwelt vermittelt, hat einmal seiner Freude darüber Ausdruck gegeben, wie Goethe auf Reisen an allem Interesse genommen und alles aufgefaßt habe: »Gestalt und Lage der Gebirge und ihre Steinarten; Boden, Flüsse, Wolken, Luft, Wind und Wetter; dann Städte und ihre Entstehung und sukzessive Bildung; Baukunst, Malerei, Theater; städtische Einrichtung und Verwaltung; Gewerbe, Ökonomie, Straßenbau; Menschenrasse, Lebensart, Eigenheiten; dann wieder Politik und Kriegsangelegenheiten, und so noch hundert andere Dinge«.

Unterwegssein ist für Goethe die längste Zeit seines Lebens die erwünschte, die erfüllte Existenzform. Der Seßhafte im Alter stellt das Reisen dann als ein Lebenssymbol dar, wie es vollendete Form in den *Wanderjahren* erreicht. Eine Rückreise aus den böhmischen Bädern, der Dichter ist vierundsiebzig Jahre alt, beschließt die Fahrenszeit. In der Kutsche entsteht die *Marienbader Elegie*, das bedeutendste Altersgedicht, eine Liebesabschiedsklage. Fortan läßt der Weltenkenner reisen, und die Welt kommt zu ihm, berichtet aus den Fernen, in die er nicht gekommen ist, die er nun geistig bereist und erfaßt. Er informiert sich aus Reisebeschreibungen, wird inspiriert, korrespondiert mit Welterforschern, empfängt sie zu Hause. Wilhelm und Alexander von Humboldt machen ihn glücklich, der eine mit Erfahrungen aus Spanien und Frankreich, der andere mit dem lebendigen Wissen über die unbekannte Pflanzenwelt auf dem südamerikanischen Kontinent. Die hochgebildeten Brüder »füllen die großen Lücken auf, die sich in meiner Kenntnis dieser Länder befinden«. Nun macht sich der häuslich Gewordene zu eigen, was in den *Wanderjahren* aufgeschrieben steht: »Die Zeit ist vorüber, wo man abenteuerlich in die weite Welt rannte; durch die Bemühungen wissenschaftlicher, weislich beschreibender, künstlerisch nachbildender Weltumreiser sind wir überall bekannt genug, daß wir ungefähr wissen, was zu erwarten ist.«

Von frühester Jugend an war Goethe ein Wanderer. »Willst du ins Unendliche schreiten, / Geh nur im Endlichen nach allen Seiten.« Dem Leitspruch aus der Sammlung *Gott, Gemüt und Welt* ist der Dichter in jeder Weise gefolgt. Und am Vortage seines 82. Geburtstages begibt er sich noch einmal auf den Kickelhahn bei Ilmenau, liest in der Jagdhütte unter Tränen *Wandrers Nachtlied* und spricht den vom begleitenden Bergrat Mahr überlieferten Finalsatz seiner Weltenreise: »Nun wollen wir wieder gehen.« Das Gedicht hatte er ein halbes Jahrhundert zuvor mit Bleistift an die Bretterwand gekritzelt: *Über allen Gipfeln ist Ruh*. Die Freunde in Darmstadt nannten den jungen Mann, als er vom Studium in Straßburg nach Frankfurt zurückgekehrt war, »wegen meines Umherschweifens in der Gegend«, den Wanderer, der zuweilen vierzig Kilometer am Tag bewältigt. Nur unter freiem Himmel, in Tälern, auf Höhen und in Wäldern sei ihm Beruhigung für sein Gemüt zuteil geworden. »Ich gewöhnte mich, auf der Straße zu leben und wie ein Bote zwischen dem Gebirge und dem flachen Land hin und her zu wandern. Unterwegs sang ich mir seltsame Hymnen und Dithyramben, wovon noch eine, unter dem Titel *Wanderers Sturmlied*, übrig ist.« In *Dichtung und Wahrheit* wird er sich Jahrzehnte später erinnern, wie er diesen »Halbunsinn« leidenschaftlich vor sich hingesungen habe, als ein schreckliches Wetter ihn traf, dem er entgegen gehen mußte. Das Wanderermotiv durchzieht hinfort das gesamte Werk. Jedes Erlebnis, nah oder fern, verwandelt sich in Dichtung.

Goethe war insgesamt mehr als ein Dezennium unterwegs; vierzigtausend Kilometer hat er bewältigt, zu Lande oder zu Wasser, zu Fuß und zu Pferd, mit dem Postwagen oder der eigenen Kutsche, mit Kahn und Schiff. Goethereisenforscher haben, alles in allem und das Hin und Her zwischen Weimar und Jena wie die Dienstfahrten durch das Herzogtum dazu gerechnet, hundertachtzig Reisen gezählt. Dabei vierzig größere und, für damalige Verhältnisse, sogar einige ganz große: zwei Mal Italien, drei Mal Schweiz. Insgesamt sechzehn Mal sucht Goethe die böhmischen Bäder Karlsbad, Franzensbad, Teplitz oder Marienbad auf und verbindet diese gesellschaftlichen und Gesundheitsaufenthalte mit weitgreifenden geognostischen Ausflügen und naturkundlichen Exkursionen.

Badereisen führen ihn auch nach Pyrmont und nach Wiesbaden. Baden-Baden wird nicht erreicht, weil kurz hinter Weimar der Reisewagen umkippt, der kunstsachverständige Reisebegleiter Meyer so schwer am Kopf verletzt ist, daß nur das nahe gelegene Bad Tennstedt in Kurbetracht kommt.
Untertanenpflicht ruft den Minister in ein und demselben Jahr erst nach Venedig und dann nach Schlesien. Auch nach Frankreich, bis Verdun und ins Kriegsgebiet der Champagne folgt der Staatsdiener seinem Fürsten. Und im Jahr darauf auch noch zur Belagerung von Mainz; einer Unternehmung, die genutzt wird für einen der seltenen Besuche im Frankfurter Elternhaus. Einmal wünscht der Herzog die Begleitung des Freundes nach Berlin und Potsdam, ein andermal in geheimer Mission nach Braunschweig. Der Straßburger Student galoppiert mit Lust und Liebe durch das Elsaß nach Sesenheim und zu Pferde auch durch Lothringen bis nach Saarbrücken. Einer der Lebenswege in vierzig Jahren ist der Rhein. Mehrere Male begleitet der Reisende den Strom – mit der Kutsche oder zu Pferd hinauf bis Schaffhausen, hinunter mit dem Kahn nach Köln, Düsseldorf und Duisburg. Lebensgefährlich ist die Meeresfahrt von Sizilien nach Neapel; nicht weniger aufregend das Erlebnis einer Vulkaneruption am Kraterrand des Vesuvs. Und knapp dem Tode entkommt der Kriegsberichterstatter bei dem selbstverantworteten Ritt in die Kanonade von Valmy.
Einer der wechselnden Reisebegleiter in späteren Jahren heißt Friedrich Wilhelm Riemer, ein unermüdlicher, unentbehrlicher wissenschaftlicher Mitarbeiter. Der staunt nicht schlecht über die Kondition seines Chefs. »Wie er als Jüngling in Felsklüften und Steingeröllen mit seinem fürstlichen Freunde herumklettert, Turmhöhen und Alpenklippen mit Gemsenfreche

erklimmt, so ist ihm, bereits als Mann, bei seinen geologischen Forschungen fünfzig Jahre hindurch kein Berg zu hoch, kein Schacht zu tief, kein Stollen zu niedrig und keine Höhle labyrinthisch genug.« Mit Goethe zu reisen sei ein hoher, ja höchster Genuß. Von ihm gelte, schreibt Riemer in seinen *Mitteilungen über Goethe*, was der über Laurence Sterne bemerkt habe, »daß dessen Heiterkeit, Genügsamkeit, Duldsamkeit auf der Reise, wo diese Eigenschaften am meisten geprüft werden, nicht leicht ihresgleichen finden«. Mit dem besten Humor, der liebenswürdigsten Offenheit, der genügsamsten Zufriedenheit, die Riemer an Goethe preist, konnte Herder dagegen nicht viel anfangen. Dessen Zustandsbericht aus Rom mutet an wie eine Entschuldigung, wenn er die eigene Befindlichkeit an der des Freundes mißt: »Wie Goethe hier gelebt hat, kann, mag und will ich nicht leben. Goethe spricht über Rom wie ein Kind und hat auch wie ein Kind, freilich mit aller Eigenheit, hier gelebet; deshalb er's denn auch so sehr preiset. Ich bin nicht Goethe, ich habe auf meinem Lebenswege nie nach seinen Maximen handeln können, also kann ich's auch in Rom nicht.«

Goethes Vater war nach dem Studium in Leipzig und Gießen bildungsbeflissen durch Italien gefahren, bis Neapel war er gekommen; zurück ging's über Paris. Dem Sohn macht er schon früh künftige Routen schmackhaft. »Ferner erzählte er mir, daß ich nach Wetzlar und Regensburg, nicht weniger nach Wien und von da nach Italien gehen sollte; ob er gleich wiederholt behauptete, man müsse Paris voraus sehen, weil man aus Italien kommend sich an nichts mehr ergetze. Dieses Märchen meines künftigen Jugendganges ließ ich mir gerne wiederholen, besonders da es in eine Erzählung von Italien und zuletzt in eine Beschreibung von Neapel auslief. So erzeugte sich in uns Kindern der leidenschaftliche Wunsch, auch dieser Paradiese teilhaft zu werden.« Mit dem Nicht-Mehr-Ergötzen, wenn man Eckermann glauben mag, ist dann ja tatsächlich so gekommen: »Ich bin, mit meinem Zustand in Rom verglichen, eigentlich nachher nie wieder froh geworden.« So spricht die greise Exzellenz.

Es hat auch Wunschparadiese gegeben, derer Goethe nicht »teilhaft« wurde. Aus Italien meldet der Reisende auf der Suche nach der Urpflanze dem Freund Knebel eine seiner zahlreichen Konjunktivfahrten. »Nach dem, was ich bei Neapel, in Sizilien von Pflanzen gesehen habe, würde ich, wenn ich zehn Jahre jünger wäre, sehr versucht sein, eine Reise nach Indien zu machen, nicht um etwas Neues zu entdecken, sondern um das Entdeckte nach meiner Art anzusehen.« Und der Kanzler Müller übermittelt in seinen Aufzeichnungen einen weiteren Wunsch, nun des Siebzigjährigen: »Wären wir zwanzig Jahre jünger, so segelten wir nach Nordamerika.« Dort kennt sich der Geheimrat bestens aus. Besucher bestaunen das Wissen über das unermeßliche Land und seine Städte. Dem Geologieprofessor Joseph Cogswell aus Harvard (dem er eine Werkausgabe für die Universitätsbibliothek schenkt, die heute noch dort steht) vermag er Stadtplandetails von Boston mit erstaunlicher Genauigkeit vorzustellen. In den *Wanderjahren* machen Wilhelm Meister und seine Freunde wahr, was Goethe und Lili Schönemann, die Verlobten, in Erwägung gezogen hatten: Sie wandern nach Amerika aus. Wenn der Sizilienreisende auf der Überfahrt von Neapel nach Palermo nicht so fürchterlich seekrank gewesen wäre, er hätte sein Vorhaben ausgeführt, nach Malta überzusetzen. Ein andermal, in späten Jahren, spricht er zu Eckermann: »Käme ich nach England hinüber, ich würde kein Fremder sein.«

Auch in der Topographie von Prag, in Geschichte und Gegenwart dieser Stadt, weiß der Korrespondenzpartner zahlreicher Prager Künstler, Gelehrter und Kaufleute bestens Bescheid. Mehrmals plant er von den böhmischen Bädern aus eine Reise dorthin, erbittet sich als Vorbereitung im Mai 1813 einen Grundriß und Beschreibungen der wichtigsten Gebäude. Die plötzliche Erkrankung seines Dieners verhindert diese Reise. Otto August Rühle von Lilienstern, der Kleist-Freund, hat mit seinem Reisebericht über »Geschichte und Geographie von Äthiopien und Ägypten« Goethes Interesse geweckt und die Abneigung »gegen jenes wüste Totenreich« gemildert. »Ich mag an Ihrer Hand«, schreibt er dem früheren Weimarer Prinzenerzieher, »gern durch jene grenzenlosen Trümmer gehen, welche wieder herzustellen die mächtigst wirkende Einbildungskraft zu schwach sein möchte.« Und ach, Paris: Auch dorthin hat der Weitgereiste es nicht geschafft. Während der Campagne in Frankreich, in Verdun, sieht man sich in wenigen Tagen in der französischen Hauptstadt; seiner Christiane in Weimar stellt er »allerlei gute Sachen« von dort in Aussicht. Doch der Krieg verläuft anders als gedacht. Ein weiteres und letztes Mal winkt Paris, als Napoleon persönlich den *Werther*-Autor einlädt, dort eine Caesar-Tragödie zu verfassen und zu inszenieren. Der Kaiser der Franzosen hat nicht mit seinem Waterloo gerechnet, sieben Jahre später.

Es gibt noch einen anderen Grund, warum der Reisebegierige nie nach Wien, Paris oder London gekommen ist. Die Häßlichkeit der Städte und der Menschen unterbreche die angenehmen Empfindungen, welche die Landschaft errege. Einmal Berlin, das genügt. In einem »kleinen Zirkel« wirke man sicherer und reiner, teilt er dem späteren preußischen Innenminister Schuckmann mit, »der Abdruck unseres eigenen Geistes kommt uns geschwinder entgegen«. Dem frischen jugendlichen Sinn ist der Zustand einer kleinen Stadt sehr gemäß, stellt der Student beim Ritt durch das Elsaß im beschaulichen Buchsweiler fest. Und dem Erfahrenen ist später sehr merkwürdig aufgefallen, so im Briefgespräch mit Schiller, »wie es eigentlich mit dem Publiko einer großen Stadt beschaffen ist. Es lebt in einem beständigen Taumel von Erwerben und Verzehren, und das, was wir Stimmung nennen, läßt sich weder hervorbringen noch mitteilen. Alle Vergnügungen, selbst das Theater, sollen nur zerstreuen, und die große Neigung des lesenden Publikums zu Journalen und Romanen entsteht eben daher, weil jene immer und diese meist Zerstreuung in die Zerstreuung bringen.«

In der nächtlichen Einsamkeit von Malcesine am Gardasee, der Italienreisende ist gerade einer Verhaftung als vermeintlicher österreichischer Spion knapp entgangen, denkt er daran, welch ein wunderliches Wesen der Mensch doch sei. »Daß er dasjenige, was er mit Sicherheit und Bequemlichkeit in guter Gesellschaft genießen könnte, sich oft unbequem und gefährlich macht, bloß aus der Grille, die Welt und ihren Inhalt sich auf seine besondere Weise zuzueignen.« Damals schon mag ihm bewußt gewesen sein, was später als begründendes Resümee des Reisens vorgebracht wird: »Die Abwesenheit macht frei.« Der Staatsdiener wagt die Flucht aus Verhältnissen, die ihn zu ersticken drohen, seiner Entfaltung hinderlich, seiner Bestimmung, als Künstler zu leben, im Wege sind.

Und hat er, der universale Mensch, in seinem an Reiseerfahrung so überreichen Leben etwas verpaßt? Mit achtzig Jahren beantwortet er die Frage mit Ja. »Diese drei großen Dinge möchte ich erleben«, sagt er zu Eckermann, »und es wäre wohl der Mühe wert, ihnen zuliebe es noch einige fünfzig Jahre auszuhalten«: den Panamakanal, den Suezkanal und die Verbindung der Donau mit dem Rhein.

Goethes Reisen 1765-1831

Vor 1765 Wanderungen mit dem Vater: Taunus, Wiesbaden, Mainz, Schwalbach
1765-1768 von Frankfurt nach Leipzig und Dresden
1770-1771 von Frankfurt über Karlsruhe nach Straßburg; zu Pferd durch Lothringen
1774 von Wetzlar zu Fuß nach Ems; Rheinreise mit Lavater

Drei Schweiz-Reisen
1775 von Frankfurt nach Zürich mit Brüdern Stolberg; mit Passavant zum Gotthard
1779 von Weimar bis Chamonix, über Furka-Paß zum Gotthard; mit Carl August
1797 von Weimar über Tübingen nach Zürich, Stäfa; mit Meyer zum Gotthard

Drei Harz-Reisen
1777 allein und inkognito; zu Pferd
1783 mit Fritz von Stein
1784 mit dem Maler Georg Melchior Kraus

1778 von Weimar nach Berlin und Potsdam; mit Carl August

Zwei Italien-Reisen
1786 von Karlsbad nach Rom; allein und inkognito
1787 von Rom nach Neapel; mit Kniep nach Sizilien
1787-1788 zweiter römischer Aufenthalt; zurück über Mailand, Konstanz
1790 von Weimar über Augsburg nach Venedig;

zurück mit Anna Amalia über Mantua, Verona, Augsburg, Nürnberg

1790 von Weimar nach Schlesien und Polen; Teil der Reise mit Carl August
1792 Campagne in Frankreich; zurück über Trier, Koblenz, Münster, Kassel
1793 von Weimar zur Belagerung von Mainz; zurück über Mannheim, Heidelberg
1801 von Weimar nach Pyrmont, zurück über Göttingen; mit Sohn August
1805 von Weimar nach Halle, Magdeburg, zurück über Helmstedt; mit Sohn August

1785-1823 Badereisen nach Böhmen, insgesamt 16 Mal
Karlsbad: 1785, 1786, 1795, 1806-08, 1810-12, 1818-20, 1823
Franzensbad: 1808
Teplitz: 1810, 1812, 1813
Marienbad: 1821-23

1814 von Weimar nach Frankfurt, Wiesbaden; Ausflüge: Rheingau, Bingen
1815 von Weimar nach Frankfurt, Wiesbaden; Rheingau; Rheinreise bis Köln
1816 Reise nach Baden-Baden abgebrochen, dafür Bad Tennstedt und Ausflüge in Thüringen

1831 letzte Reise: mit den Enkeln von Weimar nach Ilmenau, mit Bergrat Mahr zum Kickelhahn

A-Z

Orte, Berge, Länder, Gewässer

Du reisest, ein Geschick
bestimmt den Raum.

West-östlicher Divan,
Buch der Betrachtungen

A

**Agrigent · Alexandersbad · Altenberg
Apolda · Ätna**

> Bleibe nicht am Boden haften,
> Frisch gewagt und frisch hinaus!
> Kopf und Arm mit heitern Kräften,
> Überall sind sie zu Haus;
> Wo wir uns der Sonne freuen,
> Sind wir jede Sorge los;
> Daß wir uns in ihr zerstreuen,
> Darum ist die Welt so groß.

Wilhelm Meisters Wanderjahre

Agrigent (früher Girgenti)

So viel zu sehen hat der Sizilienreisende in der altgriechischen Stadt, die zweitausend Jahre zuvor von den Karthagern zerstört worden war, daß er hier, »vergessen von den Seinigen und ihrer vergessend«, seine ferneren Tage zuzubringen wünscht. Besichtigung und zeichnerische Bestandsaufnahme der nur trümmerhaft erhaltenen Tempel und Grabmäler nehmen fünf ganze Tage in Anspruch. Dem Baukunstbetrachter Goethe erscheint da etwa der schlanke Tempel der Concordia im Verhältnis zu den während des Neapel-Aufenthalts besuchten dorischen Tempeln von Paestum »wie Göttergestalt zum Riesenbilde«. Dem Denkmalschützer mißfällt allerdings, daß der löbliche Vorsatz, die Monumente zu erhalten, »so geschmacklos ausgeführt« wurde, indem man die Lücken mit blendend weißem Gips ausfüllte. »Wie leicht wäre es gewesen, dem Gips die Farbe des verwitterten Steins zu geben!« Goethe beschaut und bewertet nicht nur antike Baukunst; von ebensolchem Interesse wie die Ästhetik der Griechen sind dem Reisenden die Schichten des Muschelkalks oder wundersame Felsbänke, der Fruchtanbau und die Ernährung der Menschen in dieser üppigen Kulturlandwirtschaft.

Girgenti, Dienstag, den 24. April 1787. Da es hier keine Gasthöfe gibt, so hatte uns eine freundliche Familie Platz gemacht und einen erhöhten Alkoven an einem großen Zimmer eingeräumt. Ein grüner Vorhang trennte uns und unser Gepäck von den Hausgliedern, welche in dem großen Zimmer Nudeln fabrizierten, und zwar von der feinsten, weißesten und kleinsten Sorte, davon diejenigen am teuersten bezahlt werden, die, nachdem sie erst in die Gestalt von gliedslangen Stiften gebracht sind, noch von spitzen Mädchenfingern einmal in sich selbst gedreht, eine schneckenhafte Gestalt annehmen. Wir setzten uns zu den hübschen Kindern, ließen uns die Behandlung erklären und vernahmen, daß sie aus dem besten und schwersten Weizen, Grano forte genannt, fabriziert werden. Dabei kommt viel mehr Handarbeit als Maschinen- und Formwesen vor. Und so hatten sie uns denn auch das trefflichste Nudelgericht bereitet, bedauerten jedoch, daß gerade von der allervollkommensten Sorte, die außer Girgent, ja, außer ihrem Hause nicht gefertigt werden könnte, nicht einmal ein Gericht vorrätig sei. An Weiße und Zartheit schienen diese ihresgleichen nicht zu haben.

Aus: *Italienische Reise*

Alexandersbad mit Luisenburg

Auf der sommerlichen Reise zur Kur nach Karlsbad im Jahre 1820 nimmt Goethe den Weg über Wunsiedel und Alexandersbad. Dort interessiert er sich abermals, wie schon auf der ersten Reise nach Karlsbad 1785, nun jedoch mit fundiertem geologischen Verstand, für die seltsamen Trümmer des Granitgebirges. »Mit einem ruhigen Blick« lasse sich erkennen, »daß durch teilweise Auflösung wie teilweise Beharrlichkeit des Urgesteins, durch ein daraus erfolgendes Stehenbleiben, Sinken, Stürzen, und zwar in ungeheuern Massen, diese staunenswürdige Erscheinung ganz naturgemäß sich ergeben hat«, formuliert er in den *Tages- und Jahresheften*. Eine geologische Theorie, die von der Wissenschaft später bestätigt wird. In den *Schriften zur Mineralogie und Geologie* hat Goethe im Abschnitt über »Geologische Theorien« seine Beobachtungen in Wort und Bild festgehalten.

Unter den verschiedenen Abteilungen des Fichtelgebirges macht sich besonders merkwürdig ein hoher langgestreckter Rücken, von alten Zeiten her Luxburg genannt und von Reisenden häufig besucht, wegen zahlloser, alle Beschreibung und Einbildungskraft überragender, in sich zusammengestürzter und getürmter Felsmassen. Sie bilden ein Labyrinth, welches ich vor vierzig Jahren mühsam durchkrochen, nun aber, durch architektonische Gartenkunst, spazierbar und im Einzelnen beschaubar gefunden. Diese Gruppen zusammen tragen gegenwärtig den Namen Luisenburg, um anzudeuten: daß eine angebetete Königin, kurz vor großen Unfällen, einige frohe und ruhige Tage hier verlebt habe.

Die ungeheure Größe der ohne Spur von Ordnung und Richtung über einander gestürzten Granitmassen gibt einen Anblick, dessen gleichen mir auf allen Wanderungen niemals wieder vorgekommen, und es ist niemandem zu verargen, der, um sich diese, Erstaunen, Schrecken und Grauen erregenden chaotischen Zustände zu erklären, Fluten und Wolkenbrüche, Sturm und Erdbeben, Vulkane und was nur sonst die Natur gewaltsame aufregen mag, hier zu Hilfe ruft. Bei näherer Betrachtung jedoch und bei gründlicher Kenntnis dessen, was die Natur, ruhig und langsam wirkend, auch wohl Außerordentliches vermag, bot sich uns eine Auflösung dieses Rätsels dar, welche wir gegenwärtig mitzuteilen gedenken.

Dieses Granitgebirge hatte ursprünglich das Eigentümliche vor anderen, aus sehr großen, teils äußerst festen, teils leicht verwitterlichen Massen zu bestehen; wie denn der Geologe gar oft gewahr wird, daß die kräftige Solidescenz des einen Teils dem nachbarlichen das Vermögen zu einer entschiedenen Festigkeit und längeren Dauer zu gelangen völlig entzogen hat. Von den ursprünglichen Felspartien, wie sie, der Granitbildung gemäß, aus einzelnen Blöcken, Platten und Lagern besteht, sind noch mehrere aufrecht zu finden; die aber, weil sie nichts sonderbares darbieten, nicht wie das übrige Wunderbare beachtet werden. Außer obgemeldeter ursprünglicher Eigenschaft höchst verschiedener Festigkeit und Verwitterns mag auch noch die schiefe, gegen das Land zu einschließende Richtung und eine vom Perpendikel abweichende Neigung, gleichfalls gegen das Land hin, Ursache des Einsturzes gewesen sein.

Aus: *Geologische Theorien: Die Luisenburg bei Alexandersbad*

Altenberg und Zinnwald

Am 10. Juli 1813 startet Goethe vom böhmischen Badeort Teplitz aus einen mehrtägigen Ausflug nach Altenberg und Zinnwald, um die Zinnbergwerke im sächsisch-böhmischen Grenzgebiet zu erkunden. Sachkundig referiert er über diese Exkursion in seinen *Naturwissenschaftlichen Schriften* im Abschnitt »Zur Kenntnis von Gebirgen in nicht-böhmischen Ländern«. Nach wenigen Stunden Fahrt auf guter Chaussee erreicht der Geologe die Höhe von Zinnwald und damit die Grenze, die durch beide Bergbauorte auf einem flachen Bergrücken verläuft. »Ich kehrte in dem Gasthof ein, der einem Fleischer gehört, und fand notdürftiges Unterkommen, ging noch auf die Halden, untersuchte die daselbst befindlichen

Gangarten. Mich wunderte, daß in einem keineswegs reinlichen und durch eine Fleischerwirtschaft noch mehr verunreinigten Hause auch nicht eine Fliege zu finden war. Es scheint also, daß diese Berghöhen ihnen nicht zusagen.« Auch andere biologische Phänomene faszinieren den Naturkundler. Ein Handelsmann, den er besucht, hat ein Mikroskop aufgestellt, um die Tierchen zu beobachten, die seinen Käse leichter machen. »Es kamen unter dem Vergrößerungsglas die abscheulichsten Tiere zum Vorschein, Mitteltiere zwischen Läusen und Käfern, durchscheinend am Leibe und den meisten Gliedern, übrigens grau, sie bewegten sich mit vieler Behendigkeit.« Diese Geschöpfe machten einen großen holländischen Käse in wenigen Wochen um ein paar Pfund leichter. Ein Mittel dagegen sei, aus Ziegelmehl einen Brei zu bereiten und damit die Käse zu überstreichen. – Der Ausflügler interessiert sich in den folgenden Tagen dann doch mehr für Zinnwerk und Grube als für die Käsefauna; auch das einheimische Knappschaftswesen findet Beachtung. Er sammelt Mineralien und fährt früh um sechs in einen Stollen ein, eine Leistung, die ihm Hochachtung der Bergleute einbringt. Die Rückreise nach Teplitz birgt Gefahr und Überraschung.

Ich fuhr um halb drei Uhr ab und war dreiviertel auf Fünfe in Teplitz. Ein starkes Gewitter, welches von der Gegend über der Elbe heranzog, erreichte mich nicht, indem die Gebirge dem Zug der Wetter Hindernisse in den Weg legen. Wenn man das Datum bemerkt, wie ich den zwölften Juli von dieser Höhe schied, so wird man verzeihen, daß ich einen mir so wichtigen Gegenstand nur flüchtig, ja verstohlen betrachtet.

Es war während des Stillstandes, an welchem das Schicksal der Welt hing, ein Wagstück nicht ohne leichtsinnige Kühnheit. Die Grenze von Sachsen und Böhmen geht durch Zinnwalde durch; um den Mineralienhändler zu besuchen, mußte ich schon Sachsen betreten, alles was für mich bedeutend war, lag auf dieser Seite. Und nun gar die Wanderung nach Altenberg, dem Anscheine nach geheimnisvoll unternommen, hätte mir eigentlich üble Händel zuziehen sollen. Von sächsischer Seite war jedoch kein Mann zu sehen, alles ruhte dort im tiefsten Frieden; die österreichischen Schildwachen mußten für unverfänglich halten, wenn man mit zwei Schimmeln über die Grenze führe; der Mautner hatte auch nichts dagegen einzuwenden, und so kam ich glücklich zurück durch den Weg, den ich so gut fand, weil man ihn zum Transport der Artillerie gerade jetzt verbessert hatte.

Abends spät gelangte ich nach Teplitz, frank und frei, zu einigem Mißvergnügen einer heitern Gesellschaft, welche schadenfroh gehofft hatte, mich, für meine Verwegenheit bestraft, als Gefangenen eskortiert, vor den kommandierenden General, meinen hohen Gönner und Freund, den Fürsten Moritz Lichtenstein und seine so lieb und werte Umgebung, gebracht zu sehen. Bedenke ich nun, daß diese ruhige Berggegend, die ich in dem vollkommensten Frieden, der aus meinem Tagebuche hervorleuchtet, verließ, schon am 27. August von dem fürchterlichsten Rückzuge überschwemmt, allen Schrecknissen des Krieges ausgesetzt, ihren Wohlstand auf lange Zeit zerstört sah, so darf ich den Genius segnen, der mich zu dem flüchtigen und doch unauslöschbaren Anschauen dieser Zustände trieb, die von so langer Zeit her das größte Interesse für mich gehabt hatten.

Aus: *Ausflug nach Zinnwalde und Altenberg*

Apolda

Zu den Dienstgeschäften Goethes gehört in den ersten Weimarer Jahren auch die Rekrutenaushebung im Herzogtum. Von Apolda aus läßt er den Herzog bitten, »mit den Rekruten säuberlich zu verfahren, wenn sie zur Schule kommen«. Kein sonderliches Vergnügen sei es bei der Aushebung, »da die Krüppel gerne dienen und die schönen Leute meist Ehehaft haben wollen. Doch ist Trost, mein Flügelmann von allen (11 Zoll, 1 Strich) kommt mit Vergnügen, und sein Vater gibt den Segen dazu.« Die Not der Heimwerker in der Strumpfindustrie bereiten ihm größere Sorge, wie der Tagebucheintrag vom März 1779 erkennen läßt. »Strumpfwirker liegen an 100 Stühlen still seit der Neujahrsmesse. Armer Anfang solcher Leute, leben aus der Hand in den Mund.« Welche Diskrepanz: das Seelendrama der Iphigenie im alten Griechenland, an dem Goethe gerade arbeitet, gegen das Elend der Menschen im eigenen Lande. »Hier will das Drama gar nicht fort, es ist verflucht, der König von Tauris soll reden, als wenn kein Strumpfwirker in Apolda hungerte«, klagt der dichtende Beamte der Freundin Charlotte von Stein.

Ätna

Sizilien hat nicht nur Sonniges zu bieten. Ende April 1787 ist überraschend Regenwetter eingefallen und macht den Reisezustand, wie Goethe vermerkt, »sehr unangenehm, da wir durch mehrere stark angeschwollende Gewässer hindurch mußten«. Von Caltanisetta durch landschaftliche Fruchtbar-

Blick vom Ätna, 1787

keit und Menschenöde von ihrem Venturin im Maultierwagen trotz aller Beschwernisse ohne Blessuren bis an die Ostküste der Insel geführt, halten sich die Reisenden nun fünf Tage, vom 1. bis 6. Mai, in Catania auf, der alten Hafenstadt, die in ihrer langen Geschichte wiederholt von der Glut des Ätna zerstört und jedesmal prächtiger als zuvor wieder aufgebaut worden war. Wohlmeinende Kenner des Feuergipfels raten den Touristen ab, den zu dieser Jahreszeit noch schneereichen Ätna-Krater bezwingen zu wollen. Doch zunächst ist ja die berühmte Antiken- und Münzsammlung des Prinzen Biscari zu besichtigen, auch die Mineralienpracht im Hause des Geologieprofessors Gioeni beeindruckt ungemein. Frühmorgens am vierten Tag ist es dann soweit, man bricht auf, den Empfehlungen folgend, zum zweitausend Meter hohen südlichen Nebenkegel des inselbeherrschenden Giganten. Auf Maultieren reiten Goethe und Malerfreund Kniep über weite Lavafelder, den Monte Rosso im Blick. Ein vollwertiges Ätnakratererlebnis reicht Goethe zwanzig Jahre später nach, indem er die biographischen Aufzeichnungen seines neapolitanischen Landschaftszeichenlehrers Philipp Hackert redigiert und herausgibt. Hackert hatte im Jahre 1777 mit den Engländern Charles Gore und Henry Knight eine Reise nach Sizilien unternommen. Im Tagebuch der drei Freunde ist zu lesen, wie einem zumute sein kann beim Blick in den fürchterlichen Feuerschlund, aus dem mächtige Rauchwolken hervorbrechen: »Ich konnte keinen Grund erkennen, aber wohl das Schlagen und Tosen der Wellen von geschmolzener Materie, welche ein solches Geräusch machten, daß sie mir von den Fluten und Wirbelwinden eines stürmischen Feuers, welche unten tobten, einigen Begriff gaben.« Das stürmische Feuer hat sich der Dichter im *West-*

östlichen Divan dann zu eigen gemacht, indem er mit Hatem zu dem Mädchen spricht: »Nur dies Herz es ist von Dauer, / Schwillt in jugendlichstem Flor; / Unter Schnee und Nebelschauer / Rast ein Ätna dir hervor.«

Den 4. Mai 1787. Als wir den Ritter um die Mittel befragten, wie man sich benehmen müsse, um den Ätna zu besteigen, wollte er von einem Wagnis nach dem Gipfel, besonders in der gegenwärtigen Jahreszeit, gar nichts hören. »Überhaupt«, sagte er, nachdem er uns um Verzeihung gebeten hatte, »die hier ankommenden Fremden sehen die Sache für allzu leicht an; wir andern Nachbarn der Berge sind schon zufrieden, wenn wir ein paarmal in unserem Leben die beste Gelegenheit abgepaßt und den Gipfel erreicht haben. Brydone, der zuerst durch seine Beschreibung die Lust nach diesem Feuergipfel entzündet, ist gar nicht hinaufgekommen; Graf Borch läßt den Leser in Ungewißheit, aber auch er ist nur bis auf eine gewisse Höhe gelangt. Für jetzt erstreckt sich der Schnee noch allzuweit herunter und breitet unüberwindliche Hindernisse entgegen. Wenn Sie meinem Rate folgen mögen, so reiten Sie morgen bei guter Zeit bis an den Fuß des Monte Rosso, besteigen Sie diese Höhe; Sie werden von da des herrlichsten Anblicks genießen und zugleich die alte Lava bemerken, welche dort, 1669 entsprungen, unglücklicherweise sich nach der Stadt hereinwälzte. Die Aussicht ist herrlich und deutlich; man tut besser, sich das übrige erzählen zu lassen.«
Folgsam dem guten Rate machten wir uns zeitig auf den Weg und erreichten, auf unseren Maultieren immer rückwärts schauend, die Region der durch die Zeit noch ungebändigten Laven. Zackige Klumpen und Tafeln starrten uns entgegen,

durch welche nur ein zufälliger Pfad von den Tieren gefunden wurde. Auf der ersten bedeutenden Höhe hielten wir still. Kniep zeichnete mit großer Präzision, was hinaufwärts vor uns lag: die Lavenmassen im Vordergrunde, den Doppelgipfel des Monte Rosso links, gerade über uns die Wälder von Nicolosi, aus denen der beschneite, wenig rauchende Gipfel hervorstieg. Wir rückten dem roten Berge näher, ich stieg hinauf: er ist ganz aus rotem vulkanischen Grus, Asche und Steinen zusammengehäuft. Um die Mündung hätte sich bequem herumgehen lassen, hätte nicht ein gewaltsam stürmender Morgenwind jeden Schritt unsicher gemacht; wollte ich nur einigermaßen fortkommen, so mußte ich den Mantel ablegen, nun aber war der Hut jeden Augenblick in Gefahr, in den Krater getrieben zu werden und ich hinterdrein. Deshalb setzte ich mich nieder, um mich zu fassen und die Gegend zu überschauen; aber auch diese Lage half mir nichts: der Sturm kam gerade von Osten her über das herrliche Land, das nah und fern bis ans Meer unter mir lag. Den ausgedehnten Strand von Messina bis Syrakus mit seinen Krümmungen und Buchten sah ich vor Augen, entweder ganz frei oder durch Felsen des Ufers nur wenig bedeckt. Als ich ganz betäubt wieder herunterkam, hatte Kniep seine Zeit gut angewendet und mit zarten Linien auf dem Papier gesichert, was der wilde Sturm mich kaum sehen, viel weniger festhalten ließ.

Aus: *Italienische Reise*

B

**Berka · Berlin · Biebrich · Bingen
Brenner · Breslau · Brocken**

Auf die Reise, meine Herren!

Zum Schäkspears-Tag, 1771

Berka

Das beschauliche Städtchen an der Ilm, zwölf Kilometer südlich von Weimar anmutig zwischen bewaldeten Hügeln gelegen, durchfährt Goethe in den ersten Jahrzehnten seiner Weimarer Zeit, wenn er zu Inspektionsfahrten nach Ilmenau oder, aus geselligem Anlaß, nach Großkochberg unterwegs ist, dem Familiensitz der Frau von Stein. Doch von 1812 an wird Berka dann selber zum lieben Ausflugsziel und angenehmen Ort für länger dauernde Aufenthalte. Goethes früherer Diener Ludwig Geist, in Berka zuhause, hatte angeregt, dort nach Heilquellen zu bohren und, wenn lohnend, ein Kurbad zu errichten. Goethe wird vom Erbprinzen mit den Untersuchungen beauftragt, und schon im Juni 1813 eröffnet Herzog Carl August Kurhaus und Bad zur Freude der Weimarer Gesellschaft. Goethe wählt im folgenden Jahr Berka für einen längeren Kuraufenthalt, meldet dem Kunstfreund Meyer nach Weimar: »Hier ist es so still und friedlich, als wenn seit hundert Jahren und hundert Meilen weit kein Kriegsgetümmel existierte. Der Tag ist so lang, daß er manchmal langweilig wird, und dies, wissen Sie, ist der Erfindung sehr günstig.« In dieser Zeit entstehen die ersten *Divan*-Gedichte. Der ansässige Mädchenschullehrer und Organist Schütz wird zum Badeinspektor ernannt, und Goethe wohnt hinfort bei allen Aufenthalten im Hause des vorzüglichen Bach-Spielers und läßt sich, beglückt im Bett liegend, vom neu gewonnenen Freund »Sebastiana« spielen, manchmal stundenlang. Über die musikalische Symbiose von Bach und Berka philosophiert der inspirierte Zuhörer in einem Briefentwurf für den Komponisten Zelter, einen exzellenten Bach-Kenner: »In Berka war mir zuerst, bei vollkommener Gemütsruhe und ohne äußere Zerstreuung, ein Begriff von eurem Großmeister geworden. Ich sprach mir's aus: als wenn die ewige Harmonie sich mit sich selbst unterhielte, wie sich's etwa in Gottes Busen, kurz vor der Weltschöpfung, möchte zugetragen haben.«

Die allerletzte Ausfahrt in die nähere Umgebung von Weimar führt den Greis am 28. Oktober 1831, der Badeinspektor und andere innige Vertraute leben nicht mehr, »bei dem schönsten Wetter allein nach Berka. Speiste daselbst im neuen Badehause. Nach 5 Uhr kam ich zurück.« Wehmütiger Abschied von einem bedeutungsvollen Ort.

Berlin mit Potsdam

Nur einmal und nie wieder. Die unübersichtliche Größe, die Betriebsamkeit der preußischen Hauptstadt mit hundertvierzigtausend Einwohnern – das ist nicht Goethes Welt. Vom 15. bis 20. Mai 1778 weilt der Weimarer Spitzenbeamte in Berlin. Nicht freiwillig, er begleitet seinen Herzog, der Preußens militärische Optionen im drohenden Bayerischen Erbfolgekrieg ventilieren will. Für den Geistesmenschen eine Qual, den Paraden und Manövern in Potsdam beizuwohnen. Tröstlich das Kulturprogramm: Konzert- und Opernbesuch, Besichtigung der Porzellanmanufaktur, Treffen mit Maler Graff, mit Kupferstecher Chodewiecki, mit Musikdirektor und Verleger André, dem Vertrauten aus Offenbach seit Frankfurter Jugendjahren. In Briefen an den Berliner Duz-Freund Zelter nennt Goethe später die größte Stadt Deutschlands »ein Sodom«, einen »gottlosen Ort, bewohnt von wunderlichen Leuten«. Gleichwohl pflegt der Dichter beste Beziehungen dorthin, zu den Verlegern Mylius, Unger und Vieweg, zu den Künstlern Rauch, Schadow und Schinkel, zum Theatermann Iffland. Die Brüder Wilhelm und Alexander von Humboldt stehen in regem Briefverkehr mit dem Olympier in Weimar und besuchen ihn dort. Einem regelrechten Goethekult frönen die Dichter Tieck, Schlegel, Arnim, Moritz, die Varnhagens. In Berlin wurde im Jahre 1774 *Götz von Berlichingen* uraufgeführt; 41 Jahre danach folgt eine Auftragsarbeit, *Des Epimenides Erwachen*. Die Preußenmetropole zur mittleren und späten Goethezeit einen geistigen Vorort von Weimar zu nennen, ist nicht übertrieben. Was Goethe jedoch von den Berlinern hält, hat er Eckermann anvertraut. Es lebe dort ein so verwegener Menschenschlag, daß man »mit der Delikatesse nicht weit reicht, sondern daß man Haare auf den Zähnen haben und mitunter etwas grob sein muß, um sich über Wasser zu halten«.

An Charlotte von Stein, 17. Mai 1778
Berlin. Sonntag d. 17. Abends. In einer ganz anderen Lage, als ich Ihnen den Winter vom Brocken schrieb, und mit eben dem Herzen wenige Worte. Ich dacht' heut an des Prinzen Heinrichs Tafel dran, daß ich Ihnen schreiben müßte, es ist ein wunderbarer Zustand, eine seltsame Fügung, daß wir hier sind. Durch die Stadt und mancherlei Menschen Gewerb und Wesen hab ich mich durchgetrieben. Von den Gegenständen selbst mündlich mehr.
Berlin d. 19. So viel kann ich sagen, je größer die Welt, desto garstiger wird die Farce, und ich schwöre, keine Zote und Eselei der Hanswurstiaden ist so ekelhaft, als das Wesen der

Großen, Mittlern und Kleinen durcheinander. Ich hab die Götter gebeten, daß sie mir meinen Mut und Gradsein erhalten wollen bis ans Ende, und lieber mögen das Ende vorrücken, als mich den letzten Teil des Ziels lausig hinkriechen lassen. Aber den Wert, den wieder dieses Abenteuer für mich, für uns alle hat, nenn ich nicht mit Namen.
Potsdam d. 21. Durch einen schönen Schlaf hab ich meine Seele gereinigt. Gestern abend sind wir wieder hier angekommen. Wir wollen uns noch umsehen und dann wohl morgen weiter. Mein Verlangen steht sehr vorwärts nach Hause.

Biebrich

Während seiner Wiesbadener Kuraufenthalte in den Jahren 1814 und 1815 weilt Goethe wiederholt im »wohlerhaltenen Lustschloß« Biebrich am Rhein, der Sommerresidenz der Herzöge von Nassau. So speist er an den August-Sonntagen 1814, auch an seinem 65. Geburtstag, an der Tafel des Herzogs Friedrich August von Nassau-Usingen, wo Artischokken, ein von Goethe hochgeschätztes Gemüse, auf den Teller kommen. Seiner Frau sendet er in diesen Tagen nach Weimar ein Rätselgedicht über sein Lieblingsgericht: »Ein Liebchen ist der Zeitvertreib, auf den ich jetzt mich spitze, / Sie hat einen gar so schlanken Leib und trägt eine Stachelmütze.« Im Jahr darauf wird der Wiesbadener Kurgast drei Mal ins Schloß eingeladen; am 16. Juli 1815 nimmt er hier mit Erzherzog Carl von Österreich an einer pompösen Waterloo-Siegesfeier teil.

An Christiane von Goethe

8. August 1814. Gestern war ich in Biebrich, bei dem Herzog von Nassau, zur Tafel. Der Gesellschaftssaal eine Galerie; man sieht an einer Seite den Rhein, an der anderen den Lustgarten. Es ist völlig ein Märchen. Die Herzogin Luise, neben der ich saß, sitzt gerade so, daß man durchs offene Fenster den herunterfließenden Rhein vor einen See halten kann, an dessen jenseitigem Ufer Mainz liegt. Ganz in der Ferne sieht man die Berge der Bergstraße und den Melibocus. Der Tag war sehr schön. Allerlei gute Bissen wurden genossen. Artischocken. Sodann zum Nachtisch frische Mandeln, Maulbeeren und dergleichen, das ich in vielen Jahren nicht geschmeckt.

Bingen

In der heiteren Gegend des Rheingaus zu wandeln, macht sich der Wiesbadener Kurgast zu den »hochgesegneten Gebreiten« auf. Der Weg führt am 16. August 1814 nach Bingen, dort wird an diesem bedeutsamen Tag von vielen Tausend Pilgern aus den »weingeschmückten Landesweiten« ein Friedensfest gefeiert: die Weihe der nach den Kriegsverwüstungen von 1795 nun wiedererstandenen Rochus-Kapelle. Goethe wallfahrtet mit der Bingener Prozession den Berg hinan zum Heiligtum des Pestnothelfers, genießt, oben angekommen, die weite Aussicht in die »mannigfaltigste fruchtbarste Gegend«, findet Platz an einem langen Tisch in angenehmer Gesellschaft. »Braune Krüglein mit weißem Namenszug des Heiligen rundeten im Familienkreise.« Der Fremde gehört sofort dazu und macht die schöne Erfahrung, daß der Hauptgegenstand allen Gesprächs der Wein ist. Die legendäre Fastenpredigt eines Weihbischofs, von einem »scheinbar ernsthaften Gast« zum besten gegeben, ist beredter Ausdruck dieser Weinlust. An dieses selige, politisch-religiöse Freudenfest erinnert Goethe liebevoll und anschaulich mit der autobiographischen Schrift über das *Sankt Rochus-Fest zu Bingen*. Der Dichter hat das anmutige Werk zwei Jahre nach dem volksfrommen Ereignis während des sommerlichen Badeaufenthalts in der förderlichen Ruhe des Landstädtchens Tennstedt bei Weimar verfaßt. Im Tagebuch ist notiert: »Das Bad bekommt mir wohl, das Wetter hindert an allem Guten«, außer an der Arbeit für den Heiligen Rochus. Dem Freund Zelter, der beim Binger Fest dabei war, schreibt der Kurgast an seinem 67. Geburtstag, »St. Rochus-Fest ist, in dieser meiner Reise-Kanzlei, endlich auch zu einer dritten, recht reinlichen Abschrift gediehen. Ich wiederhole, daß ich Dir das Manuskript vorlegen möchte. Es ist zwar keine eigentlich stumpfe Stelle drinnen, aber manches könnte ausführlicher sein; ob ich gleich zufrieden bin, daß meine produktive Sinnlichkeit noch so weit reichen konnte.«

Der Genuß des Weins war durch solche Gespräche nicht unterbrochen. Wir sendeten unsere leeren Gefäße zu dem Schenken, der uns ersuchen ließ, Geduld zu haben, bis die vierte Ohm angesteckt sei. Die dritte war in der frühen Morgenstunde schon verzapft. Niemand schämt sich der Weinlust, sie rühmen sich einigermaßen des Trinkens. Hübsche Frauen gestehen, daß ihre Kinder mit der Mutterbrust zugleich Wein genießen. Wir fragten, ob denn wahr sei, daß es geistlichen Herren, ja Kurfürsten geglückt, acht rheinische Maß, das heißt

sechzehn unserer Bouteillen, in vierundzwanzig Stunden zu sich zu nehmen? Ein scheinbar ernsthafter Gast bemerkte, man dürfe sich, zu Beantwortung dieser Frage, nur der Fastenpredigt ihres Weihbischofs erinnern, welcher, nachdem er das schreckliche Laster der Trunkenheit seiner Gemeinde mit den stärksten Farben dargestellt, also geschlossen habe:
»Ihr überzeugt euch also hieraus, andächtige, zu Reu' und Buße schon begnadete Zuhörer, daß derjenige die größte Sünde begehe, welcher die herrlichen Gaben Gottes solcherweise mißbraucht. Der Mißbrauch aber schließt den Gebrauch nicht aus. Stehet doch geschrieben: der Wein erfreuet des Menschen Herz! Daraus erhellet, daß wir, uns und andere zu erfreuen, des Weines gar wohl genießen können und sollen. Nun ist unter meinen männlichen Zuhörern vielleicht keiner, der nicht zwei Maß Wein zu sich nähme, ohne deshalb gerade einige Verwirrung seiner Sinne zu spüren; wer jedoch bei dem dritten oder vierten Maß schon so arg in Vergessenheit seiner selbst gerät, daß er Frau und Kinder verkennt, sie mit Schelten, Schlägen und Fußtritten verletzt und seine Geliebtesten als die ärgsten Feinde behandelt, der gehe sogleich in sich und unterlasse ein solches Übermaß.
Wer aber bei dem Genuß von vier Maß, ja von fünfen und sechsen, noch dergestalt sich selbst gleich bleibt, daß er seinem Nebenchristen liebevoll unter die Arme greifen mag, dem Hauswesen vorstehen kann, ja die Befehle geistlicher und weltlicher Obern auszurichten sich im Stande findet, auch der genieße sein bescheiden Teil und nehme es mit Dank dahin. Er hüte sich aber, ohne besondere Prüfung weiter zu gehen, weil hier gewöhnlich dem schwachen Menschen ein Ziel gesetzt ward. Denn der Fall ist äußerst selten, daß der grundgütige Gott jemanden die besondere Gnade verleiht,

acht Maß trinken zu dürfen, wie er mich, seinen Knecht, gewürdigt hat. Da mir nun aber nicht nachgesagt werden kann, daß ich in ungerechtem Zorn auf irgend jemand losgefahren sei, daß ich Hausgenossen und Anverwandte mißkannt, oder wohl gar die mir obliegenden geistlichen Pflichten und Geschäfte verabsäumt hätte, vielmehr ihr alle mir das Zeugnis geben werdet, wie ich immer bereit bin, zu Lob und Ehre Gottes, auch zu Nutz und Vorteil meines Nächsten mich tätig finden zu lassen: so darf ich wohl mit gutem Gewissen und mit Dank dieser anvertrauten Gabe mich auch fernerhin erfreuen.

Und ihr, meine andächtigen Zuhörer, nehme ein jeder, damit er nach dem Willen des Gebers am Leibe erquickt, am Geiste erfreut werde, sein bescheiden Teil dahin. Und, auf daß ein solches geschehe, alles Übermaß dagegen verbannt sei, handelt sämtlich nach der Vorschrift des heiligen Apostels, welcher spricht: Prüfet alles und das Beste behaltet.«

 Fastenpredigt aus: *Sankt Rochus-Fest zu Bingen*

Brenner

Hierher gekommen, auf den Brenner, »gleichsam gezwungen, endlich an einem Ruhepunkt, an einem stillen Ort, wie ich ihn mir nur hätte wünschen können. Es war ein Tag, den man jahrelang in der Erinnerung genießen kann.« Früh um sechs war Goethe in Mittenwald aufgebrochen; bei Scharnitz ging es über die Grenze. Dann den steilen Zirler Berg hinunter ins Inntal. Innsbruck liegt herrlich, findet er; man feiert das Fest Mariä Geburt, und alles ist aufs schönste geputzt. Gern würde er bleiben, »aber es ließ mir keine Ruhe«.

Nach wenigen Stunden schon geht die Fahrt weiter, hinauf zum Brenner, der »Grenzscheide des Südens und Nordens«. Zweimal schon, auf dem Gotthard, hatte Goethe das gelobte Land vor Augen; beide Male kehrte er um, zurück in die heimatliche Sicherheit oder in die Pflichterfüllung. Doch diesmal ist kein Halten, er muß nach Rom. Goethe verweilt einen Tag im Posthaus auf dem Paß, ordnet seine Aufzeichnungen, notiert Betrachtungen zu den Kräften der Natur, Beobachtungen zu Wuchs und Erscheinung der Bergflora, er theoretisiert über die Alpen als Wetterregulator, über das Ein- und Ausatmen der felsigen Riesen. Die Trachtenbräuche im Tirolischen sind von Interesse. Und er wundert sich, welch großen Wert die Menschen dieser Gegend den Pfauenfedern als Schmuck zumessen, »wie überhaupt jede bunte Feder geehrt wird«. Wer dieses Gebirge bereisen wollte, müßte dergleichen mit sich führen, witzelt er: »Eine solche am rechten Ort angebrachte Feder würde statt des willkommensten Trinkgeldes dienen.«

Auf dem Brenner, 8. September 1786. Von Innsbruck herauf wird es immer schöner, da hilft kein Beschreiben. Auf den gebahntesten Wegen steigt man eine Schlucht herauf, die das Wasser nach dem Inn zu sendet, eine Schlucht, die den Augen unzählige Abwechslungen bietet. Wenn der Weg nah am schroffsten Felsen hergeht, ja in ihn hineingehauen ist, so erblickt man die Seite gegenüber sanft abhängig, so daß noch der schönste Feldbau darauf geübt werden kann. Es liegen Dörfer, Häuser, Häuschen, Hütten, alles weiß angestrichen, zwischen Feldern und Hecken auf der abhängenden hohen und breiten Fläche. Bald verändert sich das Ganze, das Benutzbare wird zur Wiese, bis sich auch das in einen steilen Abhang verliert. Nun wurde es dunkler und dunkler, das Einzelne verlor sich, die Massen wurden immer größer und herrlicher, endlich, da sich alles nur wie ein tiefes geheimes Bild vor mir bewegte, sah ich auf einmal wieder die hohen Schneegipfel vom Mond beleuchtet, und nun erwarte ich, daß der Morgen diese Felsenkluft erhelle, in der ich auf der Grenzscheide des Südens und Nordens eingeklemmt bin.

Zu meiner Welterschaffung habe ich manches erobert, doch nichts ganz Neues und Unerwartetes. Auch habe ich viel geträumt von dem Modell, wovon ich so lange rede, woran ich so gern anschaulich machen möchte, was in meinem Innern herumzieht, und was ich nicht jedem in der Natur vor Augen stellen kann. Aus: *Italienische Reise*

Breslau, Schlesien, Polen

Das Jahr 1790 bleibt nicht als ein besonders schönes in Erinnerung. Wenig Zeit und Ruhe für die junge Familie; keine Muse zum Dichten. Von der leidigen Venedig-Reise kaum nach Hause gelangt, wird er nach Schlesien gefordert. Unwillig folgt Goethe seinem Herzog ins Feldlager zu den preußischen Truppenmanövern, nachdem er gerade erst die Herzoginmutter aus Italien hat heimholen, zuvor in Venedig sogar wochenlang auf die Fürstin hatte warten müssen. Vier Sommerwochen verbringt der Minister in Breslau, der schlesischen Hauptstadt, wo er sich demonstrativ mit anatomischen Studien befaßt statt mit militärischen Angelegenheiten, »so wunderlich es auch klingen mag«. Die Freunde in Weimar will er zunächst nicht mit Meldungen über seine

Langeweile beunruhigen; er habe, schreibt er ihnen, schon manchen Teil des Gebirges und der Ebene durchstrichen und finde, daß es ein sonderbar schönes, sinnliches und begreifliches Ganzes macht. »Manche Unannehmlichkeit und Plage wird durch neue Begriffe und Ansichten vergütet. Ich werde viel zu erzählen haben, wenn es mir im Winter wieder erzählerisch wird.«

Unterbrochen werden die Breslauer Wochen von Abstechern ins Riesengebirge, wo die Schneekoppe, der Rübezahlberg, an einem Tag bestiegen wird. Eine Bergwerksbesichtigungstour mit dem Herzog nach Oberschlesien und Polen wird als »Lustfahrt« gewertet; sie führt bis zu den Salinen von Wieliczka und hat einen »bedeutenden Gebirgs- und Landritt im Programm über Adersbach, Glatz usw., bereichert mit Erfahrung und Begriffen«. Im oberschlesischen Tarnowitz wird den Reisenden eine Dampfmaschine vorgeführt; die erste auf dem europäischen Festland. Dem Weimarer Verwaltungskollegen Voigt meldet Goethe Beruhigendes, was die Bergwerksprobleme auf heimischem Boden angeht: »In Tarnowitz habe ich mich über Ilmenau getröstet; sie haben, zwar nicht aus so großer Tiefe, eine weit größere Wassermenge zu heben und hoffen doch. Zwei Feuermaschinen arbeiten schon, und es wird noch eine angelegt. Interessant genug ist der schlesische Bergbau. Möge doch mein Wunsch erfüllt werden, daß ich Weimar bald wieder sehe. Man ist außen doch immer nur geborgt.« Dann geht es weiter nach Krakau, zum Wallfahrts- und Industrieort Czenstochau sowie zur Bergbaustadt Wieliczka als Endstation der Reise. Zurück im Basislager, hat der Reisende eine bedeutende Begegnung mit dem Freiherrn von Schuckmann, »einen der schätzbarsten Männer, die ich in meinem Leben gekannt habe«. Der nachmalige preußische Innenminister wird fünfunddreißig Jahre später von Nutzen sein, indem er das preußische Druckprivileg für Goethes Ausgabe letzter Hand erwirkt.

An Johann Gottfried Herder
11. September 1790. Ich habe lange von dir nichts gehört, lieber Bruder, bin wieder hier in Breslau, nachdem wir von einer Reise nach Tarnowitz, Krakau, Wieliczka, Czenstochowa glücklich gestern zurückgekommen sind. Ich habe in diesen acht Tagen viel Merkwürdiges, wenn es auch nur meist negativ merkwürdig gewesen wäre, gesehen. An dem Grafen Reden, dem Direktor der Schlesischen Bergwerke, haben wir einen sehr guten Gesellschafter gehabt. Nun sind wir wieder hier in dem lärmenden, schmutzigen, stinkenden Breslau, aus dem ich bald erlöst zu sein wünsche. Es ist überall Lumperei und Lauserei, und ich habe gewiß keine eigentlich vergnügte Stunde, bis ich mit Euch zu Nacht gegessen und bei meinem Mädchen geschlafen habe. Wenn Ihr mich lieb behaltet, wenige Gute mir geneigt bleiben, mein Mädchen treu ist, mein Kind lebt, mein großer Ofen gut heizt, so hab' ich vorerst nichts weiter zu wünschen.

Brocken

Dreimal hat Goethe den Brocken bestiegen, die höchste Erhebung im Harz; im *Faust* Schauplatz der Walpurgisnacht. Die zweite und die dritte Tour, bei schönem Herbstwetter 1783 und 1784, haben ihre mineralogischen und Naturschönheitsreize. Doch fehlt diesen Ausflügen die existentielle Aufladung. Die Goethesche Erstbesteigung mutet an wie die Erfüllung einer religiösen Forderung, diesen »Götterberg« zu bezwingen als Bestätigung der Lebenswahl für Weimar. Und sei es bei Nebel und einer Schneehöhe von einem Meter. Gerade dann. Inkognito ist der jüngst ernannte Vorsteher der Bergwerkskommission aufgebrochen, allein und zu Pferd. Niemand sollte von der Reise erfahren, bevor nicht erreicht sein würde, was erreicht werden muß. Am 10. Dezember 1777 in der Früh steigt der Abenteurer in Clausthal auf; in Torfhaus, dreihundert Höhenmeter und zwei Stunden unter dem Gipfel, trifft er auf den Förster, der sich, weil's aufklart, dann doch bereit findet, als Führer durch den Schnee mitzugehen. Als der Wallfahrer oben steht, ist »das Ziel meines Verlangens erreicht, es hängt an vielen Fäden, und viele Fäden hingen davon, Sie wissen, wie symbolisch mein Dasein ist«. Der Vertrauten, die nichts von seinem Ziel weiß, aber nun alles im Brief erfahren soll, der Frau von Stein bekennt er am nächsten Morgen, »daß ich wünschte, den Brocken zu besteigen, und nun, Liebste, bin ich oben gewesen, ganz natürlich, ob mir's schon seit acht Tagen alle Menschen als unmöglich versichern«. Das Schönste dieser ganzen Wallfahrt sei, »daß ich meine Ideen bestätigt finde auf jedem Schritt«.

An Charlotte von Stein, 11. Dezember 1777
Clausthal d. 11. abends, heut früh bin ich vom Torfhause über die Altenau wieder zurück und habe Ihnen viel erzählt unterwegs, o ich bin ein gesprächiger Mensch, wenn ich allein bin. Nur ein Wort zur Erinnerung. Wie ich gestern zum Torf-

Brocken, 1777

hause kam, saß der Förster bei seinem Morgenschluck in Hemdsärmeln, und diskursive redete ich vom Brocken, und er versicherte die Unmöglichkeit hinauf zu gehn, und wie oft er sommers droben gewesen wäre und wie leichtfertig es wäre, jetzt es zu versuchen. – Die Berge waren im Nebel, man sah nichts, und so, sagt er, ist's auch jetzt oben, nicht drei Schritte vorwärts können Sie sehen. Und wer nicht alle Tritte weiß pp. Da saß ich mit schwerem Herzen, mit halben Gedanken, wie ich zurückkehren wollte. Und ich kam mir vor wie der König, den der Prophet mit dem Bogen schlagen heißt und der zu wenig schlägt. Ich war still und bat die Götter, das Herz dieses Menschen zu wenden und das Wetter, und war still. So sagt er zu mir: Nun können Sie den Brocken sehen, ich trat ans Fenster, und er lag vor mir klar wie mein Gesicht im Spiegel, da ging mir das Herz auf und ich rief: Und ich sollte nicht hinaufkommen! Haben Sie keinen Knecht, niemanden? Und er sagte, ich will mit Ihnen gehn. – Ich habe ein Zeichen ins Fenster geschnitten zum Zeugnis meiner Freudentränen, und wär's nicht an Sie, hielt ich's für Sünde, es zu schreiben. Ich hab's nicht geglaubt, bis auf der obersten Klippe. Alle Nebel lagen unten, und oben war herrliche Klarheit, und heute Nacht bis früh war er im Mondschein sichtbar und finster, auch in der Morgendämmerung, da ich aufbrach. Adieu.

C

Caserta · Castel Gandolfo · Catania siehe Ätna
Chemnitz siehe Freiberg

Gewinnen Sie es über sich. Eine Reise wird Sie, muß Sie zerstreuen!

Die Leiden des jungen Werthers

Caserta

In Caserta, der Residenz der Könige von Neapel, besuchen Goethe und sein Begleiter Tischbein vom 14. bis 16. März 1787 den deutschen Landschaftsmaler Philipp Hackert, der am Hofe als Künstler engagiert ist. Die beiden Reisenden verbringen, durch Hackerts Vermittlung, zwei Abende im Landhaus des englischen Gesandten Sir William Hamilton. Dessen Ruf als bedeutender Kunst- und Antikensammler war bis Rom gedrungen. Hamiltons Geliebte Emma Hart, spätere Lady Hamilton, führt für die Gäste ihre »Attitüden« auf, Pantomimen und Darstellungen lebender Bilder. Tischbein malt bei dieser Gelegenheit ein »Porträt der Emma Hart« als Iphigenie neben Orest mit den Gesichtszügen Goethes.

Caserta, den 16. März 1787. Wenn man in Rom gern studieren mag, so will man hier nur leben; man vergißt sich und die Welt, und für mich ist es eine wunderliche Empfindung, nur mit genießenden Menschen umzugehen. Der Ritter Hamilton, der noch immer als englischer Gesandter hier lebt, hat nun nach so langer Kunstliebhaberei, nach so langem Naturstudium den Gipfel aller Natur- und Kunstfreude in einem schönen Mädchen gefunden. Er hat sie bei sich, eine Engländerin von etwa zwanzig Jahren. Sie ist sehr schön und wohl gebaut. Er hat ihr ein griechisch Gewand machen lassen, das sie trefflich kleidet, dazu löst sie ihre Haare auf, nimmt ein paar Schals und macht eine Abwechslung von Stellungen, Gebärden, Mienen etc., daß man zuletzt wirklich meint, man träume. Man schaut, was so viele tausend Künstler gerne geleistet hätten, hier ganz fertig in Bewegung und überraschender Abwechslung. Stehend, knieend, sitzend, liegend, ernst, traurig, neckisch, ausschweifend, bußfertig, lockend, drohend, ängstlich etc., eins folgt aufs andere und aus den andern. Sie weiß zu jedem Ausdruck die Falten des Schleiers zu wählen, zu wechseln, und macht sich hundert Arten von Kopfputz mit denselben Tüchern. Der alte Ritter hält das Licht dazu und hat mit ganzer Seele sich diesem Gegenstand ergeben. Er findet in ihr alle Antiken, alle schönen Profile der sizilianischen Münzen, ja den Belvederschen Apoll selbst. So viel ist gewiß, der Spaß ist einzig! Wir haben ihn schon zwei Abende genossen. Heute früh malt sie Tischbein.

Aus: *Italienische Reise*

Castel Gandolfo

Ein »Wertherähnliches Schicksal« fürchtet Goethe erleben zu müssen, als er im Oktober 1787 während eines Aufenthaltes in Castel Gandolfo, der päpstlichen Sommerresidenz in den Albaner Bergen, wo der Reisende aus Weimar sich gelegentlich mit der verehrten und ihn verehrenden Malerin Angelica Kauffmann und anderen römischen Freunden aufhält, die »schöne Mailänderin« Maddalena Riggi kennenlernt. Dem amourösen Intermezzo der beiden »nur halbbewußt Liebenden« verdanken wir außer dem Gedicht »Amor als Landschaftsmaler«, dem einzigen, das Goethe während dieser Italien-Reise verfaßt hat, eine bezaubernde autobiographische Liebesgeschichte; im Folgenden unvollendet wiedergegeben.

Oktober 1787. Zu Anfang dieses Monats bei mildem, durchaus heiterem, herrlichem Wetter genossen wir eine förmliche Villegiatur in Castel Gandolfo, wodurch wir uns denn in die Mitte dieser unvergleichlichen Gegend eingeweiht und eingebürgert sahen. Herr Jenkins, der wohlhabende englische Kunsthändler, bewohnte daselbst ein sehr stattliches Gebäude, den ehemaligen Wohnsitz des Jesuitengenerals, wo es einer Anzahl von Freunden weder an Zimmern zu bequemer Wohnung, noch an Sälen zu heiterem Beisammensein, noch an Bogengängen zu munterem Lustwandel fehlte.

Man kann sich von einem solchen Herbstaufenthalte den besten Begriff machen, wenn man sich ihn wie den Aufenthalt in einem Badeorte gedenkt, Personen ohne den mindesten Bezug aufeinander werden durch Zufall augenblicklich in die unmittelbarste Nähe versetzt. Frühstück und Mittagessen, Spaziergänge, Lustpartien, ernst- und scherzhafte Unterhaltung bewirken schnell Bekanntschaft und Vertraulichkeit; da es denn ein Wunder wäre, wenn, besonders hier, wo nicht einmal Krankheit und Kur eine Art von Diversion macht, hier im vollkommensten Müßiggang, sich nicht die entschiedensten Wahlverwandtschaften zunächst hervortun sollten. Hofrat Reiffenstein hatte für gut befunden, und zwar mit Recht, daß wir zeitig hinausgehen sollten, um zu unseren Spaziergängen und sonstigen artistischen Wanderungen ins Gebirge die nötige Zeit zu finden, ehe noch der Schwall der Gesellschaft sich herandrängte und uns zur Teilnahme an gemeinschaftlicher Unterhaltung aufforderte. Wir waren die ersten und versäumten nicht, uns in der Gegend, nach Anleitung des erfahrenen Führers, zweckmäßig umzusehen, und ernteten davon die schönsten Genüsse und Belehrungen.

Nach einiger Zeit sah ich eine gar hübsche römische Nachbarin, nicht weit von uns im Corso wohnend, mit ihrer Mutter heraufkommen. Sie hatten beide seit meiner Mylordschaft meine Begrüßung freundlicher als sonst erwidert, doch hatte ich sie nicht angesprochen, ob ich gleich an ihnen, wenn sie abends vor der Tür saßen, öfters nah genug vorbeiging; denn ich war dem Gelübde, mich durch dergleichen Verhältnisse von meinem Hauptzwecke nicht abhalten zu lassen, immer treu geblieben. Nun aber fanden wir uns auf einmal wie völlig alte Bekannte; jenes Konzert gab Stoff genug zur ersten Unterhaltung, und es ist wohl nichts angenehmer als eine Römerin der Art, die sich in natürlichem Gespräch heiter gehen läßt und ein lebhaftes, auf die reine Wirklichkeit gerichtetes Aufmerken, eine Teilnahme mit anmutigem Bezug auf sich selbst in der wohlklingenden römischen Sprache schnell, doch deutlich vorträgt; und zwar in einer edlen Mundart, die auch die mittlere Klasse über sich selbst erhebt und dem Allernatürlichsten, ja dem Gemeinen einen gewissen Adel verleiht. Diese Eigenschaften und Eigenheiten waren mir zwar bekannt, aber ich hatte sie noch nie in einer so einschmeichelnden Folge vernommen.

Zu gleicher Zeit stellten sie mich einer jungen Mailänderin vor, die sie mitgebracht hatten, der Schwester eines Kommis von Herrn Jenkins, eines jungen Mannes, der wegen Fertigkeit und Redlichkeit bei seinem Prinzipal in großer Gunst stand. Sie schienen genau miteinander verbunden und Freundinnen zu sein.

Diese beiden Schönen, denn schön durfte man sie wirklich nennen, standen in einem nicht schroffen, aber doch entschiedenen Gegensatz; dunkelbraune Haare die Römerin, hellbraune die Mailänderin; jene braun von Gesichtsfarbe, diese klar, von zarter Haut; diese zugleich mit fast blauen Augen,

jene mit braunen; die Römerin einigermaßen ernst, zurückhaltend, die Mailänderin von einem offenen, nicht sowohl ansprechenden, als gleichsam anfragendem Wesen. Ich saß bei einer Art Lottospiel zwischen beiden Frauenzimmern und hatte mit der Römerin Kasse zusammen gemacht; im Laufe des Spiels fügte es sich nun, daß ich auch mit der Mailänderin mein Glück versuchte durch Wetten oder sonst. Genug, es entstand auch auf dieser Seite eine Art von Partnerschaft, wobei ich in meiner Unschuld nicht gleich bemerkte, daß ein solches geteiltes Interesse nicht gefiel, bis endlich nach aufgehobener Partie die Mutter, mich abseits findend, zwar höflich, aber mit wahrhaftigem Matronenernst dem werten Fremden versicherte, daß, da er einmal mit ihrer Tochter in solche Teilhabe gekommen sei, es sich nicht wohl zieme, mit einer anderen gleiche Verbindlichkeiten einzugehen; man halte es in einer Villeggiatur für Sitte, daß Personen, die sich einmal auf einen gewissen Grad verbunden, dabei in der Gesellschaft verharrten und eine unschuldige anmutige Wechselgefälligkeit durchführten. Ich entschuldigte mich aufs beste, jedoch mit der Wendung, daß es einem Fremden nicht wohl möglich sei, dergleichen Verpflichtungen anzuerkennen, indem es in unserem Lande herkömmlich sei, daß man den sämtlichen Damen der Gesellschaft, einer wie der anderen, mit und nach der anderen, sich dienstlich und höflich erweise und daß dieses hier um desto mehr gelten werde, da von zwei so eng verbundenen Freundinnen die Rede sei.
Aber leider! indessen ich mich so auszureden suchte, empfand ich auf die wundersamste Weise, daß meine Neigung für die Mailänderin sich schon entschieden hatte, blitzschnell und eindringlich genug, wie es einem müßigen Herzen zu gehen pflegt, das in selbstgefälligem, ruhigem Zutrauen nichts be-

fürchtet, nichts wünscht und das nun auf einmal dem Wünschenswertesten unmittelbar nahe kommt. Übersieht man doch in solchem Augenblick die Gefahr nicht, die uns unter diesen schmeichelhaften Zügen bedroht. (Und so weiter.)

Aus: *Italienische Reise*, 2. Teil

D

Darmstadt · Dessau · Dresden · Düsseldorf

Was ich nicht erlernt hab, das hab ich erwandert.

Zur Naturwissenschaft überhaupt, Erster Band

Darmstadt

Auf seiner ersten Kunstreise in die kurpfälzische Residenzstadt Mannheim, wo der Zwanzigjährige im Antikensaal tief beeindruckt sein wird von den Repliken des Laokoon und des Apoll von Belvedere, macht Goethe auf der Durchfahrt auch Bekanntschaft mit den Örtlichkeiten in Darmstadt. Ein zweites Mal nimmt er die Residenzstadt der Landgrafen von Hessen-Darmstadt wenige Wochen später wahr auf dem Weg nach Worms zu der Jugendfreundin Charitas Meixner. Doch erst mit einem Besuch bei dem Schriftsteller und Kritiker Johann Heinrich Merck, Herausgeber der »Frankfurter Gelehrten Anzeigen«, in denen Beiträge von Goethe erschienen sind, findet er am Schalttag des Jahres 1772 Zugang zum Darmstädter Kreis, einem Freundschaftsbund schöner Seelen. In den folgenden Monaten ist der Wanderer, wie der junge Mann im literarischen Zirkel bewundernd genannt wird, immer wieder und bei jedem Wetter zu Fuß unterwegs zwischen Frankfurt und Darmstadt, dichtet dabei die Hymnen *Wandrers Sturmlied* und *Pilgers Morgenlied*, weilt zu Spiel und Scherz einmal sogar vier Wochen bei den neuen Freunden. Karl August Böttiger, der dreißig Jahre später mit Klatsch, Indiskretion und aggressiver Kritik sich in Weimar keinen guten Namen macht, hat aus zeitlicher Distanz für den Darmstadt-Wanderer nur Spöttelei übrig: »In seiner Jugend- und Genieperiode war Goethe als einer der schönsten Männer von Mädchen und Frauen angebetet. Oft ging er, als er noch in Frankfurt war, zu Fuß nach Darmstadt. Da gaben ihm die artigsten Frauen das Geleit bis zur Stadt hinaus, und in Darmstadt setzte er sich vor Mercks Haus, wo auf einer steinernen Treppe einige Bänke vor der Haustür standen, um den um ihn versammelten Mädchen Genie-Audienz zu geben.« Von solchen Verehrungsverhältnissen kann Böttiger nur von Caroline Herder, geborene Flachsland, gehört haben, der »Psyche« im Darmstädter Kreis der Empfindsamen, die ihrem fernen Verlobten am 5. Dezember 1772 vorschwärmt: »Unser Freund Goethe war hier. Wir haben ihn alle lieb.« Goethe hatte sie seinerseits auch alle sehr lieb; er las ihnen seine Hymnen vor, und der wohlmeinenden »Psyche« widmete er den *Fels-Weihegesang*.

In Darmstadt befand sich übrigens eine Gesellschaft von sehr gebildeten Männern. Geheimerat von Heß, Minister des Landgrafen, Professor Petersen, Rektor Wenk und andere waren die Einheimischen, zu deren Wert sich manche fremde Benachbarte und viele Durchreisende abwechselnd gesellten. Die Geheimerätin von Heß und ihre Schwester, Demoiselle Flachsland, waren Frauenzimmer von seltenen Verdiensten und Anlagen, die letztere, Herders Braut, doppelt interessant durch ihre Eigenschaften und ihre Neigung zu einem so vortrefflichen Manne. Wie sehr dieser Kreis mich belebte und förderte, wäre nicht auszusprechen. Man hörte gern die Vorlesung meiner gefertigten oder angefangenen Arbeiten, man munterte mich auf, wenn ich offen und umständlich erzählte, was ich eben vorhatte, und schalt mich, wenn ich bei jedem neuen Anlaß das Früherbegonnene zurücksetzte. *Faust* war schon vorgerückt, *Götz von Berlichingen* baute sich nach und nach in meinem Geiste zusammen, das Studium des fünfzehnten und sechzehnten Jahrhunderts beschäftigte mich, und jenes Münstergebäude (in Straßburg) hatte einen sehr ernsten Eindruck in mir zurückgelassen, der als Hintergrund zu solchen Dichtungen gar wohl dastehen konnte.

Aus: *Dichtung und Wahrheit*, zwölftes Buch

Dessau mit Wörlitz

Zu Schweinehatz und Treibjagd reiste Carl August gern zum Fürsten von Anhalt-Dessau. Goethe als Begleiter des Herzogs nutzte die Aufenthalte für Besuche beim ehemaligen Leipziger Studienfreund, dem Prinzenerzieher Behrisch, sowie bei dem Pädagogen und Schulreformer Basedow, mit dem Goethe und Lavater im Sommer 1774 die später sogenannte Geniereise auf Lahn und Rhein unternommen hatten. Der Gründer der wirkungsreichen Musterschule Philanthropinum in Dessau regte Goethe zu dem Gedicht »Ergo bibamus« an. Der weitläufige Park um das Schloß Wörlitz, Sommerresidenz des Fürsten Leopold III. von Anhalt-Dessau, gilt bis heute als Wunder an Landschaftsgestaltung im englischen Stil. Goethe findet hier mannigfach Anregung für die Planung des Parks an der Ilm in Weimar.

An Charlotte von Stein, 14. Mai 1778
Wörlitz Donnerst. Nach Tische gehn wir auf Berlin über Potsdam. Hier ist's jetzt unendlich schön. Mich hat's gestern abend, wie wir durch die Seen, Kanäle und Wäldchen schlichen, sehr gerührt, wie die Götter dem Fürsten erlaubt haben, einen Traum um sich herum zu schaffen. Es ist, wenn man so durchzieht, wie ein Märchen, das einem vorgetragen wird, und hat ganz den Charakter der Elysischen Felder, in der

sachtesten Mannigfaltigkeit fließt eins ins andere, keine Höhe zieht das Aug' und das Verlangen auf einen einzigen Punkt, man streicht herum, ohne zu fragen, wo man ausgegangen ist und hinkommt. Das Buschwerk ist in seiner schönsten Jugend, und das Ganze hat die reinste Lieblichkeit. – Und nun bald in der Pracht der königlichen Städte im Lärm der Welt und der Kriegsrüstungen.

Dresden

Die ganze Stadt ein einziges Lustgebäude der Kunst, so hatte Großonkel Johann Michael von Loen dem Kind vorgeschwärmt. Man habe ein paar Monate zu tun, wenn alles, was der Ort an Pracht und Schönheit biete, in Augenschein genommen werden solle. Goethe kommt von 1768 bis 1813 insgesamt sieben Mal hierher, jedesmal gern. Zum ersten Mal als Leipziger Student mit achtzehn Jahren, heimlich und allein; denn neugierige Freunde, fürchtet er, könnten den Kunstgenuß verderben. Die Kunstschätze wünscht er ganz nach eigener Art zu betrachten. Dem Rat des Vaters folgend, meidet er auf dieser Reise Gasthöfe. So wohnt er zwölf Tage beim Schuster Johann Gottfried Haucke, einem Verwandten seines Leipziger Stubennachbarn Limprecht. Der lebenskluge Handwerker wird später Vorbild sein für den Schuster Ahasver im Epenfragment vom *Ewigen Juden*.
Der Studiosus sucht in den Leipziger Studienjahren sinnstiftende Orientierung. Lessings kunsttheoretische Schrift *Laokoon*, eine Abhandlung über die Prinzipien von Poesie und Malerei, ist ihm »ein Lichtstrahl des Geistes«. Allein in Dresden scheint der Wunsch erfüllbar, bedeutende Kunstwerke

»in größerer Masse« zu erblicken. »Die Stunde, wo die Galerie eröffnet werden sollte, mit Ungeduld erwartet, erschien.« Der Kunstbedürftige darf eintreten. Die Verwunderung übersteigt jeden Begriff. Ein Raumgefüge, »das der Empfindung ähnelt, womit man ein Gotteshaus betritt«. Das ungewöhnliche Interesse des jungen Mannes kommt dem Galeriedirektor zu Ohren. So ergibt es sich, daß Ludwig von Hagedorn, Bruder des Dichters Friedrich von Hagedorn, dem Enthusiasten die eigene Sammlung vorführt – eine »Geist und Sinn zur wahren Kunst vorbereitende Erfahrung«.
Die Freude an der Kunst wird getrübt von einem erschütternden Anblick. Von der Kuppel der Frauenkirche schaut man auf ein Trümmerfeld, das die Kanonade der Preußen während der Belagerung acht Jahre zuvor angerichtet hat; mehr als zweihundert Bürgerhäuser waren in Schutt und Asche gefallen. »Der gute Sakristan deutete mir alsdann auf die Ruinen nach allen Seiten und sagte bedenklich lakonisch: ›Das hat der Feind getan.‹« Noch ein halbes Jahrhundert später ist dem Dichter das grauenvolle Bild gegenwärtig. »Die Mohrenstraße im Schutt sowie die Kreuzkirche mit ihrem geborstenen Turm drückten sich mir tief ein und stehen noch wie ein dunkler Fleck in meiner Einbildungskraft.«
Auf seinen Reisen nach Schlesien und nach oder von Teplitz macht Goethe Station in der Kunststadt an der Elbe. Die Gemäldegalerie sucht er bei jeder Visite auf. Im Kriegsjahr 1813 sind zwei Aufenthalte verzeichnet. Am 24. April beobachtet er, unbelästigt vom Straßengedränge, im Hause des Malers Wilhelm von Kügelgen, der den Staatsmann Goethe mit Ordenspracht 1808 in Weimar porträtiert hatte, den Einzug des Zaren und des Preußenkönigs. »Sodann am Schwarzen Tor die Ankunft des Kaisers abgewartet, welcher halb eins ein-

traf.« Der Kaiser – das ist und bleibt Napoleon. Der Schriftsteller Ernst Moritz Arndt trifft in diesen Tagen Goethe im gastfreien Körnerschen Haus und staunt über dessen »stattliche Schöne« noch mit 64 Jahren. Der große Mann habe jedoch keinen erfreulichen Eindruck gemacht, denn er zeige weder Hoffnung noch Freude an den neuen Dingen. Die kämpferische Begeisterung des jungen Theodor Körner, Sohn des Hauses, Freiheitsliederdichter und Jäger im Lützowschen Freikorps gegen Napoleon, so berichtet Arndt in seinen *Erinnerungen aus dem äußeren Leben*, habe Goethe provoziert zu dem vielzitierten Ausruf: »O ihr Guten, schüttelt immer an euren Ketten, ihr werdet sie nicht zerbrechen, der Mann ist euch zu groß.«

Tagebücher, April 1813:
22. Am Tagebuch geschrieben. Auf dem Kupferstichkabinett, Kupfer nach Raphael. Sehr gemischte Sammlung von Handzeichnungen. Mittag für uns. Nach Tische auf die Galerie. Blieb ich in der Niederländischen Schule. Und betrachtete, da die vortrefflichsten Sachen weggeschafft waren, viele köstliche Dinge, auf die ich niemals gemerkt hatte. Den Plan von Dresden. Nach demselben vor Tisch zum Seetore hinaus, die Vorstädte links bis an die Elbe durchstrichen. Bei Frau von Grotthus, die ich nicht zu Hause fand. Abends bei Körners. Das Wetter bedeckt und kühl. Ein Fündling. Seltsames Gestein, dem man keinen Namen geben kann und das sich vielleicht nur einmal findet.
24. Unruhiges Treiben wegen der Ankunft der Potentaten. Ging ich über die Brücke nach der Neustadt zu Hrn. v. Kügelgen. Kam dahin Frau von Grotthus. Wieder zurück nach

Hause. Mit Frau von Burgsdorff in die Expedition des Finanzkollegiums, deren Fenster auf die Brücke schaut. Sodann mit Forstrat Cotta nach dem Schwarzen Tor. Die Ankunft des Kaisers abgewartet, welcher halb 1 eintraf. Die Garden defilieren sehen. Zurück in die Stadt. Auf dem Neumarkt hielten Kaiser und König. Infanterie, Kavallerie und starke Artillerie defilierten vorbei. Zu Hause gespeist. Gegen den Großen Garten zu und durch denselben gefahren. Nachts Illumination. Bei Frau von Grotthus Punsch und gute Gesellschaft. Zur Illumination mit ihr und andern.

Düsseldorf mit Pempelfort

Dem Fiasko der Campagne in Frankreich folgt, bei heftigem Unwetter, eine lebensbedrohliche Moselfahrt im Stockfinstern auf mäandrischem Flußgewinde von Trier nach Trarbach. Keine schöne Erinnerung: »Bald schwoll der Strom im Gegenwinde, bald wechselten abprallende Windstöße niederstürzend mit wütendem Sausen; eine Welle nach der anderen schlug über den Kahn; der Schiffsmeister barg nicht seine Verlegenheit; die Not schien immer größer, je länger sie dauerte.« Und der wackere Mann versichert, er wisse weder wo er sei, noch wohin er steuern solle. Von Koblenz geht's bei ruhigem Wasser, allerdings mit einem lecken Ruderboot weiter, den Rhein hinunter. Wieder unter Menschen in Düsseldorf, bemerkt Goethe, »daß meine alten Freunde mich nicht recht wiedererkennen wollten«. Nach Wochen der Not und des Elends, das »keine Feder und keine Zunge beschreiben kann«, abgerissen, abgemagert, langhaarig und bärtig findet der Kriegsteilnehmer am 6. November 1792 doch nach augenblicklicher Überraschung die freundlichste Aufnahme. Fast zwanzig Jahre sind vergangen seit dem vorigen Besuch im gastfreien Hause der Jacobis. Damals hatte das Junggenie auf der Reise mit Lavater und Basedow hier haltgemacht und bedeutende Gespräche mit Fritz Jacobi geführt über Kunst und die Philosophie Spinozas. Diesmal, in Zeiten der Furcht vor den Franzosen, die sich dem linken Rheinufer nähern, ist der Gast, wie er selber meint, »mit paradoxen Späßen mitunter aufheiternd, mitunter lästig«. Und in einer einsamen Stunde veranstaltet er ein Autodafé: Das Kriegstagebuch sowie satirische und poetische Aufzeichnungen aus den Feldzugstagen werden in einem »lebhaften Steinkohlenfeuer« vernichtet. Vier Wochen verweilt der Flüchtling in Pempelfort bei Düsseldorf, um sich dann endlich, weil die Straßen nach Frankfurt, wo er die Mutter so gern wiedergesehen hätte, noch immer abgeschnitten sind, über Duisburg, Münster, Paderborn, Kassel auf den Umweg nach Hause zu machen.

Die Not schien dringend; Emigrierte füllten Düsseldorf, selbst die Brüder des Königs kamen an. Herr von Grimm und Frau von Beuil erschienen gleichfalls. Bei Überfüllung der Stadt hatte sie ein Apotheker aufgenommen; das Naturalienkabinett diente zum Schlafzimmer, Affen, Papageien und anderes Getier belauschten den Morgenschlaf der liebenswürdigsten Dame. Und so war das Einquartierungsübel, das wir kaum erst nach Frankreich gebracht hatten, wieder zu uns herübergeführt. Frankfurt war noch von den Franzosen besetzt, die Kriegsbewegungen hatten sich zwischen die Lahn und das Taunusgebirge gezogen; bei täglich abwechselnden, bald sicheren, bald unsicheren Nachrichten war das Gespräch lebhaft und geistreich, aber wegen streitenden Interesses und Meinungen gewährte es nicht immer eine erfreuliche Unterhaltung. Und was kam nicht alles zur Sprache! Als einst von der unglücklichen Campagne, besonders von der Kanonade bei Valmy die Rede war, versicherte Herr von Grimm: Es sei von meinem wunderlichen Ritt ins Kanonenfeuer an des Königs Tafel die Rede gewesen; wahrscheinlich hatten die Offiziere, denen ich damals begegnete, davon gesprochen, das Resultat ging darauf hinaus: Daß man sich darüber nicht wundern müsse, weil gar nicht zu berechnen sei, was man von einem seltsamen Menschen zu erwarten habe.

Mein Aufenthalt in Pempelfort war schon lang genug. Jacobi überließ mir einen bequemen, obgleich an Eisen ziemlich schweren Reisewagen. Alles zog, wie man hörte, nach Westfalen hinein, und die Brüder des Königs wollten dort ihren Sitz aufschlagen. Und so schied ich denn mit dem wunderlichsten Zwiespalt: Die Neigung hielt mich in dem freundlichsten Kreise, der sich so eben auch höchst beunruhigt fühlte, und ich sollte die edelsten Menschen in Sorge und Verwirrung hinter mir lassen, bei schrecklichem Weg und Wetter mich nun wieder in die wilde, wüste Welt hinauswagen, von dem Strome mit fortgezogen der unaufhaltsam eilenden Flüchtlinge, selbst mit Flüchtlingsgefühl.

Aus: *Campagne in Frankreich*

E

**Eger · Ehrenbreitstein siehe Koblenz
Eisenach · Elbogen · Emmendingen
Erfurt · Ettersberg**

Doch es ist immer besser, man reise in der Jugend, wo man die Dinge einzeln genießt und oft über ihren Wert schätzt.

An Fritz von Stein, 21. Dezember 1798

Eger und Kammerberg

Die Zwischenstation in Eger auf der Reise in die böhmischen Bäder nutzt Goethe beinahe regelmäßig zu geognostischen Exkursionen auf den Kammerberg zwischen Eger und Franzensbad. Dabei begleitet ihn der geologisch interessierte und bewanderte Kriminal- und Polizeirat Joseph Grüner aus Eger, mit dem der Weimarer Naturforscher über längere Zeit auch einen fachbezogenen Briefwechsel führt. Dreimal hat Goethe in verschiedenen Jahren Abhandlungen über seinen Problemberg verfaßt, mit denen er sich an der wissenschaftlichen Debatte beteiligt, ob Gesteine und Berge als Ablagerungen eines Ur-Ozeans entstanden seien und Vulkane über brennenden Kohleflözen festes Gestein wieder zum Schmelzen bringen. Die Plutonisten dagegen, zu denen sich Alexander von Humboldt zählte, erklärten alle Gesteinsbildung mit einem großen zentralen Feuer im Erdinnern. Die Kammerberg-Aufsätze zeigen den Neptunisten Goethe schwankend zwischen den Positionen. Im zweiten Teil von *Faust* führt Goethe den Streit weiter in dem poetisch gestalteten Gespräch zwischen Anaxagoras und Thales; und sogar Mephisto darf sich einmischen, selbstverständlich als Vulkanist.

Als ich am 26. April dieses Jahres auf meiner Reise nach Karlsbad durch Eger ging, erfuhr ich von dem so unterrichteten als tätigen und gefälligen Herrn Polizeirat Grüner, daß man auf der Fläche des großen, zum Behuf der Chausseen ausgegrabenen Raumes des Kammerberger Vulkans mit einem Schacht niedergegangen, um zu sehen, was in der Tiefe zu finden sein möchte und ob man nicht vielleicht auf Steinkohlen treffen dürfte. Auf meiner Rückkehr, den 28. Mai, ward ich von dem wackern Manne aufs freundlichste empfangen; er legte mir die kurze Geschichte der Abtäufung, welche doch schon sistiert worden, nicht weniger die gefundenen Mineralkörper vor. Man hatte beim Absinken von etwa eineinhalb Lachtern erst eine etwas festere Lava, dann die gewöhnliche völlig verschlackte in größeren und kleineren Stücken gefunden, als man auf eine lose rötliche Masse traf, welche offenbar ein durchs Feuer veränderter feiner Glimmersand war. Dieser zeigte sich teils mit kleinen Lavatrümmern vermischt, teils mit Lavabrocken fest verbunden. Unter diesem, etwa zwei Lachtern Täufe vom Tage herab, traf man auf den feinsten weißen Glimmersand, dessen man eine gute Partie ausförderte, nachher aber, weil weiter nichts zu erwarten schien, die Untersuchung aufgab. Wäre man tiefer gegangen (wobei denn freilich der feine Sand eine genaue Zimmerung erfordert hätte), so würde man gewiß den Glimmerschiefer getroffen haben, wodurch denn unsere früher geäußerte Meinung Bestätigung gefunden hätte. Bei dem ganzen Unternehmen hatte sich nur etwa ein fingerlanges Stück gefunden, welches allenfalls für Steinkohle gelten könnte.

Aus: *Zur Kenntnis der böhmischen Gebirge.*
Kammerberg bei Eger, 1820

Eisenach mit Wartburg

Die thüringische Stadt Eisenach am Fuße der Wartburg war im Jahre 1741 zu Sachsen-Weimar gekommen, durfte jedoch unabhängige Landstände und eine eigene Verwaltung behalten. Verhandlungen mit den Landständen, auch Hofjagden im Thüringer Wald führen Goethe oft hierher. Für Wochen zieht er sich dann gern auf die großteils verfallene Wartburg zurück, um zu schreiben, zu zeichnen, die Stille und die aussichtsreiche Höhe zu genießen. Auf dem Weg an Rhein und Main regt ihn am 26. Juli 1814 der Blick zur Wartburg zu dem *Divan*-Gedicht »Im Gegenwärtigen Vergangenes« an, das so beginnt: »Ros' und Lilie morgentaulich / Blüht im Garten meiner Nähe, / Hinten an bebuscht und traulich / Steigt der Felsen in die Höhe. / Und mit hohem Wald umzogen, / Und mit Ritterschloß gekrönet, / Lenkt sich hin des Gipfels Bogen, / Bis er sich dem Tal versöhnet.«

An Charlotte von Stein, 13. September 1777
Wartburg d. 13. S. 77 abends 9. Hier wohn ich nun, Liebste, und singe Psalmen dem Herrn, der mich aus Schmerzen und Enge wieder in Höhen und Herrlichkeit gebracht hat. Der Herzog hat mich veranlaßt heraufzuziehen, ich habe mit den Leuten unten, die ganz gute Leute sein mögen, nichts gemein, und sie nichts mit mir, einige sogar bilden sich ein, sie liebten mich, es ist aber nicht gar so. Liebste, diesen Abend denk ich mir Sie in Ihrer Tiefe um Ihren Graben im Mondschein beim Wachfeuer, denn es ist kühl. In Wilhelmstal ist mir's zu tief und zu eng, und ich darf doch noch in der Kühle und Nässe nicht in die Wälder die ersten Tage. Hier oben! Wenn

ich Ihnen nur diesen Blick, der mich nur kostet aufzustehn vom Stuhl, hinübersegnen könnte. In dem grausen linden Dämmer des Monds die tiefen Gründe, Wiesgen, Büsche, Wälder und Waldblößen, die Felsenabhänge davor und hinten die Wände, und wie der Schatten des Schloßbergs und Schlosses unten alles finster hält und drüben an den sachten Wänden sich noch anfaßt, wie die nackten Felsspitzen im Monde röten und die lieblichen Auen und Täler ferner hinunter, und das weite Thüringen hinterwärts im Dämmer sich dem Himmel mischt. Liebste, ich hab eine rechte Fröhlichkeit dran, ob ich gleich sagen mag, daß der belebende Genuß mir heute mangelt, wie der lang Gebundne reck ich erst meine Glieder. Aber mit dem echten Gefühl von Dank, wie der Durstige ein Glas Wasser nimmt und die Heiligkeit des Brunnens und die Liebheit der Welt nur nebenweg schaut.

Elbogen

Ein landschaftliches Kunstwerk, »über alle Beschreibung schön«, wie die Eger hier um einen Granitfelsen fließt und Schloß mit Städtchen Elbogen umfaßt. Goethe erfreut sich während seiner böhmischen Badeaufenthalte oft daran. Ein treffliches Ausflugsziel, keine zwanzig Kilometer von Karlsbad entfernt, wenn bei schönem Wetter ein Geburtstag zu feiern ist. Am 28. August 1823 ist es der eigene, der 74. Zur Landpartie hat der Jubilar Frau von Levetzow mit ihren drei Töchtern eingeladen. Aber nur der einen, der neunzehnjährigen Ulrike, gilt die kleine Lustreise. Zwölf Tage ist es her, da hatte der Großherzog Carl August für seinen Dichterfreund bei der Mutter um Ulrikes Hand angehalten, erfolglos. Alle Peinlichkeit ist dem Liebenden nichts gegen die Leidenschaft für das Mädchen. Goethe reist der Familie von Marienbad nach Karlsbad hinterher. Alle wissen bei diesem heiteren Ausflug, was für ein besonderer Tag es ist; niemand spricht darüber. »Man eilte, um 7 Uhr fortfahren zu können«, ist in Goethes Tagebuch vermerkt. Und schon um 9 Uhr langt die Kalesche in Elbogen an. Man spaziert am rechten Ufer der Eger durch die neuen Felsengänge, dann hinauf zum Rathaus in der alten Burg, um ehrfurchtsvoll den Meteorstein zu bestaunen, der einer Legende zufolge vom Himmel direkt in den Burgbrunnen gestürzt sein soll. Im »Weißen Roß« wartet das prächtig vorbereitete Mittagsmahl; auf dem Tisch vor Goethes Platz ein wertvolles böhmisches Glas mit den drei eingravierten Mädchennamen: Ulrike, Amalie, Berta; eine bedeutungsvolle Gabe der Familie zur Erinnerung an dieses Beisammensein. Am nächsten Morgen Goethes Frage: »Sie wußten, daß gestern mein Geburtstag war?« Wie sollte Frau von Levetzow nicht, »da hätten Sie es nicht drucken lassen müssen« – als ersten Satz von *Dichtung und Wahrheit*. So wolle man diesen Tag denn, entgegnet Goethe, »den Tag des öffentlichen Geheimnisses nennen«.

Acht Jahre nach dieser unselig-seligen Landpartie, am letzten Geburtstag, als der greise Dichter mit den Enkeln von Weimar nach Ilmenau geflohen ist, um den öffentlichen Festlichkeiten auszuweichen, da schreibt er voller Wehmut einen letzten Brief an die Mutter Levetzow: »Heute, verehrte Freundin, stelle ich jenes Glas vor mich, das auf so manche Jahre zurückdeutet und mir die schönsten Stunden vergegenwärtigt.«

Emmendingen

Die Kleinstadt in der Rheinebene nahe Freiburg war von 1774 bis zu ihrem Tode am 8.Juni 1777 der Wohnort von Goethes Schwester Cornelia, verheiratet mit dem Oberamtmann Johann Georg Schlosser. Der höchstbezahlte Beamte des Markgrafen von Baden hatte von dort aus dreißig Dörfer und kleine Städte im südlichen Baden zu verwalten. Auf seiner ersten Reise in die Schweiz trennt sich Goethe in Straßburg von seinen Gefährten, »indem ich einen Seitenweg einzuschlagen hatte, um nach Emmendingen zu gehen«. Elf Tage, vom 27. Mai bis 5. Juni 1775, verweilt er hier, zur geschwisterlichen Beglückung Cornelias, der in dieser Breisgauer Abgeschiedenheit nicht wohl ist, wie Goethe später, seitenlang begründend, in *Dichtung und Wahrheit* ausführt. »Ich wußte, sie lebte nicht glücklich, ohne daß man ihr, ihrem Gatten oder den Zuständen hätte schuld geben können. Sie war ein eigenes Wesen, von dem schwer zu sprechen ist. Aufrichtig habe ich zu gestehen, daß in mir, wenn ich manchmal über ihr Schicksal phantasiere, sie nicht gern als Hausfrau, wohl aber als Äbtissin, als Vorsteherin einer edlen Gemeinde gar gern denken mochte. Sie besaß alles, was ein solcher höherer Zustand verlangt, ihr fehlte, was die Welt forderte.« Auf seiner zweiten Reise in die Schweiz mit Carl August im September 1779 macht Goethe wieder für wenige Tage halt in Emmendingen, und beide stehen an Cornelias Grab auf dem Friedhof, über den heute auf Brückenstelzen die Bundesstraße 3 geführt wird.

Johann Peter Eckermann, *Gespräche mit Goethe*
28. März 1831. Wir gedachten sodann der merkwürdigen Stelle, wo Goethe über den Zustand seiner Schwester redet. »Dieses Kapitel«, sagte er, »wird von gebildeten Frauen mit Interesse gelesen werden; denn es werden viele sein, die meiner Schwester darin gleichen, da sie bei vorzüglichen geistigen und sittlichen Eigenschaften nicht zugleich das Glück eines schönen Körpers empfinden.« »Daß sie«, sagte ich, »bei bevorstehenden Festlichkeiten und Bällen gewöhnlich von einem Ausschlag im Gesicht heimgesucht wurde, ist etwas so Wunderliches, daß man es der Einwirkung von etwas Dämonischem zuschreiben möchte.« »Sie war ein merkwürdiges Wesen«, sagte Goethe, »sie stand sittlich sehr hoch und hatte nicht die Spur von etwas Sinnlichem. Der Gedanke, sich einem Manne hinzugeben, war ihr widerwärtig, und man mag denken, daß aus dieser Eigenheit in der Ehe manche unangenehme Stunde hervorging. Frauen, die eine gleiche Abneigung haben oder ihre Männer nicht lieben, werden empfinden, was dieses sagen will.«

Erfurt

Die Enklave im Herzogtum Sachsen-Weimar hat zur Goethe-Zeit eine wechselhafte Geschichte. Bis 1802 gehört die Stadt zum Erzbistum Mainz; Statthalter Carl Theodor Freiherr von Dalberg, Bruder des Mannheimer Theaterintendanten, ist mit Goethe befreundet; seit 1776 besucht man sich gegenseitig. Das Weimarer Hoftheater gastiert hier regelmäßig. Nach dem Reichsdeputationshauptschluß im Jahre 1803 kommt Erfurt zu Preußen. Und abermals preußisches Terri-

torium wird die Kommune 1814, nachdem der sieben Jahre
während Besitzanspruch Napoleons hinfällig geworden ist.
Der Kaiser der Franzosen veranstaltet vom 27. September
bis 14. Oktober 1808 den Erfurter Fürstentag. Auch Goethe
ist als Weimarer Staatsminister anwesend. Am 2. Oktober
bittet Napoleon den Dichter zu einer persönlichen Audienz,
wobei es zu der berühmten Unterredung über *Die Leiden
des jungen Werthers* kommt. Der Kaiser ist sehr angetan,
behauptet, den Roman sieben Mal gelesen zu haben, kritisiert jedoch »eine gewisse Stelle«, die nicht naturgemäß sei.
Goethe hat nie verraten, um welche Passage es sich handelt. –
An die frühen Besuche in der Stadt erinnert ein Gedicht
aus dem Nachlaß, das Goethe auf der Fahrt in die Rhein-
und Main-Gegenden am 25. Juli 1814 verfaßt hat.

> Sollt einmal durch Erfurt fahren,
> Das ich sonst so oft durchschritten,
> Und ich schien, nach vielen Jahren,
> Wohlempfangen, wohlgelitten.
>
> Wenn, mich Alten, alte Frauen
> Aus der Bude froh gegrüßet,
> Glaubt ich Jugendzeit zu schauen,
> Die einander wir versüßet.
>
> Das war eine Bäckerstochter,
> Eine Schusterin daneben,
> Eule keinesweges jene,
> Diese wußte wohl zu leben.

Und so wollen wir beständig,
Wettzueifern mit Hafisen,
Uns der Gegenwart erfreuen,
Das Vergangne mitgenießen.

Divan-Gedicht aus dem Nachlaß

Ettersberg

Bei einem Ausflug zum knapp fünfhundert Meter hohen Weimarer Hausberg mit der einzigartigen Aussicht über die Thüringer Lande dichtet der 26 Jahre alte Goethe »Wandrers Nachtlied I«. Ein halbes Jahrhundert später, beim Picknick mit Eckermann auf diesem Höhenrücken, denkt der Greis daran, wie oft er von hier aus »die Reiche der Welt und ihre Herrlichkeiten« überblickt habe. Hier fühle man sich groß und frei wie die große Natur, die man vor Augen hat, »und wie man eigentlich immer sein sollte.« An diesen Rundblick knüpfen sich die Erinnerungen eines langen Lebens. »Was habe ich nicht drüben in den Bergen von Ilmenau in meiner Jugend alles durchgemacht! Dann dort unten im lieben Erfurt wie manches gute Abenteuer erlebt! Auch in Gotha war ich in frühester Zeit oft und gerne.« Und nicht zu vergessen: Hier, auf diesem Muschelkalkberg aus erdgeschichtlicher Vorzeit, haben die reichen Fossilienablagerungen Goethes geologische Leidenschaft entfacht, die nie erloschen ist.

Johann Peter Eckermann, *Gespräche mit Goethe*
26. September 1827. Wir waren indes immerfort mühsam bergan gefahren und waren nun nach und nach oben, am Rande der Fichten. Wir kamen an einer Stelle vorbei, wo Steine gebrochen waren und ein Haufen lag. Goethe ließ anhalten und bat mich, abzusteigen und ein wenig nachzusehen, ob ich nichts von Versteinerungen entdecke. Ich fand einige Muscheln, auch einige zerbrochene Ammonshörner, die ich ihm zureichte, indem ich mich wieder einsetzte. Wir fuhren weiter. »Immer die alte Geschichte!« sagte Goethe. »Immer der alte Meeresboden! Wenn man von dieser Höhe auf Weimar hinabblickt und auf die mancherlei Dörfer umher, so kommt es einem vor wie ein Wunder, wenn man sich sagt, daß es eine Zeit gegeben, wo in dem weiten Tale dort unten die Walfische ihr Spiel getrieben. Und doch ist es so, wenigstens höchstwahrscheinlich. Die Möwe aber, die damals über dem Meere flog, das diesen Berg bedeckte, hat sicher nicht daran gedacht, daß wir beide heute hier fahren würden. Und wer weiß, ob nach Jahrtausenden die Möwe nicht abermals über diesen Berge fliegt.«
Wir waren jetzt oben auf der Höhe und fuhren rasch weiter. Weimar war rückwärts nicht mehr zu sehen. Das breite Tal der Unstrut mit vielen Dörfern und kleinen Städten lag in der heitersten Morgensonne vor uns. Die Aussicht von dieser Stelle war in der Tat herrlich. Nach Süden und Südwesten übersah man die ganze Reihe des Thüringerwaldgebirges; nach Westen, über Erfurt hinaus, das hochliegende Schloß Gotha und den Inselsberg; weiter nördlich sodann die Berge hinter Langensalza und Mühlhausen, bis sich die Aussicht, nach Norden zu, durch die blauen Harzgebirge abschloß. Ich dachte an die Verse:

Weit, hoch, herrlich der Blick
Rings ins Leben hinein!
Von Gebirg zu Gebirg
Schwebet der ewige Geist,
Ewigen Lebens ahndevoll!

Aus: *An Schwager Kronos*

F

Ferrara · Florenz · Frankfurt
Freiberg · Furkapaß

Die Reise gleicht einem Spiel; es ist immer Gewinn und Verlust dabei, und meist von der unerwarteten Seite, man empfängt mehr oder weniger, als man hofft, man kann ungestraft eine Weile hinschlendern, und dann ist man wieder genötigt, sich einen Augenblick zusammenzunehmen.

An Friedrich Schiller, 14. Oktober 1797

Ferrara

»Eine Art von Unlust« überfällt ihn in dieser schönen, dieser entvölkerten Stadt. Für Ferrara, die ehemalige Este-Residenz, seit 1597 Teil des Kirchenstaates, gönnt sich der nach Rom eilende Reisende, mit der Prosafassung seines »Tasso« im Gepäck, nur einen einzigen Tag, den 16. Oktober 1786. »Dieselben Straßen belebte sonst ein glänzender Hof, hier wohnte Ariost unzufrieden, Tasso unglücklich, und wir glauben uns zu erbauen, wenn wir diese Stätte besuchen.« Das Grabmal von Ariost habe zu viel Marmor; und statt Tassos Gefängnis zeige man einen Holzstall oder ein Kohlengewölbe. So komme das Hergezeigte ihm vor, notiert Goethe in den Reiseaufzeichnungen, »wie Doktor Luthers Tintenklecks, den der Kastellan von Zeit zu Zeit wieder auffrischt. Die meisten Reisenden haben doch etwas Handwerkspurschenartiges und sehen sich gern nach solchen Wahrzeichen um.«

Johann Peter Eckermann, *Gespräche mit Goethe*
6. Mai 1827. Das Gespräch wendete sich auf den Tasso und welche Idee Goethe darin zur Anschauung zu bringen gesucht. »Idee?« sagte Goethe – »daß ich nicht wüßte! Ich hatte das Leben Tassos, ich hatte mein eigenes Leben, und indem ich zwei so wunderliche Figuren mit ihren Eigenheiten zusammenwarf, entstand in mir das Bild des Tasso, dem ich als prosaischen Kontrast den Antonio entgegenstellte, wozu es mir auch nicht an Vorbildern fehlte. Die weiteren Hof-, Lebens- und Liebesverhältnisse waren übrigens in Weimar wie in Ferrara, und ich kann mit Recht von meiner Darstellung

sagen: sie ist Bein von meinem Bein und Fleisch von meinem Fleisch. – Die Deutschen sind übrigens wunderliche Leute! Sie machen sich durch ihre tiefen Gedanken und Ideen, die sie überall suchen und überall hineinlegen, das Leben schwerer als billig.«

Florenz

Das große Versäumnis. Kein Halten ist so kurz vor Rom. Für Florenz bleiben nur drei Stunden. Die Stadt wird eilig durchlaufen; rein in den Dom, Baptisterium gesehen. Erst auf der Heimreise hält sich Goethe eine gute Woche am Geburtsort der Renaissance auf, immerhin, holt nun manches nach, was kunstbegrifflich zum Italienbild ihm noch fehlt. Schreibt auch einige *Tasso*-Verse, vergleicht da Florenz mit Ferrara. Doch übersieht er Wichtiges: Als der Dichter viele Jahre später *Das Leben des Benvenuto Cellini* den Deutschen in Goethescher Sprache vermitteln will, muß er zutiefst bedauern, an Ort und Stelle nichts zur Kenntnis genommen zu haben von den großartigen Werken des kraftgenialen Renaissancekünstlers. Um so intensiver sind die Vorbereitungen, das Studium der florentinischen Geschichte, für einen langen Aufenthalt in Florenz bei der seit 1795 geplanten dritten Italien-Reise, die nicht zustande kommt. Statt dessen geht's 1797 an den Vierwaldstätter See. Die Natureindrücke dort haben schließlich auch einen bedeutenden Niederschlag in der Dichtung gefunden. Ohne diese Anschauungen jener wundervollen Natur, bekennt Goethe im Gespräch mit Eckermann, hätte er die in Terzinen gefaßten prächtigen Beschreibungen des Sonnenaufgangs in der ersten Szene vom zweiten Teil des *Faust* gar nicht denken können. Über den Aufenthalt in Florenz auf der Rückreise von Rom ist in der *Italienischen Reise* nichts notiert; die Aufzeichnungen brechen mit dem Abschied von Rom ab. In einem Brief an Carl August teilt der Reisende summarisch mit, »ich habe fast alles gesehen, was Florenz an Kunstsachen enthält, und man könnte wohl mit großem Nutzen einige Zeit hier verweilen«.

An den Herzog Carl August
Florenz, d. 6. Mai 88. Die Medicäische Venus übertrifft alle Erwartungen und übersteigt allen Glauben. Wie manche andre kostbare Antiken sind noch hier! An Gemälden treffliche Sachen. Der Wunsch, der sich in mir immer wiederholt, ist es, mit Ihnen zu genießen oder Ihnen davon aufzupacken. Am vorletzten Tage habe ich noch für ein Geringes etwas für Sie gekauft, das Ihnen auch gewiß Freude macht. Die Geschichte der Psyche nach Zeichnungen von Raffael, 32 Blatt. Aus diesen hat er hernach die Sujets zur Farnesina genommen und sind daher doppelt interessant. Die 32 Blatt sind nicht gleich, sonst wären sie unbezahlbar, aber die Hälfte ist sehr gut und alte Abdrücke. Einige gar so schön, daß man sich nicht genug darüber freuen kann.

Frankfurt am Main

»Wenn mich jemand früge, wo ich mir den Platz meiner Wiege bequemer, meiner bürgerlichen Gesinnung gemäßer oder meiner poetischen Ansicht entsprechender denke, ich könnte keine liebere Stadt als Frankfurt nennen.« So lautet

*Mainufer in Frankfurt mit Blick auf die Alte Brücke,
um 1772/74*

Goethes spätes versöhnliches Bekenntnis zu seiner Geburtsstadt. Hier hat er ein Viertel der Lebenszeit verbracht. Am 28. August 1749, der autobiographischen Legende nach »mittags mit dem Glockenschlag 12«, kommt er im väterlichen Haus am Großen Hirschgraben zur Welt. Hier verlebt er Kindheit, Jugend und die ersten Berufsjahre, unterbrochen von Studienzeiten in Leipzig und Straßburg, von wenigen Monaten am Reichskammergericht Wetzlar sowie von Reisen an den Rhein und in die Schweiz. Frankfurt ist Freie Reichsstadt, der Kaiserdom Krönungsort des Heiligen Römischen Reiches Deutscher Nation. Vierzigtausend Einwohner leben in der Kommune. Noch ist der mittelalterliche Charakter mit Mauern und Toren erhalten, der Römerberg ein angenehmer Spazierplatz; »und der schöne Fluß auf- und abwärts zog seine Blicke nach sich«. Im Mansardenzimmer des Elternhauses entstehen die ersten großen Dichtungen: *Götz*, *Werther*, Teile des *Faust*. Am 30. Oktober 1775 verläßt Goethe die Stadt endgültig Richtung Weimar.
Später kehrt der Reisende nur für Tage oder Wochen in sein »Vaterland« zurück – unterwegs zu entfernteren Zielen, auf dem Weg in die Schweiz in den Jahren 1779 und 1797; und 1792, als er dem Wunsch seines Herzogs nach Frankreich in den Krieg folgt, im Jahr darauf nach Mainz zur Belagerung der von französischen Revolutionstruppen besetzten Stadt. Zwei für den *West-östlichen Divan* bedeutsame Aufenthalte während der Wiesbadener Kurjahre 1814 und 1815 bringen die innige Zuneigung zu Marianne Willemer mit sich, der Suleika seines lyrischen Hauptwerks. Am Abend des 28. Juli 1814, von Weimar kommend, schlendert der Dichter erinnerungsselig durch die vertraute Stadt. »Zuletzt«, so schreibt er an seine Frau, »ging ich an unserm alten Hause vorbei.

Die Haus-Uhr schlug drinnen. Es war ein sehr bekannter Ton.« In Willemers Sommerhaus, der Gerbermühle, verlebt Goethe dann glückliche Wochen. Im Weinberghäuschen der neuen Freunde auf dem Mühlberg beobachten der Dichter und Marianne gemeinsam über dem Main das Feuerwerk zum ersten Jahrestag der Völkerschlacht von Leipzig. Das Lichterereignis für ein Liebesbekenntnis: »Da vergegenwärtigte ich mir die Freunde und die über Frankfurts Panorama so zierlich aufpunktierenden Flämmchen, und zwar um so mehr, als es gerade Vollmond war, vor dessen Angesicht Liebende sich jedesmal in unverbrüchlicher Neigung gestärkt fühlen sollen.« Am 18. September 1815 reist der Liebende überhastet ab nach Heidelberg; wie so oft im Leben schmerzlich bewegt von der Gewißheit, nur die Dichtung vermöge Erfüllung bringen. Und niemals kehrt er wieder.

Keine andere Stadt außer Weimar hat so viele Stätten der Erinnerung an den Dichter bewahren können. Das Elternhaus am Großen Hirschgraben, in der Nacht von Goethes 112. Todestag, am 22. März 1944, durch Bomben zerstört, wurde nach alten Plänen wiederhergestellt, ist Heimat für das Freie Deutsche Hochstift, für das Goethe-Museum mit Gemäldesammlung und für ein Handschriftenarchiv mit dreißigtausend Originalen. Eine Berühmtheit im Städel-Museum ist das Kultbild »Goethe in der Campagna«, von Tischbein 1787 in Rom gemalt. Goethesche Erinnerungen knüpfen sich, wie in seiner Autobiographie ausschweifend nachzulesen, an Kaiserdom, Römer und Katharinenkirche, der Gemeindekirche der Familie. Auf dem Alten Petersfriedhof sind Goethes Eltern begraben. Um die würdigste Gestaltung eines Denkmals wurde noch zu Goethes Lebzeiten in der Bürgerschaft gestritten; ein Komitee erteilte dem Bildhauer Ludwig von

Schwanthaler, Erbauer der Bavaria in München, erst nach Goethes Tod den Auftrag zur Errichtung. Das Ehrenmal, gegossen aus der Schmelzmasse alter türkischer Kanonen in Triest, wurde am 22. Oktober 1844 enthüllt. Goethes Enkel fanden sich zur Teilnahme an der Feier nicht bereit; als Bezugsperson des Dichters machte man Carl Stadelmann, Goethes langjährigen Diener, in Jena ausfindig. In Goethes Mantel gehüllt, verlieh der verarmte Mann der Zeremonie die notwenige Nostalgie. In unserer Zeit zeigt sich die Stadt ihrem größten Sohn alle drei Jahre mit der Verleihung des Goethe-Preises verbunden.

Durch zufällige Anregung sowie in zufälliger Gesellschaft stellte ich manche Wanderungen nach dem Gebirge an, das von Kindheit auf so fern und ernsthaft vor mir gestanden hatte. So besuchten wir Homburg, Kronberg, bestiegen den Feldberg, von dem uns die weite Aussicht immer mehr in die Ferne lockte. Da blieb denn Königstein nicht unbesucht; Wiesbaden, Schwalbach mit seinen Umgebungen beschäftigten uns mehrere Tage; wir gelangten an den Rhein, den wir, von den Höhen herab, weither schlängeln gesehen. Mainz setzte uns in Verwunderung, doch konnte es den jugendlichen Sinn nicht fesseln, der ins Freie ging; wir erheiterten uns an der Lage von Biebrich und nahmen zufrieden und froh unseren Rückweg.

Diese ganze Tour, von der sich mein Vater manches Blatt versprach, wär' beinahe ohne Frucht gewesen: denn welcher Sinn, welches Talent, welche Übung gehört nicht dazu, eine weite und breite Landschaft als Bild zu begreifen! Unmerklich wieder zog es mich jedoch ins Enge, wo ich einige Ausbeute fand: denn ich traf kein verfallenes Schloß, kein Gemäuer, das auf die Vorzeit hindeutete, daß ich es nicht für einen würdigen Gegenstand gehalten und so gut als möglich nachgebildet hätte. Selbst den Drusenstein auf dem Walle zu Mainz zeichnete ich mit einiger Gefahr und mit Unstatten, die ein jeder erleben muß, der sich von Reisen einige bildliche Erinnerungen mit nach Hause nehmen will. Leider hatte ich abermals nur das schlechteste Konzeptpapier mitgenommen und mehrere Gegenstände unschicklich auf ein Blatt gehäuft; aber mein väterlicher Lehrer ließ sich dadurch nicht irre machen; er schnitt die Blätter auseinander, ließ das Zusammenpassende durch den Buchbinder aufziehen, faßte die einzelnen Blätter in Linien und nötigte mich dadurch wirklich, die Umrisse verschiedener Berge bis an den Rand zu ziehen und den Vordergrund mit einigen Kräutern und Steinen auszufüllen. Konnten seine treuen Bemühungen auch mein Talent nicht steigern, so hatte doch dieser Zug seiner Ordnungsliebe einen geheimen Einfluß auf mich, der sich späterhin auf mehr als eine Weise lebendig erwies.

Von solchen halb lebenslustigen, halb künstlerischen Streifpartien, welche sich in kurzer Zeit vollbringen und öfters wiederholen ließen, ward ich jedoch wieder nach Hause gezogen, und zwar durch einen Magnet, der von jeher stark auf mich wirkte; es war meine Schwester. Sie, nur ein Jahr jünger als ich, hatte mein ganzes bewußtes Leben mit mir herangelebt und sich dadurch mit mir aufs innigste verbunden. Zu diesen natürlichen Anlässen gesellte sich noch ein aus unserer häuslichen Lage hervorgehender Drang; ein zwar liebevoller und wohlgesinnter, aber ernster Vater, der, weil er innerlich ein sehr zartes Gemüt hegte, äußerlich mit unglaublicher Konsequenz eine eherne Strenge vorbildete, damit er zu dem

Zwecke gelangen möchte, seinen Kindern die beste Erziehung zu geben, sein wohlgegründetes Haus zu erbauen, zu ordnen und zu erhalten; dagegen eine Mutter fast noch Kind, welche erst mit und in ihren beiden Ältesten zum Bewußtsein heranwuchs; diese drei, wie sie die Welt mit gesundem Blicke gewahr wurden, lebensfähig und nach gegenwärtigem Genuß verlangend. Ein solcher in der Familie schwebender Widerstreit vermehrte sich mit den Jahren. Der Vater verfolgte seine Absicht unerschüttert und ununterbrochen; Mutter und Kinder konnten ihre Gefühle, ihre Anforderungen, ihre Wünsche nicht aufgeben. Unter diesen Umständen war es natürlich, daß Bruder und Schwester sich fest aneinander schlossen und sich zur Mutter hielten, um die im ganzen versagten Freuden wenigstens einzeln zu erhaschen. Da aber die Stunden der Eingezogenheit und Mühe sehr lang und weit waren gegen die Augenblicke der Erholung und des Vergnügens, besonders für meine Schwester, die das Haus niemals auf so lange Zeit als ich verlassen konnte, so ward ihr Bedürfnis, sich mit mir zu unterhalten, noch durch die Sehnsucht geschärft, mit der sie mich in die Ferne begleitete.

Aus: *Dichtung und Wahrheit*, sechstes Buch

Freiberg in Sachsen

Eine lebenslange Duzfreundschaft verbindet Goethe mit Friedrich Wilhelm Trebra. Die Gutachtertätigkeit für den Ilmenauer Bergbau hat die beiden einander nahegebracht. Der Chef der Sachsen-Weimarer Bergwerkskommission und der neun Jahre ältere Fachmann für alles, was untertage zu leisten ist, besteigen während Goethes zweiter Harzreise im

Herbst 1783 gemeinsam den Brocken. Trebra ist zu dieser Zeit Berghauptmann in Zellerfeld. Wiederholt würdigt Goethe die geologischen Schriften des »ganz herrlichen Mannes«, im besonderen die »Erfahrungen vom Innern der Gebirge« des »so nachsichtigen als nachhelfenden Freundes«. Es erstaunt, daß nur ein einziger Besuch des Geheimen Rats im sächsischen Freiberg, und zwar vom 26. bis 28. September 1810 auf der Rückreise von Teplitz und Dresden nach Weimar, zu verzeichnen ist. Trebra wirkt seit 1801 in der Erzbergbaustadt als Oberberghauptmann; er bietet dem hohen Gast ein dichtgedrängtes Programm, das den gemeinsamen Interessen Rechnung trägt. Zunächst ist der Bergakademie und dem mineralogisch-chemischen Laboratorium ein Besuch abzustatten. Am Morgen danach soll über Tage »alles besehen« werden; und Exzellenz wird sogar die Silbergrube »Beschert Glück« untertage zugemutet – eine strapaziöse Angelegenheit für ältere Herrschaften. Nach Tische geht's aufs Amalgamierwerk. »Alles angesehen der Ordnung nach.« Schon früh um sechs am nächsten Tag geht die Reise weiter, dem Maschinenzeitalter entgegen; für Wilhelm Meister in den *Wanderjahren* eine beängstigende Zukunft. In Chemnitz, eine halbe Tagesreise von Freiberg entfernt, hat die neue Zeit der Textilindustrie schon begonnen. Der technisch interessierte Dichter wird durch die größte Baumwollspinnerei geführt; vierhundert Arbeiter sind an zwanzigtausend Spindeln beschäftigt. Was diese maschinelle Revolution für arme Heimwerker bedeutet, hat der Weimarer Staatsdiener ein Vierteljahrhundert zuvor bei den Strumpfwirkern in Apolda leidvoll erfahren. Goethes Reisebegleiter Riemer notiert fasziniert und ungerührt: »Köstlicher Mechanismus, besonders von vornherein, wie die Wolle zum Faden vorbereitet wird.«

Furkapaß

Mut oder Leichtsinn? Das schwierigste seiner Alpenabenteuer unternimmt Goethe in Begleitung des jugendlichen Herzogs Carl August mit zwei kräftigen Bergführern beim Fußmarsch über den meterhoch verschneiten Furkapaß. Früh um sieben am 12. November 1779 bricht man in Münster im Wallis auf, rechnet acht Stunden bis Realp auf der anderen Seite des Passes. Von dort soll es am Tag darauf weitergehen zum Gotthard. »Erst mit einbrechender Nacht sind wir hier angekommen. Es ist überstanden, und der Knoten, der uns den Weg verstrickte, entzwei geschnitten.« Die Bergführer, glücklich über die vollbrachte Expedition, erzählen nun beim frugalen Nachtmahl am Tisch der Kapuziner-Unterkunft von der Todesgefahr, der sie entkamen. Und sie gestehen, daß sie zu dieser Jahreszeit nicht jeden begleitet hätten, da es ihre Pflicht sei, denjenigen, dem sie einmal zugesagt, ihn hinüberzubringen, im Fall er matt oder krank würde zu tragen; und selbst wenn er stürbe, nicht liegen zu lassen. »Nun brachte einer nach dem anderen Geschichten von beschwerlichen oder verunglückten Bergwanderungen hervor.« So hatten sie einmal eine Familie im tiefen Schnee auf dem Paß angetroffen. Die Mutter sterbend, der Knabe halbtot, der Vater dem Wahnsinn nahe. Der eine hat die Frau aufgehockt, der andere das Kind, den Vater haben sie vor sich hergetrieben. Und unten angekommen – auf seinem Rücken, die Frau war tot.

Realp, den 12. November, abends. Obgleich alles voll Schnee lag, so waren doch die schroffen Eisklippen, wo der Wind so leicht keinen Schnee haften läßt, mit ihren vitriolblauen

Spalten sichtbar, und man konnte deutlich sehen, wo der Gletscher aufhört und der beschneite Felsen anhebt. Wir gingen ganz nahe daran hin, er lag uns linker Hand. Bald kamen wir wieder auf einen leichten Steg über ein kleines Bergwasser, das in einem muldenförmigen unfruchtbaren Tal nach der Rhône zu floß. Vom Gletscher aber rechts und links und vorwärts sieht man nun keinen Baum mehr, alles ist öde und wüste. Keine schroffen und überstehenden Felsen, nur lang gedehnte Täler, sacht geschwungene Berge, die nun gar im alles vergleichenden Schnee die einfachen ununterbrochenen Flächen uns entgegen wiesen. Wir stiegen nun links den Berg hinan und sanken in tiefen Schnee. Einer von unsern Führern mußte voran und brach, indem er herzhaft durchschritt, die Bahn, in der wir folgten. Es war ein seltsamer Anblick, wenn man einen Moment seine Aufmerksamkeit von dem Wege ab und auf sich selbst und die Gesellschaft wendete: in der ödesten Gegend der Welt und in einer ungeheuren einförmigen schneebedeckten Gebirgswüste, wo man rückwärts und vorwärts auf drei Stunden keine lebendige Seele weiß, wo man auf beiden Seiten die weiten Tiefen verschlungener Gebirge hat, eine Menge Menschen zu sehen, deren einer in des andern tiefe Fußstapfen tritt und wo in der ganzen glattüberzogenen Weite nichts in die Augen fällt als die Furche, die man gezogen hat. Die Tiefen, aus denen man herkommt, liegen grau und endlos in Nebel hinter einem. Die Wolken wechseln über die blasse Sonne, breitflockiger Schnee stiebt in der Tiefe und zieht über alles einen ewig beweglichen Flor. Ich bin überzeugt, daß einer, über den auf diesem Wege seine Einbildungskraft nur einigermaßen Herr würde, hier ohne anscheinende Gefahr vor Angst und Furcht vergehen müßte.

Briefe aus der Schweiz 1779

G

Gardasee · Genf · Giebichenstein siehe Halle · Göttingen

Wir lernen die Menschen nicht kennen, wenn sie zu uns kommen; wir müssen zu ihnen gehen, um zu erfahren, wie es mit ihnen steht.

Die Wahlverwandtschaften, Zweiter Teil

Gardasee mit Torbole und Malcesine

»Ein köstliches Schauspiel« bietet am 12. September 1786 der Anblick des Gardasees. Von Rovereto im Etschtal ist Goethe mit der Postkutsche über die Berge nach Torbole gekommen, sieht hier zu seiner großen Freude endlich Olivenbäume voller Oliven, zum erstenmal auch die kleinen weißen Feigen als »gemeine Frucht, welche mir die Gräfin Lanthieri verheißen hatte«. Auf der Fahrt macht er Bekanntschaft mit einem stockwelschen Postillon. »Wie froh bin ich, daß nun die geliebte Sprache lebendig, die Sprache des Gebrauchs wird.« Auch erlebt er nun, sozusagen hautnah, transalpine Verhältnisse: Die Türen haben keine Schlösser, die Fenster sind mit Ölpapier statt Glasscheiben geschlossen, und »drittens fehlt eine höchst nötige Bequemlichkeit, so daß man dem Naturzustande hier ziemlich nahe kömmt«. Früh um drei, weil zu Nachtzeit der Wind von Norden weht, geht es mit dem Boot südwärts weiter, notgedrungen nur bis in den Hafen von Malcesine, »weil der Wind sich völlig umkehrte und das Rudern wenig half gegen die übermächtige Gewalt«. Die anmutige Lage des ersten venezianischen Ortes, den der Mann aus Weimar erreicht, verlockt zum Zeichnen in den Ruinen der Scaligerburg. Eine Sensation! Das Volk läuft herbei, den Fremden zu besehen. Und bald wird der Künstler verdächtigt, österreichischer Spion zu sein, der Lücken im einstmaligen Festungsgemäuer auszuspähen versuche. Einer Verhaftung vermag er zu entgehen, indem die Menge wie der Bürgermeister halbwegs überzeugt werden können, daß die alten Steinhaufen künstlerischen, jedoch keinen militärischen Wert haben. Hilfe kommt dem Reisenden zudem von einem ehemaligen Frankfurter Gastarbeiter, der im Gespräch über gemeinsame Bekannte in der Stadt am Main die Herkunft des Frankfurters bezeugt. Um Mitternacht darf Goethe den Segler nach Bardolino nehmen, wo das Boot früh um zehn anlangt. Dort packt der Übermüdete das Gepäck auf ein Maultier »und mich auf ein anderes«, und so geht's bis Verona.

13. September 1786. Als nun Gregorio herbeikam, wendete sich die Sache ganz zu meinem Vorteil. Dieser war ein Mann etwa in den Fünfzigen, ein braunes italienisches Gesicht, wie man sie kennt. Er sprach und betrug sich als einer, dem etwas Fremdes nicht fremd ist, erzählte mir sogleich, daß er bei Bolongaro in Diensten gestanden und sich freue, durch mich etwas von dieser Familie und von der Stadt zu hören, an die er sich mit Vergnügen erinnere. Glücklicherweise war sein Aufenthalt in meine jüngeren Jahre gefallen, und ich hatte den doppelten Vorteil, ihm genau sagen zu können, wie es zu seiner Zeit gewesen und was sich nachher verändert habe. Ich erzählte ihm von den sämtlichen italienischen Familien, deren mir keine fremd geblieben; er war sehr vergnügt, manches einzelne zu hören, zum Beispiel, daß der Herr Allesina im Jahre 1774 seine goldene Hochzeit gefeiert, daß darauf eine Medaille geschlagen worden, die ich selbst besitze; er erinnerte sich recht wohl, daß die Gattin dieses reichen Handelsherrn eine geborene Brentano sei. Auch von den Kindern und Enkeln dieser Häuser wußte ich ihm zu erzählen, wie sie herangewachsen, versorgt, verheiratet worden und sich in Enkeln vermehrt hätten... Zuletzt sagte er: »Herr Podestà (Bürgermeister), ich bin überzeugt, daß dieses ein braver kunstreicher Mann ist, wohlerzogen, welcher herumreist, sich zu un-

terrichten. Wir wollen ihn freundlich entlassen, damit er bei seinen Landsleuten Gutes von uns rede und sie aufmuntere, Malcesine zu besuchen, dessen schöne Lage wohl wert ist, von Fremden bewundert zu sein.« Ich verstärkte diese freundlichen Worte durch das Lob der Gegend, der Lage und der Einwohner, die Gerichtspersonen als weise und vorsichtige Männer nicht vergessend. Aus: *Italienische Reise*

Genf

Zurück zur Natur! Die Losung des Philosophen Rousseau hat Goethe zugesagt. Dem Verehrungswürdigen nahe sein, indem man seine Gedenkstätten in der literarischen Landschaft des Genfer Sees aufsucht – Wunsch und Erfüllung lassen den Weimarer Reisetroß während der Schweizreise 1779 fünf Tage Station in der Gegend machen. Dabei ergibt sich in der Stadt die Gelegenheit, vom ansässigen dänischen Maler Jens Juel Porträts anfertigen zu lassen. Der Herzog vermerkt im Reisetagebuch, das Goethesche Bild sei »sehr gut geraten«. Das Original ist verschollen; eine Kopie fand sich in Lavaters Nachlaß mit der kritischen Beurteilung des Physiognomen: »Kraft der Stirne fehlt und Harmonie von dem Ganzen; dennoch, wer kann das Genie im gefehlten Bilde verkennen?« Die Gruppe beschließt, dem berühmten Naturforscher und Bergsteiger Horace de Saussure die Entscheidung zu überlassen, ob Exkursionen aufs Montblanc-Eismeer und über den tief verschneiten Furkapaß zu wagen seien. Ja, sagt der Verfasser des Kompendiums *Voyages dans les Alpes*. Er spreche nicht anders von diesem Gang, notiert Goethe mit dem Übermut des Abenteurers, »als wie wir einem Fremden vom Etterischen Steinbruche erzählen werden. Das sind, dünkt mich, die Leute, die man fragen muß, wenn man in der Welt fort kommen will.«

An Charlotte von Stein
d. 2. November. Genf. 79. Auch hier sind wir länger geblieben, als wir dachten, und müssen doch noch leider interessante Personen und Sachen ungekannt und ungesehen zurücklassen. Die Stadt selbst macht mir einen fatalen Eindruck. Die Gegend ist mit Landhäusern besäet, und offen, freundlich und lebendig. Nun haben wir einen wichtigen Weg vor uns, wo wir das Geleit des Glückes nötiger haben als jemals. Morgen soll's nach den Savoyer Eisgebirgen und von da durch das Wallis. Wenn es dort schon so aussähe wie man es uns hier malt, so wär's ein Stieg in die Hölle. Man kennt aber schon die Poesie der Leute auf den Sofas und in den Cabriolets. Etwas zu leiden sind wir bereit, und wenn es möglich ist, im Dezember auf den Brocken zu kommen, so müssen auch Anfangs November uns diese Pforten der Schrecknisse auch noch durchlassen. Mich hat Genf ganz in mich hineingestimmt, um alles blieb ich nicht noch acht Tage in dem Loche. Daß man bei den Franzosen auch von meinem Werther bezaubert ist, hätt' ich mir nicht vermutet, man macht mir viel Complimente.

Göttingen

Der sehnlichste Bildungswunsch war dem Frankfurter Schüler die studentische Teilnahme an den schönen Wissenschaften in Göttingen. Der strenge Vater schickt den Sohn jedoch zur juristischen Ausbildung nach Leipzig. Erst mit 34 Jahren kommt Goethe, längst eine Prominenz, während einer Harzreise mit seinem Zögling Fritz von Stein zum erstenmal dahin, wo die berühmten Professoren Heyne, Michaelis und Schlözer lehren. Mit allen tritt er nun zu gegenseitigem Nutzen in nähere Verbindung; der Physikprofessor und Dichterkollege Lichtenberg hält für den Besucher, dessen *Werther* er verabscheut, sogar eine Privatvorlesung. Achtzehn Jahre später, auf der Rückreise von der mißglückten Badekur in Pyrmont, ergibt sich abermals die Gelegenheit für Göttingen, wo der Rekonvaleszent vier Wochen verweilt. Er bezieht im Juli 1801 eine angenehme Wohnung im ersten Stock beim Instrumentenmacher Krämer an der Allee. »Mein eigentlicher Zweck bei einem längeren Aufenthalt daselbst war, die Lükken des historischen Teils der Farbenlehre abschließlich auszufüllen.« Und glücklich erfüllen sich alle Wünsche für wissenschaftliche Arbeit wie für Begegnungen mit bedeutenden Menschen. Doch zur Nachtzeit, da erleidet der Lärmempfindliche »gar manche Unbilden«, ausgerechnet in der angenehmen Krämerschen Wohnung. Amüsant nachzulesen in den *Tag- und Jahresheften*.

Meine talentvolle Freundin Demoiselle Jagemann hatte kurz vor meiner Ankunft in Göttingen das Publikum auf einen hohen Grad entzückt; Ehemänner gedachten ihrer Vorzüge mit mehr Enthusiasmus, als den Frauen lieb war, und gleichermaßen sah man eine erregte Jugend hingerissen; aber mir hatte die Superiorität ihrer Natur- und Kunstgaben ein großes Unheil bereitet. Die Tochter meines Wirtes, Demoiselle Krämer, hatte von Natur eine recht schöne Stimme, durch Übung eine glückliche Ausbildung derselben erlangt, ihr aber fehlte die Anlage zum Triller, dessen Anmut sie nun von einer fremden Virtuosin in höchster Vollkommenheit gewahr worden; nun schien sie alles übrige zu vernachlässigen und nahm sich vor, diese Zierde des Gesangs zu erringen. Wie sie es damit die Tage über gehalten, weiß ich nicht zu sagen, aber nachts, eben wenn man sich zu Bette legen wollte, erstieg ihr Eifer den Gipfel; bis Mitternacht wiederholte sie gewisse kadenzartige Gänge, deren Schluß mit einem Triller gekrönt werden sollte, meistens aber häßlich entstellt, wenigstens ohne Bedeutung, abgeschlossen wurde.

Anderen Anlaß zur Verzweiflung gaben ganz entgegengesetzte Töne; eine Hundeschar versammelte sich um das Eckhaus, deren Gebell anhaltend unerträglich war. Sie zu verscheuchen, griff man nach dem ersten besten Werfbaren, und da flog denn manches Ammonshorn des Hainberges, von meinem Sohne mühsam herbeigetragen, gegen die unwillkommenen Ruhestörer, und gewöhnlich umsonst. Denn wenn wir alle verscheucht glaubten, bellte es immerfort, bis wir endlich entdeckten, daß über unsern Häuptern sich ein großer Hund des Hauses am Fenster aufrecht gestellt, seine Kameraden durch Erwiderung hervorrief. Aber dies war noch nicht genug; aus tiefem Schlafe weckte mich der ungeheure Ton eines Hornes, als wenn es mir zwischen die Bettvorhänge hineinbliese. Ein Nachtwächter unter meinem Fenster verrichtete sein Amt auf seinem Posten, und ich war doppelt und dreifach unglücklich, als seine Pflichtgenossen an allen Ecken der auf die Allee führenden Straßen antworteten, um durch erschreckende Töne uns zu beweisen, daß sie für die Sicherheit unserer Ruhe besorgt seien. Nun erwachte die krankhafte Reizbarkeit, und es blieb mir nichts übrig, als mit der Polizei in Unterhandlung zu treten, welche die besondere Gefälligkeit hatte, erst eins, dann mehrere dieser Hörner um des wunderlichen Fremden willen zum Schweigen zu bringen, der im Begriff war, die Rolle des Oheims in Humphry Klinker zu spielen, dessen Reizbarkeit durch ein paar Waldhörner zum tätigen Wahnsinn gesteigert wurde. Belehrt, froh und dankbar reiste ich den 14. August von Göttingen ab.

Aus: *Tag- und Jahreshefte*, 1801

H

Halle · Harz · Heidelberg · Helmstedt

Wenn man dagegen bei anderen gewesen ist und hat sie mit ihren Umgebungen, Gewohnheiten, in ihren notwendigen, unausweichlichen Zuständen gesehen, wie sie um sich wirken oder wie sie sich fügen, so gehört schon Unverstand oder böser Wille dazu, um das lächerlich zu finden, was uns in mehr als einem Sinne ehrwürdig erscheinen müßte.

Die Wahlverwandtschaften, Zweiter Teil

Halle und Giebichenstein

Der Anatom Justus von Loder, der Physiker Ludwig Gilbert ebenso wie der Allgemeinmediziner Johann Reil, allesamt weitwirkende Professoren an der Hallenser Universität, sind dem Universalisten Goethe gesellige Freunde, wissenschaftliche Gesprächspartner; der berühmte Altphilologe Friedrich August Wolf dazu fröhlicher Reisegefährte. Nach Halle kommt Goethe auch gern, um die Nähe von Friedrich Reichardt zu suchen – in Giebichenstein, einem Dorf in der Nähe, wo der Komponist ein gastfreies Haus führt, Treffpunkt der Jenenser Romantiker. Den Bemühungen von Professor Reil hat Halle die vorübergehende Anerkennung als Badeort zu verdanken. Zur Unterhaltung des Publikums gastiert das Weimarer Hoftheater, von Bad Lauchstädt aus, von 1811 bis 1814 auch hier. Goethe schreibt einen »Prolog« zur Eröffnung des neuerbauten Theaters. Von Halle reist der Theaterdirektor im Sommer 1805, nachdem Reils ärztliche Kunst hilfreich gewesen ist bei der Behandlung einer Nierenkolik, mit Sohn August und Professor Wolf nach Magdeburg zur Besichtigung des Doms mit den gerühmten Skulpturen und Grabmälern. Und dann weiter nach Helmstedt zu den Kuriositätensensationen des Professors Beireis.

Mein Lauchstädter Aufenthalt machte mir zur Pflicht, auch Halle zu besuchen, da man uns von dorther nachbarlich, um des Theaters, auch um persönlicher Verhältnisse willen mit öfterem Zuspruch beehrte. Ich nenne Geheimerat Wolf, mit welchem einen Tag zuzubringen ein ganzes Jahr gründlicher Belehrung einträgt. Und so war die sämtliche gebildete Umgebung mit gleicher Freundlichkeit, mich und die Anstalt, die mir so sehr am Herzen lag, geneigt zu befördern. Die Nähe von Giebichenstein lockte zu Besuchen bei dem gastfreien Reichardt; eine würdige Frau, anmutige schöne Töchter, sämtlich vereint, bildeten in einem romantisch-ländlichen Aufenthalte einen höchst gefälligen Familienkreis, in welchem sich bedeutende Männer aus der Nähe und Ferne kürzere oder längere Zeit gar wohl gefielen und glückliche Verbindungen für das Leben anknüpften. Auch darf nicht übergangen werden, daß ich die Melodien, welche Reichardt meinen Liedern am frühesten vergönnt, von der wohlklingenden Stimme seiner ältesten Tochter gefühlvoll vorgetragen hörte.

Aus: *Tages- und Jahreshefte*, 1802

Harz

Drei Reisen hat Goethe in den Harz unternommen, in die Tiefen der Erde und auf den Brockengipfel, den »Götterberg«. Allein reitet er im Dezember 1777 los, bei stürmischem Wetter und »scharfen Schloßen«; will die Natur und sich selbst erkunden, fährt ein in die Gruben Caroline, Dorothee, Benedicte, klettert durch die Baumannshöhle bei Rübeland. »Da ich jetzt um und in Bergwerken lebe«, wird Steinen und Erzen besondere Aufmerksamkeit zuteil. Zwei weitere Gebirgstouren »in Mineralogicis« stehen 1783 und 1784 an; Kletteretappen und Besichtigungsstationen sind neben vielen anderen Orten Rammelsberg und Elbingerode, Oker und Zellerfeld, St. Andreasberg, Roßtrappe, die Granitklippen am Ziegenrücken. Die Gegend von Schierke und Elend wird zum Schauplatz für die »Walpurgisnacht« in *Faust I* erko-

ren. Nach Weimar meldet der Geologe, »ich habe mich recht mit Steinen angefüttert, sie sollen mir, denke ich, wie die Kiesel dem Auerhahn zur Verdauung meiner übrigen schweren Winterspeise helfen«. Ein *Geognostisches Tagebuch der Harzreise* zählt auf, welche mineralogischen Kostbarkeiten zu finden waren. Dichterischer Reflex der Reise vom Sommer 1783 mit Charlotte von Steins jüngstem Sohn Fritz, der »auf einem kleinen Pferdgen so gerade hinritt, als wenn er ganz damit bekannt gewesen wäre«, ist die geologisch-philosophische Skizze *Über den Granit*, einzig erhaltener Teil eines geplanten Romans über das Weltall.

Auf der abenteuerlichen Rückreise von der Campagne in Frankreich im November 1792 sucht Goethe in Duisburg den Philosophieprofessor Plessing auf; jenen Mann, mit dem der Harz-Reisende im Dezember 1777 in Wernigerode, ohne seine Identität preiszugeben, ein »sentimental-romantisches Verhältnis« anknüpft. Nach der *Werther*-Lektüre hatte der lebensmüde junge Mann seinen melancholischen Zustand in essayistischen Briefen dem Verfasser anvertraut und um seelischen Beistand gebeten; »fast das Wunderbarste, was mir in jener selbstquälerischen Art vor Augen gekommen«, konstatiert Goethe. Statt schriftlich zu antworten, nutzt der Dichter seine Flucht vor der Weimarer Gesellschaft in die Harzlandschaft zu einer persönlichen Begegnung. In der letzten Sturm-und-Drang-Hymne *Harzreise im Winter* wird diesem unglückseligen Menschen und zugleich dem eigenen »liebevollen Zustand meines Innern« jenes Gedichtwunder geweiht.

Nun hatte ich einen wundersamen geheimen Reiseplan. Ich mußte nämlich, nicht nur etwa von Geschäftsleuten, sondern auch von vielen am Ganzen teilnehmenden Weimarern öfter den lebhaften Wunsch hören, es möge doch das Ilmenauer Bergwerk wieder aufgenommen werden. Nun ward von mir, der ich nur die allgemeinsten Begriffe von Bergbau allenfalls besaß, zwar weder Gutachten noch Meinung, doch Anteil verlangt, aber diesen konnte ich an irgend einem Gegenstand nur durch unmittelbares Anschauen gewinnen. Ich dachte mir unerläßlich vor allen Dingen das Bergwesen in seinem ganzen Komplex, und wäre es auch nur flüchtig mit Augen zu sehen und mit dem Geiste zu fassen, denn alsdann nur konnte ich hoffen, in das Positive weiter einzudringen und mich mit dem Historischen zu befreunden. Deshalb hatte ich mir längst eine Reise auf den Harz gedacht, und gerade jetzt, da ohnehin diese Jahreszeit in Jagdlust unter freiem Himmel zugebracht werden sollte, fühlte ich mich dahin getrieben. Alles Winterwesen hatte überdies in jener Zeit für mich große Reize, und was die Bergwerke betraf, so war ja in ihren Tiefen weder Winter noch Sommer merkbar; wobei ich zugleich gern bekenne, daß die Absicht, meinen wunderlichen Korrespondenten persönlich zu sehen und zu prüfen, die Hälfte des Gewichtes meinem Entschluß hinzufügte.

Indem sich nun die Jagdlustigen nach einer andern Seite hin begaben, ritt ich ganz allein dem Ettersberge zu und begann jene Ode, die unter dem Titel *Harzreise im Winter* so lange als Rätsel unter meinen kleineren Gedichten Platz gefunden. Im düstern und von Norden her sich heranwälzenden Schneegewölk schwebte hoch ein Geier über mir. Die Nacht verblieb ich in Sondershausen und gelangte des andern Tags so bald nach Nordhausen, daß ich gleich nach Tische weiter zu gehen beschloß, aber mit Boten und Laterne nach mancherlei Gefährlichkeiten erst sehr spät in Ilfeld ankam. Nach einer wohldurchschlafenen Nacht eilte ich frühe, von einem Boten abermals geleitet, der Baumannshöhle zu, ich durchkroch sie und betrachtete mir das fortwirkende Naturereignis ganz genau. Schwarze Marmormassen, aufgelöst zu weißen kristallinischen Säulen und Flächen wieder hergestellt, deuteten mir auf das fortwebende Leben der Natur. Freilich verschwanden vor dem ruhigen Blick alle die Wunderbilder, die sich eine düster wirkende Einbildungskraft so gern aus formlosen Gestalten erschaffen mag; dafür blieb aber auch das eigne Wahre desto reiner zurück, und ich fühlte mich dadurch gar schön bereichert. Wieder ans Tageslicht gelangt, schrieb ich die notwendigsten Bemerkungen, zugleich aber auch mit ganz frischem Sinn die ersten Strophen des Gedichts, das unter dem Titel *Harzreise im Winter* die Aufmerksamkeit mancher Freunde bis auf die letzten Zeiten erregt hat. Davon mögen denn die Strophen, welche sich auf den nun bald zu erblickenden wunderlichen Mann beziehen, hier Platz finden, weil sie mehr als viele Worte den damaligen liebevollen Zustand meines Innern auszusprechen geeignet sind:

»Aber abseits wer ist's? / Ins Gebüsch verliert sich sein Pfad, / Hinter ihm schlagen / Die Sträucher zusammen. / Das Gras steht wieder auf, / Die Öde verschlingt ihn.
Ach! / wer heilet die Schmerzen / Des, dem Balsam zu Gift ward? / Der sich Menschenhaß / Aus der Fülle der Liebe trank? / Erst verachtet, nun ein Verächter, / Zehrt er heimlich auf / Seinen eigenen Wert / In ungnügender Selbstsucht.
Ist auf deinem Psalter, / Vater der Liebe, ein Ton / Seinem Ohre vernehmlich, / So erquicke sein Herz! / Öffne den um-

wölkten Blick / Über die tausend Quellen / Neben dem Durstenden / In der Wüste.«

Aus: *Campagne in Frankreich*, 1792.
Rückblick auf die erste Harzreise 1777

Heidelberg

Eine Schicksalsstadt für den jungen Dichter, der nach Weimar soll und doch, weil der Fahrdienst des Herzogs nicht rechtzeitig in Frankfurt eintrifft, die Italienoption wählt. Bis Heidelberg ist er schon gekommen; dort wohnt er drei Tage bei der Familienfreundin Delph, einer tüchtigen Kauffrau, die gern Heiraten vermittelt, auch die Verlobung Goethes mit Lili Schönemann organisiert hatte und für den Entlobten nun neue Heirats- und Dienstpläne im Pfälzischen schmiedet. Da erreicht den Reisenden am 3. November 1775 der Weimarer Eilbote; Goethe entscheidet sich gegen den Rat der Demoiselle Delph für Weimar und gegen Italien. Die Autobiographie *Dichtung und Wahrheit* schließt, Egmont zitierend, mit diesem berühmten Heidelberger Abschied: »Ich riß mich los, sie wollte mich noch nicht fahren lassen und brachte künstlich genug Argumente der Gegenwart vor, so daß ich endlich leidenschaftlich und begeistert die Worte Egmonts ausrief: Kind, Kind! Nicht weiter! Wie von unsichtbaren Geistern gepeitscht, gehen die Sonnenpferde der Zeit mit unsers Schicksal leichtem Wagen durch, und uns bleibt nichts, als mutig gefaßt die Zügel festzuhalten und bald rechts, bald links, vom Steine hier, vom Sturze da die Räder abzulenken. Wohin es geht, wer weiß es? Erinnert er sich doch kaum, woher er kam.«

Wohl weiß Goethe, wohin es geht; nicht aber, was ihn dort erwartet, wo er ein gutes halbes Jahrhundert bis zum Tode verbringen wird. An diesen Wendepunkt der Lebensreise kehrt der Dichter später gern zurück. Bedeutsam sind die Besuche nach den Wiesbadener Badeaufenthalten. Im Heidelberger Palais der Brüder Boisserée findet er Gefallen an deren Kunstsammlung mit bedeutenden Werken der niederrheinischen und niederländischen Schulen. Und im Herbst des Jahres 1815 bringt das letzte vertraute Zusammensein mit Marianne Willemer, der poetisch überhöhten liebenden Suleika, bei hochgestimmten Spaziergängen im Schloßpark die schönsten *Divan*-Gedichte hervor.

Achtzehn Jahre zuvor, auf der dritten Reise in die Schweiz, hatte der Dichter abermals die Stadt besucht, auch die lebenskluge Freundin Delph. Da gehen die Sonnenpferde der Zeit nicht mit seines Schicksals Wagen durch. In Ruhe und mit Bedacht schaut Goethe sich um, und er malt in Prosa ein farbiges Landschaftsbild der schönen Stadt.

Heidelberg, den 26. August 1797. Ich sah Heidelberg an einem völlig klaren Morgen, der durch eine angenehme Luft zugleich kühl und erquicklich war. Die Stadt in ihrer Lage und mit ihrer ganzen Umgebung hat, man darf sagen, etwas Ideales, das man sich erst recht deutlich machen kann, wenn man mit der Landschaftsmalerei bekannt ist und wenn man weiß, was denkende Künstler aus der Natur genommen und in die Natur hineingelegt haben. Ich ging in Erinnerung früherer Zeiten über die schöne Brücke und am rechten Ufer des Neckars hinauf. Etwas weiter oben, wenn man zurücksieht, sieht man die Stadt und die ganze Lage in ihrem schönsten

Verhältnisse. Sie ist in der Länge auf einen schmalen Raum zwischen den Bergen und dem Fuße gebaut, das obere Tor schließt sich unmittelbar an die Felsen an, an deren Fuß die Landstraße nach Neckargemünd nur die nötige Breite hat. Über dem Tore steht das alte verfallne Schloß in seinen großen und ernsten Halbruinen. Den Weg hinauf bezeichnet, durch Bäume und Büsche blickend, eine Straße kleiner Häuser, die einen sehr angenehmen Anblick gewährt, indem man die Verbindung des alten Schlosses und der Stadt bewohnt und belebt sieht. Darunter zeigt sich die Masse einer wohlgebauten Kirche und, so weiter, die Stadt mit ihren Häusern und Türmen, über die sich ein völlig bewachsener Berg erhebt, höher als der Schloßberg, indem er in großen Partien den roten Felsen, aus dem er besteht, sehen läßt.

Ich ging in die Stadt zurück, eine Freundin zu besuchen, und sodann zum Obertore hinaus. Hier hat die Lage und Gegend keinen malerischen, aber einen sehr natürlich schönen Anblick. Gegenüber sieht man nun die hohen, gut gebauten Weinberge, an deren Mauer man erst hingehen muß, in ihrer ganzen Ausdehnung. Die kleinen Häuser darin machen mit ihren Lauben sehr artige Partien, und es sind einige, die als die schönsten malerischen Studien gelten könnten. Die Sonne machte Licht und Schatten sowie die Farben deutlich, wenige Wolken stiegen auf. Die Brücke zeigt sich von hier aus in einer Schönheit, wie vielleicht keine Brücke in der Welt; durch die Bogen sieht man den Neckar nach den flachen Rheingegenden fließen, und über ihr die lichtblauen Gebirge jenseit des Rheins in der Ferne.

Aus: *Reise in die Schweiz 1797*

Helmstedt

Drei Tage im August 1805 leistet sich der Vater in Begleitung des Sohnes ein besonderes Vergnügen; für das Kind im Manne, den Mann im Kinde. Auf der Rückreise von der Sommertour über Halle nach Magdeburg mit dem 15 Jahre alten August und dem spaßigen Hallenser Altphilologen Friedrich August Wolf steht ein Besuch bei dem Helmstedter Physik- und Medizin-Professor Beireis auf dem Programm, einem weit über die Grenzen der kleinen Universitätsstadt im Braunschweigischen hinaus bekannten Sonderling. Der wohlhabende Mann hat eine einzigartige Sammlung von Kuriositäten, Raritäten und Kunstwerken zusammengetragen und damit seine weitläufigen Wohnanlagen ausstaffiert. »Schon die Art, seine Bilder vorzuweisen, war seltsam genug.«

In den *Tag- und Jahresheften* reagiert Goethe auf amüsante Weise mit einer ausschweifenden Erzählung auf diese Zumutung für den guten Geschmack. Die zumeist gefälschten Gemälde von italienischen oder flämischen Großmeistern hängen nicht an den breiten Wänden, sie stehen hintereinander geschichtet am Boden des Schlafzimmers, »von wo er, alle Hilfsleistungen ablehnend, sie selbst herholte und dahin wieder zurückbrachte«. Zunächst einiges und dann immer mehr wird in dem riesengroßen Raum um die Beschauer herumgestellt, immer enger zieht sich der Kreis zusammen. Ungeduld und Platzangst des Altphilologen werden derart stark erregt, daß er wütend den Raum verläßt. »Es war mir wirklich angenehm«, schreibt Goethe, »denn solche Qualen der Unvernunft ertragen sich leichter allein als in Gesellschaft eines einsichtigen Freundes, wo man bei gesteigertem Unwil-

len jeden Augenblick einen Ausbruch von einer oder der anderen Seite befürchten muß.«

Gar manches von seinen früheren Besitzungen, das sich dem Namen und dem Ruhme nach noch lebendig erhalten hatte, war in den jämmerlichsten Umständen; die Vaucansonischen Automaten fanden wir durchaus paralysiert. In einem alten Gartenhause saß der Flötenspieler in sehr unscheinbaren Kleidern; aber er flötete nicht mehr, und Beireis zeigte die ursprüngliche Walze vor, deren erste einfache Stückchen ihm nicht genügt hatten. Dagegen ließ er eine zweite Walze sehen, die er von jahrelang im Haus unterhaltenen Orgelkünstlern unternehmen lassen, welche aber, da jene zu früh geschieden, nicht hatte vollendet noch an die Stelle gesetzt werden können, weshalb denn der Flötenspieler gleich anfangs verstummte. Die Ente, unbefiedert, stand als Gerippe da, fraß den Haber noch ganz munter, verdaute jedoch nicht mehr: an allem dem ward er aber keineswegs irre, sondern sprach von diesen veralteten halbzerstörten Dingen mit solchem Behagen und so wichtigem Ausdruck, als wenn seit jener Zeit die höhere Mechanik nichts frisches Bedeutenderes hervorgebracht hätte.

In einem großen Saale, der Naturgeschichte gewidmet, wurde gleichfalls die Bemerkung rege, daß alles, was sich selbst erhält, bei ihm gut aufgehoben sei. Aber eine in der Mitte des Saals gedrängt stehende Reihe ausgestopfter Vögel zerfielen unmittelbar durch Mottenfraß, so daß Gewürm und Federn auf den Gestellen selbst aufgehäuft lagen; er bemerkte dies auch und versicherte, es sei eine Kriegslist: denn alle Motten des Hauses zögen sich hierher, und die übrigen Zimmer blieben von diesem Geschmeiße rein. In geordneter Folge kamen denn nach und nach die sieben Wunder von Helmstedt zutage; die Lieberkühnischen Präparate, so wie die Hahnische Rechenmaschine. Das magische Orakel jedoch war verstummt; Beireis hatte geschworen, die gehorsame Uhr nicht wieder aufzuziehen, die auf seine, des Entferntstehenden, Befehle bald still hielt, bald fortging. Ein Offizier, den man wegen Erzählung solcher Wunder Lügen gestraft, sei im Duell erstochen worden, und seit der Zeit habe er sich fest vorgenommen, seine Bewunderer nie solcher Gefahr wieder auszusetzen, noch die Ungläubigen zu so übereilten Greueltaten zu veranlassen.   Aus: *Tag- und Jahreshefte* für 1805

I J

Ilmenau · Ingelheim siehe Winkel · Italien
Jena · Johannisberg siehe Winkel

Das ist das Angenehme auf Reisen, daß auch das Gewöhnliche durch Neuheit und Überraschung das Ansehen eines Abenteuers gewinnt.

Italienische Reise, 9. März 1787

Ilmenau

Goethe besucht Ilmenau am Fuße des Kickelhahns, eine Enklave des Herzogtums Sachsen-Weimar, von 1776 bis 1796 mindestens zwanzig Mal; in der ersten Weimarer Zeit zu wilden Jagdritten mit dem Herzog, später in verantwortungsvoller Tätigkeit in Sachen des Bergbaus. Den dienstlichen Auftrag nutzt er bei diesen Gelegenheiten zu geologischen und mineralogischen Studien. Die allerletzte Reise führt am Tag vor dem 82. Geburtstag hierher. Auch eine berühmt gewordene biographische Merkwürdigkeit ist mit dem Ort verbunden. Während seiner Ansprache zur Wiedereröffnung des Ilmenauer Bergwerkes im Jahre 1784 verstummt Goethe rätselhafter Weise etwa zwanzig Minuten lang und fährt dann ungerührt, ohne Anzeichen von Peinlichkeit, in seiner Rede fort. Eckermann zitiert einen Augen- und Ohrenzeugen dieser Denkwürdigkeit mit den Worten, Goethe habe »fest und ruhig im Kreis der zahlreichen Zuhörer umhergeblickt, die durch die Macht seiner Persönlichkeit wie gebannt waren, so daß während der sehr langen, ja fast lächerlichen Pause jeder vollkommen ruhig blieb«. Die Bergstadt an der oberen Ilm und ihre waldreiche Umgebung beschreibt Goethe in dem umfangreichen, Rechenschaft gebenden Gedicht »Ilmenau am 3. September 1783«, eine Lobpreisung des Herzogs Carl August zum 26. Geburtstag. Im einsamen Waldhäuschen auf dem in der Nähe der Stadt gelegenen Schwalbenstein war am 19. März 1779 der vierte Akt der Prosafassung von *Iphigenie* entstanden und in der Jagdhütte auf dem Kickelhahn in der Nacht des 6. September 1780 »Wandrers Nachtlied«.

Kammerbergstollen bei Ilmenau, 1776

An Carl Friedrich Zelter

4. September 1831. Sechs Tage, und zwar die heitersten des ganzen Sommers, war ich von Weimar abwesend und hatte meinen Weg nach Ilmenau genommen, wo ich in frühern Jahren viel gewirkt und eine lange Pause des Wiedersehens gemacht hatte. Auf einem einsamen Bretterhäuschen des höchsten Gipfels der Tannenwälder rekognisierte ich die Inschrift des Liedes, das Du auf den Fittichen der Musik so lieblich beruhigend in alle Welt getragen hast: »Über allen Gipfeln ist Ruh' pp«. Nach so vielen Jahren war denn zu übersehen: das Dauernde, das Verschwundene. Das Gelungene trat vor und erheiterte, das Mißlungene war vergessen und verschmerzt. Die Menschen lebten alle vor wie nach, ihrer Art gemäß, vom Köhler bis zum Porzellanfabrikanten. Eisen ward geschmolzen, Braunstein aus den Klüften gefördert, wenn auch in dem Augenblick nicht so lebhaft gesucht wie sonst. Pech ward gesotten, der Ruß aufgefangen, die Rußbüttchen künstlichst und kümmerlichst verfertigt. Steinkohlen mit unglaublicher Mühseligkeit zutage gebracht, kolossale Urstämme, in der Grube unter den Arbeiten entdeckt (einen davon Dir vorzuzeigen hatte ich vergessen, er steht im Gartenhause); und so ging's denn weiter, vom alten Granit durch die angrenzenden Epochen, wobei immer neue Probleme sich entwickeln, welche die neusten Weltschöpfer mit der größten Bequemlichkeit aus der Erde aufsteigen lassen. Im Ganzen herrscht ein wundernswürdiges Benutzen der mannigfaltigsten Erd- und Bergoberflächen und -tiefen. Wenn ich mich von da zu Dir versetzte, wünscht ich nichts mehr als Dich den großen Kontrast zwischen Deinen äußeren Zuständen und diesem empfinden zu sehn.

Italien

Sehnsuchtort, gelobtes Land. Der Italienerfahrene Vater hatte dem Knaben das Ziel vorgegeben. Und die Mutter will sich freuen, wenn die Reise geglückt sein wird: »Es war von Jugend auf sein Tagesgedanke, nachts sein Traum.« Der Straßburger Student schreibt einem Kommilitonen: »Nach Italien, Langer! Nach Italien! Nur nicht übers Jahr. Das ist mir zu früh; ich habe die Kenntnisse noch nicht, die ich brauche. Es fehlt mir noch viel. Paris soll meine Schule sein, Rom meine Universität. Denn es ist eine wahre Universität; und wenn man's gesehen hat, hat man alles gesehen. Drum eil ich nicht hinein.« Diese Scheu wird geradezu abergläubiges Ritual. Dreimal nimmt er Anlauf, dreimal die Umkehr, auf dem Gotthard und in Heidelberg. Bis der Staatsdiener von Sachsen-Weimar endlich sich befreit aus der Lebenskrise, heimlich und nächtens aus Karlsbad zu fliehen vermag und kein Halten ist bis unter die südliche Sonne. Er könne es keinem Reisenden, der aus Italien zurückkommt, verargen, wenn der mit Begeisterung davon rede. Das Bekenntnis des alten Goethe seinem Eckermann gegenüber gipfelt in der Glorifizierung: »Ja, ich kann sagen, daß ich nur in Rom empfunden habe, was eigentlich ein Mensch sei. Zu dieser Höhe, zu diesem Glück der Empfindung bin ich später nie wieder gekommen; ich bin, mit meinem Zustand in Rom verglichen, eigentlich nachher nie wieder froh geworden.« Vielleicht hat dies auch damit zu tun, daß der zeitlebens für Krankheiten Anfällige in Italien »keine Empfindung aller der Übel gehabt, die mich in Norden peinigten, und lebe mit eben derselben Constitution hier wohl und munter, so sehr, als ich dort litt. Ich habe manche Anzeichen, daß ich dieses Wohlsein, wie manches andre Gute, in Italien zurücklassen werde.«

Als Goethe am 3. September 1786 früh um drei inkognito nach Italien forteilt, sucht er »die große wahre Kunst«. Und nach »anderthalbjähriger Einsamkeit« dort in einem neuen Leben bereitet er den Herzog in Weimar darauf vor, daß mit der Rückkehr alles anders werden wird, weil er ein anderer ist, der sich selbst gefunden hat. »Aber als was? Als Künstler!« Der italienische Goethe wird zum klassischen Goethe.

An den Herzog Carl August
Rom d. 25. Jan. 88. Welche Freude und Zufriedenheit mir Ihr Brief an einem schönen Tage gebracht hat, kann ich Ihnen nicht ausdrücken, und hätte die Sorge für Ihre Gesundheit mich nicht wieder herabgestimmt, so könnte ich den gestrigen Tag als den fröhlichsten ansehen, den ich in Rom erlebt habe. Ich lief gleich nach erhaltnem Briefe ins Weite, denn wie Tristram die horizontale Lage für diejenige hält, in welcher man Freude und Schmerz am besten genießt und trägt, so ist es bei mir das Wandeln in freier Luft, da dacht' ich denn recht vieles durch und setze mich heute früh zu schreiben, damit Sie durch den zurückkehrenden Courier einige Blätter erhalten.

Die Hauptabsicht meiner Reise war: mich von den physisch moralischen Übeln zu heilen, die mich in Deutschland quälten und mich zuletzt unbrauchbar machten, sodann den heißen Durst nach wahrer Kunst zu stillen; das erste ist mir ziemlich, das letzte ganz geglückt. Da ich ganz frei war, ganz nach meinem Wunsch und Willen lebte, so konnte ich nichts auf andere, nichts auf Umstände, Zwang oder Verhältnisse schieben, alles kehrte unmittelbar auf mich zurück, und ich habe mich recht durchaus kennenlernen. Ganz unter fremden Menschen, in einem fremden Lande zu leben, auch nicht einen bekannten Bedienten zu haben, an den man sich hätte anlehnen können, hat mich aus manchen Träumen geweckt, ich habe an munterm und resolutem Leben viel gewonnen.

Als ich zuerst nach Rom kam, bemerkte ich bald, daß ich von Kunst eigentlich gar nichts verstand und daß ich bis dahin nur den allgemeinen Abglanz der Natur in den Kunstwerken bewundert und genossen hatte. Hier tat sich eine andere Natur, ein weites Feld der Kunst vor mir auf, ja ein Abgrund der Kunst, in den ich mit desto mehr Freude hineinschaute, als ich meinen Blick an die Abgründe der Natur gewöhnt hatte. Ich überließ mich gelassen den sinnlichen Eindrücken, so sah ich Rom, Neapel, Sizilien und kam auf Corpus Domini nach Rom zurück. Die großen Szenen der Natur hatten mein Gemüt ausgeweitet, und alle Falten herausgeglättet, von der Würde der Landschaftsmalerei hatte ich einen Begriff erlangt, ich sah Claude und Poussin mit anderen Augen, mit Hackert, der nach Rom kam, war ich vierzehn Tage in Tivoli, dann sperrte mich die Hitze zwei Monate ins Haus, ich machte *Egmont* fertig und fing an, Perspektiv zu treiben und ein wenig mit Farben zu spielen. So kam der September heran, ich ging nach Frascati, von da nach Castello und zeichnete nach der Natur und konnte nun leicht bemerken, was mir fehlte. Gegen Ende Oktober kam ich wieder in die Stadt, und da ging eine neue Epoche an. Die Menschengestalt zog nun meine Blicke auf sich, und wie ich vorher, gleichsam wie von dem Glanz der Sonne meine Augen von ihr weggewendet, so konnte ich nun mit Entzücken sie betrachten und auf ihr verweilen. Ich begab mich in die Schule, lernte den Kopf mit seinen Teilen zeichnen, und nun fing ich erst an, die Antiken zu verstehen. Damit brachte ich November und Dezember hin und schrieb indessen *Erwin und Elmire*. Die nächste Woche werden nun die vorzüglichen Statuen und Gemälde Roms mit frisch gewaschnen Augen besehen.

Wegen meiner Ausgaben dient Folgendes zur Nachricht. Ich habe die Summe, welche ich Ihrer Güte und Vorsorge danke, bisher fort erhoben und sie nach Abzug dessen, was mir meine fortgehende Wirtschaft kostet, auf die Reise verwendet, dabei noch tausend Taler, welche mir die vier ersten Bände meiner Schriften eintrugen, verzehrt. Bei meiner Lebensart hätte ich sollen wohlfeiler davonkommen, allein meine Existenz ist wieder auf eine wahre Wilhelmiade hinausgelaufen. Doch kann ich völlig zufrieden sein, meine Endzwecke aus dem Grunde erreicht zu haben. Auch habe ich Bedacht gehabt, mein Inkognito selbst durch eine mäßige und schickliche Freigebigkeit respektabel zu machen und dadurch, daß ich einige Künstler immer mit mir leben ließ, zugleich Lehrer, Freunde und Diener erworben. Es hat sich alles so hübsch gemacht, daß ich völlig zufrieden sein kann.

Gar manches macht mir den Rückweg nach Hause reizend. Das Herz wird in einem fremden Lande, merk ich, leicht kalt und frech, weil Liebe und Zutrauen selten angewandt ist. Ich habe nun soviel in Kunst- und Naturkenntnis profitiert, daß ein weiteres Studium durch die Nähe unserer Akademie Jena sehr erleichtert werden würde. Hier ist man gar zu sehr von Hilfsmitteln entblößt. Dann hoffte ich auch, meine Schriften mit mehr Muße und Ruhe zu endigen als in einem Lande, wo alles einen außer sich ruft.

Jena

»Wohin willst du dich wenden? / Nach Weimar-Jena, der großen Stadt, / Die an beiden Enden / Viel Gutes hat.« So liebenswürdig geht es in den *Zahmen Xenien* zu, wenn Goethe über seinen doppelten Standort spricht. Denn in beiden Städten, nur zwanzig Kilometer auseinander, ist der Staatsdiener seit seiner Ankunft in Weimar im November 1775 zu Hause. Die Universitätsstadt Jena, geistiges Zentrum des Herzogtums, wird Zweitwohnsitz, Ort der naturforschenden Tätigkeit und Verantwortung, wo er sich in manchen Jahren monatelang ununterbrochen aufhält. Im Gedankenaustausch über wissenschaftliche, philosophische oder weltliterarische Themen wird Goethe einbezogen in die Kollegen- und Freundschaftsbünde der Philosophen Fichte, Hegel, Schelling, der romantischen Dichter Tieck, Novalis und der Schlegel-Brüder. Mit berühmten Gelehrten unterschiedlichster Disziplinen wie Döbereiner, Hufeland, Loder, Luden, Seebeck gibt es gemeinsame Arbeit in den naturwissenschaftlichen Instituten und Sammlungen. Die innige Freundschaft mit Schiller nimmt ihren Anfang bei einem Gespräch über die Urpflanze nach einer Sitzung der Jenaischen Naturforschenden Gesellschaft; im Anschluß an den gemeinsamen Besuch bei Wilhelm von Humboldt spricht Goethe von einer beginnenden Epoche. Merkwürdig, daß der Universalist bis zu seinem Amtsjubiläum im Jahre 1825 warten muß, um des Ehrendoktortitels der medizinischen Fakultät zu Jena für würdig befunden zu werden. Immerhin hatte der Staatsminister viele Jahre fürsorglich die Oberaufsicht ausgeübt über die wissenschaftlichen und künstlerischen Institute, über die Bibliotheken und die mineralogischen, anatomischen, bota-

nischen, zoologischen und physikalisch-chemischen Sammlungen.
Dem Freund Zelter in Berlin, der Goethes Refugium in Jena nicht kennt, beschreibt er in der Winterkälte, am 16. Februar 1818, die dortigen Wohnverhältnisse. »Du kennst Jena zu wenig, als daß es dir etwas heißen sollte, wenn ich sage: daß ich auf dem rechten Saalufer, unmittelbar an der Camsdorfer Brücke, über dem durch die Bogen gewaltsam strömenden, eisbelasteten Wasser, eine Zinne (vulgo Erker) in Besitz genommen habe, die schon seit so vielen Jahren mich, meine Freunde und Nachkommenschaft gereizt hat, daselbst zu wohnen, ohne daß nur jemand sich die Mühe gegeben hätte, die Treppe hinauf zu steigen. Hier verweile ich nun die schönsten Stunden des Tages, den Fluß, die Brücke, Kies, Anger und Gärten und sodann das liebe närrische Nest, dahinter Hügel und Berge und die famosesten Schluchten und Schlachthöhen vor mir.« In dieser Aussichtseinsamkeit entstehen wichtige Werke: Schriften zur Farbenlehre, über Kunst und Altertum, über Morphologie. Hier betreibt der Naturforscher mit höchstem Interesse seine Studien zu Wolkenformen und Himmelsfärbungen.
Das Ringelspiel einer permanenten Vergnügungswoche, dem wohl auch seine Frau Christiane nicht abhold war, ist mit wohlwollender Ironie in vierundzwanzig Zeilen über »Die Lustigen von Weimar« gefaßt. Das Gedicht ist zugleich eine kleine Hommage an den Lieblingsort Jena: »Donnerstag nach Belvedere, / Freitag geht's nach Jena fort: / Denn das ist, bei meiner Ehre, / Doch ein allerliebster Ort.« Das Sprachkarussell klingt aus mit den Versen: »Spiel und Tanz, Gespräch, Theater, / Sie erfrischen unser Blut; / Laßt den Wienern ihren Prater; / Weimar, Jena, da ist's gut!«

Saale-Landschaft bei Jena, mit August Goethe, 1810

Sonntag, den 7. Oktober 1827. Diesen Morgen bei sehr schönem Wetter befand ich mich mit Goethe bereits vor acht Uhr im Wagen und auf dem Wege nach Jena, wo er bis morgen abend zu verweilen die Absicht hatte. Dort zeitig angekommen, fuhren wir zunächst am Botanischen Garten vor, wo Goethe alle Sträucher und Gewächse in Augenschein nahm und alle in schönster Ordnung und im besten Gedeihen fand. Wir besahen ferner das Mineralogische Kabinett und einige andere naturwissenschaftliche Sammlungen und fuhren darauf zu Herrn von Knebel, der uns zu Tische erwartete. Knebel, im höchsten Alter, eilte Goethen halb stolpernd an der Tür entgegen, um ihn in seine Arme zu schließen. Darauf bei Tisch ging alles sehr herzlich und munter zu; von Gesprächen jedoch entwickelte sich nichts von einiger Bedeutung. Die beiden alten Freunde hatten genug am beiderseitigen menschlich nahen Beisammensein. Nach Tisch machten wir eine Spazierfahrt in südlicher Richtung an der Saale hinauf. Ich kannte diese reizende Gegend bereits aus früherer Zeit, doch wirkte alles wieder so frisch, als hätte ich es vorher nie gesehen.

Als wir uns wieder in den Straßen von Jena befanden, ließ Goethe an einem Bach hinauffahren und an einem Hause halten, das äußerlich eben kein bedeutendes Ansehen hatte. »Hier hat Voß gewohnt«, sagte er, »und ich will Sie doch auch auf diesem klassischen Boden einführen.« Wir durchschritten das Haus und traten in den Garten. Von Blumen und anderer Art feiner Kultur war wenig zu spüren, wir gingen auf Rasen unter lauter Obstbäumen. »Das war etwas für Ernestine«, sagte Goethe, »die auch hier ihre trefflichen Eutiner Äpfel nicht vergessen konnte, und die sie mir rühmte als etwas ohnegleichen. Es waren aber die Äpfel ihrer Kindheit gewesen – darin lag's. Ich habe übrigens hier mit Voß und seiner trefflichen Ernestine manchen schönen Tag gehabt und gedenke der alten Zeit sehr gerne. Ein Mann wie Voß wird so bald nicht wieder kommen. Es haben wenig andere auf die höhere deutsche Kultur einen solchen Einfluß gehabt als er. Es war an ihm alles gesund und derbe, weshalb er auch zu den Griechen kein künstliches, sondern ein rein natürliches Verhältnis hatte, woraus denn für uns anderen die herrlichsten Früchte erwachsen sind. Wer von seinem Werte durchdrungen ist wie ich, weiß gar nicht, wie er sein Andenken würdig genug ehren soll.«

Es war indes gegen sechs Uhr geworden, und Goethe fand es an der Zeit, in unser Nachtquartier zu gehen, das er im ›Gasthof zum Bären‹ hatte bestellen lassen. Man gab uns ein geräumiges Zimmer nebst einem Alkoven mit zwei Betten. Die Sonne war noch nicht lange hinab, der Abendschein lag auf unsern Fenstern und es war uns gemütlich, noch eine Zeit lang ohne Licht zu sitzen. Goethe lenkte das Gespräch auf Voß zurück. »Er war mir sehr wert,« sagte er, »und ich hätte ihn gerne der Akademie und mir erhalten. Allein die Vorteile, die man ihm von Heidelberg her anbot, waren zu bedeutend, als daß wir bei unsern geringen Mitteln sie hätten aufwiegen können. Ich mußte ihn mit schmerzlicher Resignation ziehen lassen. Ein Glück für mich war es indes,« fuhr Goethe fort, »daß ich Schillern hatte. So verschieden unsere beiderseitigen Naturen auch waren, so gingen doch unsere Richtungen auf Eins, welches denn unser Verhältnis so innig machte, daß im Grunde keiner ohne den andern leben konnte.« Goethe erzählte mir darauf von seinem Freunde einige Anekdoten, die mir sehr charakteristisch erschienen. »Morgen früh«, fuhr Goethe fort, »will ich Ihnen auch zeigen, wo

Schiller hier in Jena gewohnt hat.« Es war indes Licht gebracht, wir nahmen ein kleines Abendessen und saßen nachher noch eine Weile in allerlei Erinnerungen und Gesprächen.

Aus: Johann Peter Eckermann, *Gespräche mit Goethe*

K

Kammerberg siehe Eger · Karlsbad
Kickelhahn · Koblenz · Köln

Gutes zu empfangen, zu erweisen,
Alter! Geh auf Reisen.

Zahme Xenien

Karlsbad

»Täglich und stündlich freu ich mich auf unsere Karlsbader Reise«, schreibt Goethe am 7. Juni 1785 an Frau von Stein, die dann einige Tage später schon mal vorausfährt und eine Woche länger als geplant im exklusiven böhmischen Modebad auf den Seelenfreund warten muß, weil der unterwegs, in Neustadt an der Orla, mit Zahnproblemen darniederliegt. Es wird Goethes erster von insgesamt dreizehn Aufenthalten in Karlsbad sein, wo er seine Magen- und Nierenbeschwerden, manchmal auch Gichtanfälle zu heilen hofft und nebenbei »am allgemeinsten und unmittelbarsten mit dem Ausland verbunden« sein kann. Allerdings macht der Weimarer Staatsdiener nicht nur Bekanntschaft mit diplomatischer, militärischer, wissenschaftlicher, kultureller Prominenz, mit Adel und Hochadel aus Deutschland, Österreich, Polen und Rußland; auch erlebt er von den Leiden des jungen Werthers »manche Leiden und Freuden unter dieser Zeit«, wie er seinem Herzog mitteilt. Und er holt in dem Brief vom 15. August 1785 weiter aus: »Ich bin während meines hiesigen Aufenthalts in eine solche Faineantise verfallen, die über alle Beschreibung ist. Die Wasser bekommen mir sehr wohl, und auch die Notwendigkeit, immer unter Menschen zu sein, hat mir gut getan. Manche Rostflecken, die eine zu hartnäckige Einsamkeit über uns bringt, schleifen sich da am besten ab. Vom Granit, durch die ganze Schöpfung durch, bis zu den Weibern, alles hat beigetragen, mir den Aufenthalt angenehm und interessant zu machen.« Der Frau von Stein waren es zu viele und zu attraktive Weiber, allen voran die »schöne Tina«, Christine Gräfin Brühl. Die Freundin reist indigniert eine Woche früher als geplant nach Wei-

Ansicht von Karlsbad, 1806

mar zurück. Im folgenden Jahr geht von Karlsbad aus die seelische Liaison vollends in die Brüche, als Goethe am 2. September 1786 früh um drei, ohne in Weimar Bescheid gesagt zu haben, mit einem Reisepaß auf den Namen Philipp Moeller aus der Unterkunft schleicht und sich »ganz allein, nur meinen Mantelsack und Dachsranzen aufpackend«, in eine Postchaise wirft.

Die Briefe aus dem Jahre 1806, vom vierten Aufenthalt nach einer Karlsbadpause von elf Jahren, erzählen oder erwägen, je nach Adressat, die unterschiedlichsten Begebenheiten und Aktivitäten: den Fortgang der Dichtung, mineralogisch motivierte Ausflüge in die böhmischen Berge, geognostische Erfahrungen und Gespräche oder politische Bedenklichkeiten der Zeit im Jahre besonderer Napoleonischer Erfolge. Wie es um das körperliche Befinden des Familienvaters steht, erfahren wir aus vertraulicheren Episteln an die Lebensgefährtin Christiane Vulpius, die drei Monate später, nach der plötzlichen Heirat, Frau von Goethe heißen wird.

An Christiane Vulpius
Karlsbad, den 3. Julius 1806. Gestern, den 2., abends kamen wir erst hier an. Die Wege waren mitunter ganz erschrecklich, und es regnete auch von Zeit zu Zeit gewaltig. Zum Schlusse aber sind wir hier ganz angenehm logiert und befinden uns wohl. Das gewaltsame Rütteln und Schütteln auf der Reise hat, glaube ich, schon die Hälfte der Kur vollbracht. Die Gegend ist hier, wie vor Alters, sehr schön. Das Städtchen, seitdem ich es nicht gesehen habe, viel besser aufgeputzt, und außerordentlich angenehme Spaziergänge sind angelegt worden; woran wir uns schon sehr vergnügt haben. Wir essen

zusammen auf der Stube und werden gut bedient. Das Essen ist hier besser als sonst. Das bare Geld steht sehr hoch, weil die Papiere immer mehr fallen. Das Kopfstück, das sonst 20 Kreuzer galt, wird nun für 32 genommen; und obgleich die Preise gestiegen sind, so zahlt man doch im Grunde nicht viel mehr als sonst. Noch ist kein Theater hier. Es kommt erst Sonntag, den 6. Juli.

Den 7. Julius 1806. Da ich nur Gutes zu erzählen habe, so will ich heute zum zweitenmal schreiben. Mein Brief vom 3. wird angekommen sein. Das Wasser hat eine recht gute Wirkung auf mich gemacht und ich denke, es soll so fortgehen. Seitdem ich den Sprudel trinke, habe ich keine Tropfen eingenommen, und die Verdauung fängt schon recht gut ihren Gang zu gehen. Ich werde nun so weiter fortfahren und abwarten, was es werden kann. Übrigens mutet man sich hier viel mehr zu als zu Hause. Man steht um 5 Uhr auf, geht bei jedem Wetter an den Brunnen, spaziert, steigt Berge, zieht sich an, macht Aufwartung, geht zu Gaste und sonst in Gesellschaft. Man hütet sich weder vor Nässe, noch Wind, noch Zug und befindet sich wohl dabei. Ich habe manche alte Bekannte angetroffen und ihrer schon viele neue gemacht. Die Bälle sind übrigens hier nicht sehr belebt. Von 50 Frauenzimmern, die in weißen Kleidchen herumsitzen, kommen vielleicht 10 zum Tanz. Übrigens gibt es Pikeniks und Spazierfahrten, die in der schönen Gegend ganz angenehm sind. Ich wünsche dir viel Vergnügen und werde heute über 8 Tage wieder schreiben.

Kickelhahn

In der zweiten Hälfte des 18. Jahrhunderts wurde auf dem 860 Meter hohen Kickelhahn bei Ilmenau eine Jagdaufseherhütte erbaut. Goethe übernachtet am 6. September 1780 hier und kritzelt das Gedicht »Über allen Gipfeln ist Ruh« an die Bretterwand. Am Vortage seines 82. Geburtstags wandert der Jubilar, begleitet vom Ilmenauer Bergrat Johann Christian Mahr, noch einmal auf den Aussichtsberg und findet in der Hütte die mit Bleistift geschriebenen Zeilen wieder. Bergrat Mahr hat seine Erinnerung an den wundersamen Tag aufgeschrieben: »Goethe überlas die wenigen Verse, und Tränen flossen über seine Wangen. Ganz langsam zog er sein schneeweißes Taschentuch aus seinem dunkelbraunen Tuchrock, trocknete sich die Tränen und sprach in sanftem, wehmütigem Ton: ›Ja, warte nur, balde ruhest du auch!‹«
Das Häuschen brannte im Jahre 1870 ab, die Inschrift wurde vom Feuer vernichtet. Vier Jahre danach wurde die Hütte originalgetreu wieder errichtet.

An Charlotte von Stein
6. September 1780. Auf dem Gickelhahn, dem höchsten Berg des Reviers, den man in einer klingenden Sprache Alecktrügallonax nennen könnte, hab ich mich gebettet, um dem Wuste des Städgens, den Klagen, den Verlangen, der unverbesserlichen Verworrenheit der Menschen auszuweichen. Wenn nur meine Gedanken zusamt von heut aufgeschrieben wären, es sind gute Sachen drunter. Meine Beste, ich bin in die Hermannsteiner Höhle gestiegen, an den Platz, wo Sie mit mir waren, und habe das S, das so frisch noch wie von gestern

angezeichnet steht, geküßt und wieder geküßt, daß der Porphyr seinen ganzen Erdgeruch ausatmete, um mir auf seine Art wenigstens zu antworten. Ich bat den hundertköpfigen Gott, der mich so viel vorgerückt und verändert und mir doch Ihre Liebe und diese Felsen erhalten hat, noch weiter fortzufahren und mich werter zu machen seiner Liebe und der Ihrigen.

Es ist ein ganz reiner Himmel und ich gehe, des Sonnenuntergangs mich zu freuen. Die Aussicht ist groß, aber einfach. Die Sonne ist unter. Es ist eben die Gegend, von der ich Ihnen die aufsteigenden Nebel zeichnete; jetzt ist sie so rein und ruhig, und so uninteressant als eine große schöne Seele, wenn sie sich am wohlsten befindet. Wenn nicht noch hie und da einige Vapeurs von den Meulern aufstiegen, wäre die ganze Szene unbeweglich.

Koblenz und Ehrenbreitstein

»Bis Coblenz schwammen wir ruhig hinunter, und ich erinnere mich nur deutlich, daß ich am Ende der Fahrt das schönste Naturbild gesehen, was mir vielleicht zu Augen gekommen. Als wir gegen die Mosel-Brücke zu fuhren, stand uns dieses schwarze mächtige Bauwerk kräftig entgegen; durch die Bogen-Öffnungen aber schauten die stattlichen Gebäude des Thals, über der Brückenlinie sodann das Schloß Ehrenbreitstein im blauen Dufte durch und hervor.« Goethe ist dem Chaos nach der Campagne in Frankreich entronnen; auf dem Rückzug findet eine durch Sturm und Unwetter höchst gefährliche Moselfahrt am 2. November 1792 ein glückliches Ende. Beim Anblick der »herrlichen« Stadt am

Zusammenfluß von Mosel und Rhein wird er sich auch gern erinnert haben an längst vergangene Zeiten, als er, zwanzig Jahre ist es her, der unerfüllten Liebe zu Lotte Buff entflohen war, zu Fuß von Wetzlar bis Ems und mit dem Boot die Lahn herunterkommend, zu Besuch weilt bei der Familie La Roche in Thal-Ehrenbreitstein und dort eine neue Leidenschaft, »ehe die alte noch ganz verklungen«, sich zu regen anfängt zu Maximiliane, der 16 Jahre alten Tochter des Hauses. Gewiß kam dem Moselreisenden auch noch einmal in den frohen Sinn das durch seine Knittelverse berühmt gewordene »Diné zu Coblenz« mit Lavater und Basedow, »Prophete rechts, Prophete links, das Weltkind in der Mitten«, als er 1774 mit den beiden berühmten, sehr viel älteren Freunden zu Schiff in dieser Gegend unterwegs war.

Eine sehr angenehme, Herz und Sinn erfreuende Fahrt hatten wir die Lahn hinab. Ich freute mich, den herrlichen Rhein wiederzusehen, und ergetzte mich an der Überraschung derer, die dieses Schauspiel noch nicht genossen hatten. Nun landeten wir in Coblenz; wohin wir traten, war der Zudrang sehr groß, und jeder von uns dreien erregte nach seiner Art Anteil und Neugierde. Basedow und ich schienen zu wetteifern, wer am unartigsten sein könnte; Lavater benahm sich vernünftig und klug, nur daß er seine Herzensmeinungen nicht verbergen konnte, und dadurch, mit dem reinsten Willen, allen Menschen vom Mittelschlag höchst auffallend erschien. Das Andenken an einen wunderlichen Wirtstisch in Coblenz habe ich in Knittelversen aufbewahrt, die nun auch, mit ihrer Sippschaft, in meiner neuen Ausgabe stehen mögen. Ich saß zwischen Lavater und Basedow; der erste belehrte einen Landgeistlichen über die Geheimnisse der Offenbarung Johannis, und der andere bemühte sich vergebens, einem hartnäckigen Tanzmeister zu beweisen, daß die Taufe ein veralteter und für unsere Zeiten gar nicht berechneter Gebrauch sei. Und wie wir nun fürder nach Cölln zogen, schrieb ich in irgend ein Album:

> Und, wie nach Emmaus, weiter ging's
> Mit Sturm- und Feuerschritten:
> Prophete rechts, Prophete links,
> Das Weltkind in der Mitten.

Aus: *Dichtung und Wahrheit*, 14. Buch

Köln

Ein Märchen vom Turm zu Babel an den Ufern des Rheins nennt Goethe im Jahre 1810 die Baugeschicke des grandios unfertigen Doms zu Köln. In seinem weitschweifenden Reiseleben hat der Sachverständige schon mehrfach der Stadt und ihren kunstsinnigen Sammlern und Stiftern seine Aufwartung gemacht. Doch erst auf der spontan angetretenen Rheinfahrt nach Köln in Begleitung des Freiherrn vom Stein während des Wiesbadener Kuraufenthalts 1815 kann der Dichter »mit vorbereitetem Erstaunen das schmerzvolle Denkmal der Unvollendung« auch innerhalb der sakralen Mauern bewundern und »mit Augen das Maß fassen, von dem, was es hätte werden sollen, ob es gleich dem angestrengtesten Sinne noch immer unbegreiflich bleibt«. Vorbereitet worden war der Staunende, wie in den Annalen notiert, durch den intensiven Gedankenaustausch mit dem unermüdlich für die Erhaltung des Domes einwirkenden Kunstfreund und Sammler Sulpiz Boisserée. Dessen Tafelwerk mit Ansichten, Zeichnungen, Grundrissen des Bauwerkes weckt ungläubige Hoffnung auf eine Vollendung. In seiner Schrift über *Kunst und Altertum an Rhein und Main*, Frucht der Reisen während der Wiesbadener Zeit, regt sich abermals das lebhafte Interesse für das Unvorstellbare. »Man wird sich nicht verwehren, jene kühne Frage nochmals aufzuwerfen, ob nicht jetzt der günstigste Zeitpunkt sei, an den Fortbau eines solchen Werks zu denken.«

Die Übergröße einer Sakralkunst und das frohlaunig Leichteste eines Volksfestes, also den Kölner Dom und den Karneval zu Köln, ganz ernsthaft miteinander zu denken, kann offenbar nur einer wie Goethe wagen. In den *Schriften zur Kunst* hat er es getan.

Es ist ein artig heiterer Zufall, daß in dem Augenblick, da wir von dem tüchtigsten, großartigsten Werk, das vielleicht je mit folgerechtem Kunstverstand auf Erden gegründet worden, dem Dom zu Köln, wir sogleich des leichtesten, flüchtigsten, augenblicklichst vorüberraschenden Erzeugnisses einer frohen Laune, des Karnevals von Köln, mit einigen Worten zu gedenken veranlaßt sind. Warum man aber doch von beiden zugleich reden darf, ist, daß jedes, sich selbst gleich, sich in seinem Charakter organisch abschließt, ungeheuer und winzig, wenn man will; wie Elefant und Ameise, beide lebendige Wesen und in diesem Sinne nebeneinander zu betrachten, als Masse sich in die Luft erhebend, als Beweglichkeit an dem Fuße wimmelnd. In den älteren Zeiten waren solche Volksfeste auch in Köln herkömmlich; sie mögen dem Schönbartlaufen der mittägigen deutschen Städte sich gleichgehalten haben. Zu Ende des vorigen Jahrhunderts, zur Zeit der französischen Invasion, verlor sich mit der Geistesfreiheit auch Lust und Scherz, sodann aber im Jahr 1823 regte sich das nekkische Leben wieder. Hierauf trat eine Gesellschaft heiterverständiger Männer zusammen, welche durch die Fiktion, daß die Königin Venetia, geneigt, auch einmal auswärts nach einem Spaße sich umzusehen, dem König Karneval zu Köln einen Besuch abstatten werde, schickliche Einleitung fand, worauf alles sorgfältig vorbereitet und zuletzt musterhaft ausgeführt wurde. Sehr treffend war der Gedanke, alles in drei Tage und eigentlich auf einen zu konzentrieren. Dergleichen rauschartige Freuden müssen auch als ein leichter Rausch vorüber gehen.

Merkwürdig ist's auf alle Fälle, daß in den jetzigen Tagen ein solcher Humor sich hervortut, den man geistreich, frei, sinnig und gemäßigt nennen kann. Alle Mitwirkenden sind zu bewundern, die ersten Unternehmer, die Beitretenden, die Einstimmenden und Zuschauenden; alle Hochachtung verdienen die Zivil- und Militärbehörden, welche mit freisinniger Würde die Sache geschehen ließen, Ordnung und Zucht von ihrer Seite befördernd, so daß dieses ganze exzentrische Unternehmen mit ungewöhnlicher Wichtigkeit, Ernsthaftigkeit und Pracht begangen werden konnte.

Aus: *Schriften zur Kunst. Baukunst*

L

Lauchstädt · Leipzig · Luisenburg siehe Alexandersbad · Luxemburg

Was mir diese Reise nehmen und geben wird, muß ich nun abwarten; ich kenne mich hierüber und weiß, daß alles, was von außen an mich gelangt, sehr späte Früchte bringt.

An Christian Gottfried Körner, 20. Juli 1797

Lauchstädt

Seit 1776 leistete sich das im Kursächsischen gelegene Lauchstädt als Attraktion für seine Badegäste vornehmlich aus der benachbarten Universitätsstadt Halle ein kleines Theater; unterhalten wurde es zunächst von einer Dresdner Spielschar, wenige Jahre später von der Weimarer Truppe. Goethe verhandelt lange Zeit mit dem sächsischen Kurfürsten um die Genehmigung für einen größeren Neubau. Im Februar 1802 einigt man sich. Nach nur drei Monaten Bauzeit wird das hölzerne Haus für fünfhundert Zuschauer fertig; zu verdanken ist diese logistische Hochleistung der Aufsicht des Wegebauinspektors Paul Götze, Goethes früherem Diener und Faktotum, der zehn Jahre zuvor den Kriegsteilnehmer von Valmy heil durch die Wirren des Rückzugs nach Hause geführt hat. Zur Theatereröffnung am 26. Juni 1802 werden 672 Zuschauer gezählt. Die Weimarer Gesellschaft wie die Geistesprominenz aus Jena und Halle sind angereist, im Publikum sitzen Hegel, Schelling, der ältere Schlegel-Bruder, der berühmte Altphilologe Friedrich August Wolf, auch der Komponist Goethescher Lieder Johann Friedrich Reichardt aus Giebichenstein sowie der Jenenser Buchhändler und Verleger Frommann. Studenten der benachbarten Universitäten haben den weiten Fußmarsch in Kauf genommen. Goethe hat für diesen Anlaß in nur acht Tagen das Vorspiel *»Was wir bringen«* geschrieben; im Hauptprogramm wird *Titus* von Mozart gegeben. Auch in den folgenden Sommern kümmert sich der Weimarer Intendant an Ort und Stelle um die Lauchstädter Belange. In Schillers Todesjahr 1805 nutzt Goethe seine Anwesenheit zu einem längeren Kuraufenthalt und verfaßt in dieser Zeit für die Schillersche Gedenkfeier am 10. August als Totenklage um den Dichterfreund einen *Epilog zu Schillers Glocke* in achtzeiligen Stanzen, der im Anschluß an die chorische Darstellung des Gedichts durch die Weimarer Schauspieler uraufgeführt wird.

An Friedrich von Schiller
Lauchstädt am 5. Juli 1802. Gestern Abend habe ich die neunte Vorstellung überstanden. 1500 Reichstaler sind eingenommen, und jedermann ist mit dem Hause zufrieden. Man sitzt, sieht und hört gut und findet für sein Geld immer noch einen Platz. Mit fünf- bis sechstehalbhundert Menschen kann sich niemand über Unbequemlichkeit beschweren. Es kommt darauf an, daß eine geschickte Wahl der Stücke, bezüglich auf die Tage, getroffen werde, so kann man auch für die Zukunft gute Einnahmen hoffen. Überhaupt ist es mir nicht bange, das Geld, was in der Gegend zu solchem Genuß bestimmt sein kann, ja etwas mehr, in die Kasse zu ziehen. Die Studenten sind ein närrisches Volk, dem man nicht Feind sein kann und das sich mit einigem Geschick recht gut lenken läßt. Die ersten Tage waren sie musterhaft ruhig, nachher fanden sich einige sehr verzeihliche Unarten ein, die aber, worauf ich hauptsächlich Acht gebe, sich nicht wie ein Schneeball fortwälzen, sondern nur momentan und, wenn man billig sein will, durch äußere Umstände gewissermaßen provoziert waren. Der gebildetere Teil, der mir alles zu Liebe tun möchte, entschuldigt sich deshalb mit einer gewissen Ängstlichkeit, und ich suche die Sache, sowohl in Worten als in der Tat, im Ganzen läßlich zu nehmen, da mir doch überhaupt von dieser Seite nur um ein Experiment zu tun sein kann. Auch ein eigenes Experiment mache ich auf unsere Gesell-

schaft selbst, indem ich mich unter so vielen Fremden auch als ein Fremder in das Schauspielhaus setze. Mich dünkt, ich habe das Ganze sowohl als das Einzelne mit seinen Vorzügen und Mängeln noch nicht so lebhaft angeschaut.

Leipzig

»Deshalb konnte mein Vater kaum erwarten, bis ich auf Akademie gehen würde. Sehr bald erklärte er, daß ich in Leipzig, für welches er eine große Vorliebe behalten, gleichfalls Jura studieren, alsdann noch eine andere Universität besuchen und promovieren sollte. Was diese zweite betraf, war es ihm gleichgültig, welche ich wählen würde; nur gegen Göttingen hatte er, ich weiß nicht warum, einige Abneigung, zu meinem Leidwesen: denn ich hatte gerade auf diese viel Zutrauen und große Hoffnungen gesetzt.« Also Leipzig. Die Reise eine Tortur. »Durch Thüringen wurden die Wege noch schlimmer, und leider blieb unser Wagen in der Gegend von Auerstädt bei einbrechender Nacht stecken.« Der 16 Jahre alte Jüngling hat sich in der Gegend, wo vier Jahrzehnte später Napoleon die Preußen vernichtend schlägt, die Bänder der Brust übermäßig ausgedehnt. An den Schmerz, der erst nach vielen Jahren ihn völlig verließ, erinnert sich der Autobiograph noch Jahrzehnte später in *Dichtung und Wahrheit.*
Am 3. Oktober 1765 fährt der Jüngling in der lädierten Kutsche durch das Ranstädter Tor in Klein-Paris ein. In der Handels- und Universitätsstadt leben sechshundert Studenten unter dreißigtausend Einwohnern. Die Architektur, das urbane Leben, der Messetrubel imponieren ungemein. Die

Zweizimmerwohnung, die der Studiosus bezieht, befindet sich im zweiten Stock im Haus zur Großen Feuerkugel am Neumarkt, in einer jener Leipziger Anlagen, die in ihren »himmelhoch umbauten Hofräumen eine bürgerliche Welt umfassen, großen Burgen, ja Halbstädten ähnlich«. Eine neue Welt. Die Stadt zeugt von Wohlstand, von Toleranz. Mit seiner provinziellen Garderobe erregt der Ankömmling allerdings Heiterkeit, sogar Anstoß. Er legt sich rasch modische, dem Ort gemäße Kleidung zu. Auch mit seinem Frankfurter Deutsch hat der junge Mann Probleme, an der Pleiße spricht man kultivierter als am Main. Am 19. Oktober 1765 wird der junge Goethe in das Leipziger Universitätsmatrikel eingeschrieben. Der Name des Vaters ist im Jahr 1731 verzeichnet. Der Jüngling tut nach anfänglichem Studiumsgehorsam bald, was er will. Statt Jurisprudenz zu studieren, belegt er Vorlesungen in Philologie und den Schönen Wissenschaften, in Morallehre bei dem berühmten Gellert, außerdem interessiert er sich für Medizin, Newtons Physik und andere Naturwissenschaften. Er macht dem großen Gottsched seine Aufwartung, verkehrt im Hause des Verlegers Breitkopf, nimmt Zeichenunterricht bei Adam Friedrich Oeser. Vielfältige Anregungen bringt dem interessierten, interessanten Jüngling der Mittagstisch zunächst beim Rektor der Universität, einem Mediziner, später im Weinhaus Schönkopf; sein späterer Schwager Johann Georg Schlosser aus Frankfurt hat ihn in der Runde eingeführt. Bei Schönkopfs lernt Goethe die drei Jahre ältere Tochter des Hauses kennen, und bald leidet er an der Liebe zu Anna Catharina Schönkopf, die er Annette nennt in seinen ersten ernstzunehmenden Gedichten, im »*Leipziger Liederbuch*«. Mit einem Monatswechsel von hundert Gulden kann Goethe junior fürstlich leben. Am 28. August 1768, seinem 19. Geburtstag, verläßt er Leipzig – psychisch und körperlich krank, ohne akademischen Abschluß. Ein vorläufiges, wenig erfreuliches Ende der Beziehung zu Leipzig.

Sieben weitere Male kehrt Goethe an die Pleiße zurück, privat oder im Auftrag seines Weimarer Herzogs. Acht Jahre nach der hastigen ersten Abreise ist er wieder da. Die Schauspielerin Corona Schröder, sie hatte den Studiosus für Shakespeare begeistert, wird für das Weimarer Theater abgeworben. Mit dem Schauspiel *Die Mitschuldigen*, das in Leipzig spielt, und in seiner *Faust*-Dichtung hat Goethe der Stadt seine Reverenz erwiesen. In Auerbachs Keller saß er mit Ernst Wolfgang Behrisch am Stammtisch. Als Abschiedsgeschenk für den nach Dessau abreisenden älteren Freund findet der Student in den *Oden an meinen Freund* einen eigenen poetischen Ton. Das Kellerlokal wurde berühmt durch die Szene im ersten Teil der Tragödie, wo Mephisto den Faust »vor allen Dingen / in lustige Gesellschaft bringen« will: »Damit du siehst, wie leicht sich's leben läßt. Dem Volke wird hier jeder Tag ein Fest.« In Auerbachs Keller werden auch die Worte gesprochen: »Mein Leipzig lob ich mir! Es ist ein klein Paris und bildet seine Leute.« Das Weinlokal mit dem Faßkeller gehört heute noch zu den Attraktionen der Stadt. Ebenfalls beziehungsreich als Goethe-Ort ist der Alte-Johannis-Friedhof. Hier wurde die Schauspielerin Rosalie Marbach begraben, eine Schwester Richard Wagners, das erste Leipziger Gretchen. – Über das Studium der Morallehre bei dem verehrten Gellert und wie der Student ein Autodafé seiner poetischen Jugendarbeiten veranstaltet, auch darüber berichtet Goethe in *Dichtung und Wahrheit*.

Hierzu kamen noch die Jeremiaden, mit denen Gellert in seinem Praktikum von der Poesie abzumahnen pflegte. Er wünschte nur prosaische Aufsätze und beurteilte auch diese immer zuerst. Die Verse behandelte er nur als eine traurige Zugabe, und was das Schlimmste war, selbst meine Prosa fand wenig Gnade vor seinen Augen: denn ich pflegte, nach meiner alten Weise, immer einen kleinen Roman zum Grunde zu legen, den ich in Briefen auszuführen liebte. Die Gegenstände waren leidenschaftlich, der Stil ging über die gewöhnliche Prosa hinaus, und der Inhalt mochte freilich nicht sehr für eine tiefe Menschenkenntnis des Verfassers zeugen; und so war ich denn von unserem Lehrer sehr wenig begünstigt, ob er gleich meine Arbeiten, so gut als die anderen, genau durchsah, mit roter Tinte korrigierte und hie und da eine sittliche Anmerkung hinzufügte. Mehrere Blätter dieser Art, welche ich lange Zeit mit Vergnügen bewahrte, sind leider endlich auch im Lauf der Jahre verschwunden.

Wenn ältere Personen recht pädagogisch verfahren wollten, so sollten sie einem jungen Manne etwas, was ihm Freude macht, es sei von welcher Art es wolle, weder verbieten noch verleiden, wenn sie nicht zu gleicher Zeit ihm etwas Anderes dafür einzusetzen hätten, oder unterzuschieben wüßten. Jedermann protestierte gegen meine Liebhabereien und Neigungen, und das, was man mir dagegen anpries, lag teils so weit von mir ab, daß ich seine Vorzüge nicht erkennen konnte, oder es stand mir so nah, daß ich es eben nicht für besser hielt als das Gescholtene. Ich kam darüber durchaus in Verwirrung, forderte einen Maßstab des Urteils und glaubte gewahr zu werden, daß ihn gar niemand besitze.

Diese Geschmacks- und Urteilsungewißheit beunruhigte mich täglich mehr, so daß ich zuletzt in Verzweiflung geriet. Ich hatte von meinen Jugendarbeiten, was ich für das Beste hielt, mitgenommen, teils weil ich mir denn doch einige Ehre dadurch zu verschaffen hoffte, teils um meine Fortschritte desto sicherer prüfen zu können; aber ich befand mich in dem schlimmen Falle, in den man gesetzt ist, wenn eine vollkommene Sinnesänderung verlangt wird, eine Entsagung alles dessen, was man bisher geliebt und für gut befunden hat. Nach einiger Zeit und nach manchem Kampfe warf ich jedoch eine so große Verachtung auf meine begonnenen und geendeten Arbeiten, daß ich eines Tags Poesie und Prosa, Pläne, Skizzen und Entwürfe sämtlich zugleich auf dem Küchenherd verbrannte und durch den das ganze Haus erfüllenden Rauchqualm unsere gute alte Wirtin in nicht geringe Furcht und Angst versetzte.

Aus: *Dichtung und Wahrheit*, sechstes Buch

Luxemburg

Wie die rettende Insel im tosenden Meer erreicht der Kriegsteilnehmer auf dem Rückzug von Verdun am 14. Oktober 1792 auf Schleichwegen die Festung Luxemburg. Gerettet aus allgegenwärtigem Schlamm nach wochenlangem Dauerregen, entkommen dem Chaos und allen denkbaren Übeln des Krieges, ist es in sicherer Unterkunft nach Wochen möglich, den Koffer aufzuschließen und sich der Habseligkeiten zu versichern. Aus der Distanz von fast dreißig Jahren berichtet Goethe in der autobiographischen *Campagne in Frankreich* abgeklärter, als es der Gegenwart des »unseligen Kriegsnachspiels« möglich gewesen wäre, über das, was ihm zuvörderst wichtig erschienen ist: »Das Konvolut zur Far-

benlehre bracht' ich zuerst in Ordnung. Immer meine früheste Maxime vor Augen: die Erfahrung zu erweitern und die Methode zu reinigen.« Das Kriegs- und Reisetagebuch mag er nicht anrühren, der unglückliche Verlauf der Unternehmung, der noch Schlimmeres befürchten läßt, gäbe nur neuen Anlaß »zum Wiederkäuen des Verdrusses und zu neuem Aufregen der Sorge«. Dennoch findet in dieser Stadt für sechs Tage das Ruhe- und Sammlungsbedürfnis »das willkommenste Asyl«, bevor es weitergeht in das flüchtende Dasein, nach Trier.

An Christian Gottlob Voigt
Luxemburg d. 15. Oktbr. Die Chaussee von Verdun hierher ist meist so zu Grunde gerichtet, daß man nicht begreift, wie Menschen und Wagen durchkommen wollen. Die Armee ist noch zurück, sie wird sich aus Frankreich ziehen, die Emigrierten sind meist schon heraus und werden Deutschland wieder überschwemmen. Dieser Feldzug wird als eine der unglücklichsten Unternehmungen in den Jahrbüchern der Welt eine traurige Gestalt machen.

An Johann Gottfried Herder
Luxemburg, d. 16. Oktober 1792. Ich für meine Person singe den lustigsten Psalm Davids dem Herrn, daß er mich aus dem Schlamme erlöst hat, der mir bis an die Seele ging. Ich eile nach meinen mütterlichen Fleischtöpfen, um dort wie von einem bösen Traum zu erwachen, der mich zwischen Kot und Not, Mangel und Sorge, Gefahr und Qual, zwischen Trümmern, Leichen, Äsern und Scheißhaufen gefangen hielt. Lebet wohl und haltet Euch für so glücklich als Ihr seid.

M

**Mailand · Mainz · Malcesine
siehe Gardasee · Marienbad · Meer
Montblanc · München · Münster**

Wenn einer schiffet und reiset,
Sammelt er nach und nach immer ein,
Was sich am Leben, mit mancher Pein,
Wieder ausschälet und weiset.

Sprichwörtlich

Mailand

»Ich freue mich sehr auf die Correges zu Parma und auf das Abendmahl von Vinci in Mailand.« Als Goethe seinem Herzog den nächsten Reiseweg auf dem Heimweg von Rom mitteilt, befindet er sich noch in Florenz. Am 22. Mai 1788 trifft er endlich in Mailand ein – und ist erst einmal entsetzt über das äußere Erscheinungsbild des Doms, »welchen zu erbauen man ein ganzes Marmorgebirge in die abgeschmacktesten Formen gezwungen« habe. Dagegen, schreibt er nach Weimar, sei Leonardos Abendmahl »ein rechter Schlußstein in das Gewölbe der Kunstbegriffe. Es ist in seiner Art ein einzig Bild, und man kann nichts mit vergleichen.« Alles in allem fühlt Goethe sich wohl in dieser Stadt, freut sich am schönen Himmel und am herrlichen Obst, es gefällt dem Dichter hier sogar so gut, daß er im *Wilhelm-Meister*-Roman diese Stadt zur Heimat Mignons erwählt. Dreißig Jahre nach dem lombardischen Aufenthalt wird Goethe mit Giuseppe Bossis berühmter Monographie über Leonardo bekannt, und er verfaßt nun seinerseits eine hochachtungsvolle Abhandlung über das *Abendmahl*, erschienen 1817 in dem Sammelband *Über Kunst und Altertum*.

Die Stelle, wo das Bild gemalt ist, wird allervörderst in Betracht gezogen: denn hier tut sich die Weisheit des Künstlers in ihrem Brennpunkte vollkommen hervor. Konnte für ein Refektorium etwas schicklicher und edler ausgedacht werden als ein Scheidemahl, das der ganzen Welt für alle Zeiten als heilig gelten sollte?

Als Reisende haben wir dieses Speisezimmer vor manchen

Jahren noch unzerstört gesehen. Dem Eingang an der schmalen Seite gegenüber, im Grunde des Saals, stand die Tafel des Priors, zu beiden Seiten die Mönchstische, sämtlich auf einer Stufe vom Boden erhöht und nun, wenn der Hereintretende sich umkehrte, sah er an der vierten Wand über den nicht allzu hohen Türen den vierten Tisch gemalt, an demselben Christus und seine Jünger, eben als wenn sie zur Gesellschaft gehörten. Es muß zur Speisestunde ein bedeutender Anblick gewesen sein, wenn die Tische des Priors und Christi als zwei Gegenbilder aufeinander blickten und die Mönche an ihren Tafeln sich dazwischen eingeschlossen fanden. Und eben deshalb mußte die Weisheit des Malers die vorhandenen Mönchstische zum Vorbilde nehmen. Auch ist gewiß das Tischtuch mit seinen gequetschten Falten, gemusterten Streifen und aufgeknüpften Zipfeln aus der Waschkammer des Klosters genommen, Schüsseln, Teller, Becher und sonstiges Geräte gleichfalls denjenigen nachgeahmt, der sich die Mönche bedienten.

Hier war also keineswegs die Rede von Annäherung an ein unsicheres veraltetes Kostüm. Höchst ungeschickt wäre es gewesen, an diesem Orte die heilige Gesellschaft auf Polster auszustrecken. Nein! Sie sollte der Gegenwart angenähert werden, Christus sollte sein Abendmahl bei den Dominikanern zu Mailand einnehmen.

Aus: *Abendmahl von Leonardo da Vinci zu Mailand*

Mainz

Mit dem Goldenen Mainz verbinden sich schon dem pubertierenden Knaben Erinnerungen, die später in *Dichtung und Wahrheit* buchenswert erscheinen. Auf Wanderungen mit dem Vater entstehen hier nämlich Zeichnungen von der Umgebung der Stadt und von den Befestigungsanlagen; der Vater schnipselt zu Hause die Blätter auseinander, läßt das Zusammenpassende vom Buchbinder aufziehen und zwingt den Kunstdilettanten zur Ordnungsliebe, indem er ihn die Berge bis an den Rand nachziehen und den Vordergrund mit Kräutern und Steinen ausfüllen läßt. Ein geheimer Einfluß, wie der Memoirenschreiber meint, der sich später »auf mehr als eine Weise lebendig erwies«. Beispielsweise bei den Ereignissen von April bis Juli 1793 im Zusammenhang mit der Belagerung von Mainz im ersten Revolutionskrieg zwischen den Franzosen und den Koalitionstruppen, denen der Weimarer Herzog als General dient. Auch Goethe als folgsamer Minister seines Fürsten hat dabei zu sein, wenn auch nur als Beobachter und Tagebuchschreiber. In den *Tag- und Jahresheften* für jenes Jahr mag er im übrigen auch nicht vergessen zu bemerken, daß die Blockadezeit gut war für die Übung im Hexameter, indem an der sogenannten unheiligen Weltbibel, dem *Reineke Fuchs*, fleißig gearbeitet werden konnte. Als die Besatzer abziehen, erlebt der Dichter das Chaos in einer verwüsteten Stadt und eine Episode, bei der er selber den Hauptdarsteller gibt. Sein Resümee, als ihm Freund Gore in dieser Sache, der Verhinderung von Selbstjustiz des aufgebrachten Volkes, Vorwürfe macht, ist das oft zitierte Bekenntnis: »Es liegt nun einmal in meiner Natur, ich will lieber eine Ungerechtigkeit begehen, als Unordnung ertragen.«

Zum 25. Juli. Auf dem Chausseehause beschäftigte uns nun der Auszug der Franzosen. Ich stand mit Herrn Gore am Fenster, unten versammelte sich eine große Menge; doch auf dem geräumigen Platze konnte dem Beobachter nichts entgehen. Indessen war das Volk sehr bewegt, Schimpfreden wurden ausgestoßen, von Drohungen heftig begleitet. Die Weiber tadelten an den Männern, daß man diese Nichtswürdigen so vorbei lasse, die in ihrem Bündelchen gewiß manches von Hab und Gut eines echten Mainzer Bürgers mit sich schleppten, und nur der ernste Schritt des Militärs, die Ordnung durch nebenhergehende Offiziere erhalten, hinderte einen Ausbruch; die leidenschaftliche Bewegung war furchtbar.

Gerade in diesem gefährlichsten Momente erschien ein Zug, der sich gewiß schon weit hinweggewünscht hatte. Ohne sonderliche Bedeckung, zeigte sich ein wohlgebildeter Mann zu Pferde, dessen Uniform nicht gerade einen Militär ankündigte, an seiner Seite ritt in Mannskleidern ein wohlgebautes und sehr schönes Frauenzimmer, hinter ihnen folgten einige vierspännige Wagen mit Kisten und Kasten bepackt; die Stille war ahndungsvoll. Auf einmal rauscht' es im Volke und rief: »Haltet ihn an! Schlagt in tot! Das ist der Spitzbube von Architekten, der erst die Dom-Dechaney geplündert und nachher selbst angezündet hat!« Es kam auf einen einzigen entschlossenen Menschen an und es war geschehen.

Ohne Weiteres zu überlegen, als daß der Burgfriede vor des Herzogs Quartier nicht verletzt werden dürfe, mit dem blitzschnellen Gedanken, was der Fürst und General bei seiner Nachhausekunft sagen würde, wenn er über die Trümmer einer solchen Selbsthilfe kaum seine Tür erreichen könnte, sprang ich hinunter, hinaus und rief mit gebietender Stimme: Halt! Schon hatte sich das Volk näher herangezogen; zwar

den Schlagbaum unterfing sich niemand herabzulassen, der Weg aber selbst war von der Menge versperrt. Ich wiederholte mein Halt! und die vollkommenste Stille trat ein. Ich fuhr darauf stark und heftig sprechend fort: Hier sei das Quartier des Herzogs von Weimar, der Platz davor sei heilig; wenn sie Unfug treiben und Rache üben wollten, so fänden sie noch Raum genug. Der König habe freien Auszug gestattet, wenn er diesen hätte bedingen und gewisse Personen ausnehmen wollen, so würde er Aufseher angestellt, die Schuldigen zurückgewiesen oder gefangen genommen haben; davon sei aber nichts bekannt, keine Patrouille zu sehen.
Nun staunte das Volk, war stumm, dann wogt' es wieder, brummte, schalt; Einzelne wurden heftig, ein paar Männer drangen vor, den Reitenden in die Zügel zu fallen. Sonderbarerweise war einer davon jener Perückenmacher, den ich gestern schon gewarnt, indem ich ihm Gutes erzeigte. – Wie! rief ich ihm entgegen, habt Ihr schon vergessen, was wir gestern zusammen gesprochen? Habt Ihr nicht darüber nachgedacht, daß man durch Selbstrache sich schuldig macht, daß man Gott und seinen Oberen die Strafe der Verbrecher überlassen soll, wie man ihnen das Ende dieses Elends zu bewirken auch überlassen mußte, und was ich sonst noch kurz und bündig, aber laut und heftig sprach. Der Mann, der mich gleich erkannte, trat zurück, das Kind schmiegte sich an den Vater und sah freundlich zu mir herüber; schon war das Volk zurückgetreten und hatte den Platz freier gelassen, auch der Weg durch den Schlagbaum war wieder offen. Die beiden Figuren zu Pferde wußten sich kaum zu benehmen. Ich war ziemlich weit in den Platz hereingetreten; der Mann ritt an mich heran und sagte: Er wünsche meinen Namen zu wissen, zu wissen, wem er einen so großen Dienst schuldig sei?

Er werde zeitlebens nicht vergessen und gern erwidern. Ich antworte, daß ich nichts als meine Schuldigkeit getan und die Sicherheit und Heiligkeit dieses Platzes behauptet hätte; ich gab einen Wink, und sie zogen fort. Die Menge war nun einmal in ihrem Rachesinn irre gemacht, sie blieb stehen; dreißig Schritte davon hätte sie niemand gehindert. So ist's aber in der Welt, wer nur erst über einen Anstoß hinaus ist, kommt über tausend. Aus: *Belagerung von Mainz*, 1793

Marienbad

Von Eger aus, auf der Kurreise 1820 nach Karlsbad, inspiziert Goethe den gerade neu entstehenden nordböhmischen Kurort Marienbad. »Mir war«, schreibt er an Zelter, »als wäre ich in den nordamerikanischen Einsamkeiten, wo man Wälder aushaut, um in drei Jahren eine Stadt zu bauen.« Die Anlage des Ortes erscheint ihm erfreulich; Architekt und Gärtner verstehen offensichtlich ihr Handwerk. »Die niedergeschlagene Fichte wird als Zulage verarbeitet, der zersplitterte Granitfels steigt als Mauer auf und verbindet sich mit dem kaum erkalteten Ziegel; zugleich arbeiten Tüncher, Stuccaturer und Maler von Prag und anderen Orten im Accord gar fleißig und geschickt; sie wohnen in den Gebäuden, die sie in Accord genommen, und so geht alles unglaublich schnell.« Im Jahr darauf schon wählt die Weimarer Exzellenz selber diese Neustadt für den böhmischen Sommeraufenthalt, wohnt im Hause der Familie Levetzow, treibt auch in dieser gebirgigen Gegend geologische Studien. Und wird aufmerksam auf die siebzehn Jahre junge Ulrike von Levetzow, spaziert mit ihr und schenkt ihr eine Ausgabe der *Wanderjahre*. In den folgenden beiden Jahren, 1822 und 1823, führen die Badereisen abermals nach Marienbad; es werden Goethes letzte Fahrten über die Landesgrenzen hinaus sein. Der Entschluß, dort Erholung zu suchen, wird gewiß vom Liebreiz des jungen Mädchens bestärkt. Bei gemeinsamen Mahlzeiten, kleinen Wanderungen und Ballbesuchen mit den Levetzows wächst die leidenschaftliche Neigung zu Ulrike. Großherzog Carl August muß für Goethe förmlich bei der Mutter um die Hand der Tochter anhalten und erhält eine ausweichende Antwort. Am folgenden Tag reist die Familie nach Karlsbad ab. Goethe folgt. Und nimmt bei einem spätsommerlichen Ausflug nach Elbogen an seinem 74. Geburtstag, dem »Tag des öffentlichen Geheimnisses«, wehmütig Abschied. Auf der Heimreise nach Jena entsteht aus dem Trennungsschmerz die Entsagungsklage der *Marienbader Elegie*.

An Ottilie von Goethe
Marienbad, den 18. August 1823. Dein Schreiben, allerliebste Tochter, kam wie aus einer anderen Welt in dieses extemporierte Tags-Interesse, wo im Wirbel der verschiedensten Elemente sich ein gewisses Irrsal bewegt, das die Übel vermehrt, von welchen man sich befreien möchte. Denke nun zwischendurch vieles Würdige, das man erst erkennt, wenn es vorüber ist, so begreifst du das Bittersüße des Kelchs, den ich bis auf die Neige getrunken und ausgeschlürft habe. Wie ernst und groß Lord Byrons Abschied in solchen Augenblicken mir erschienen, fühlst du mit; es war, als wenn man auf einer Maskerade das Wichtigste, was nur aufs Leben einwirken möchte, unvermutet erführe.

Marienbad mit Kreuzbrunnen, 1823

Und so sag ich nunmehr, meine Liebe, die letzten Worte in Marienbad. Wenn dieses Blatt mit etwas tristen Betrachtungen anfing, so kann ich nun dagegen mit recht heitern Empfindungen schließen. Alles ist mir über Wissen und Wollen gut gelungen, befriedigend für Herz, Geist und Sinn, wie man sonst zu reden pflegt. Madame Milder hab ich singen hören, im engen Kreise, kleine Lieder, die sie groß zu machen verstand; es ist auch gut, daß man dergleichen Musterstücke nur unerwartet vernimmt. Madame Szymanowska, ein weiblicher Hummel mit der leichten polnischen Facilität, hat mir diese letzten Tage höchst erfreulich gemacht; hinter der polnischen Liebenswürdigkeit stand das größte Talent gleichsam nur als Folie oder, wenn du willst, umgekehrt. Das Talent würde einen erdrücken, wenn es ihre Anmut nicht verzeihlich machte. So geh ich nun von Marienbad weg, das ich eigentlich ganz leer lasse; nur diese zierliche Tonallmächtige und den Grafen St. Leu noch hier wissend. Alles andere, was mich leben machte, ist geschieden, die Hoffnung eines nahen Wiedersehens zweifelhaft. Mittwoch den 20. geh ich von hier ab, Rat Grüner kommt mich wegzunehmen und zu dem toten und doch als ›pis aller‹ so interessanten Gestein zurückzuführen.

Auch in diesem alten Irdischen so wie im neusten Himmlischen hab ich köstliche Erfahrungen gemacht; schöne Zusammenstellungen sind mir geworden, woran mir ganz allein leid tut, daß ich dir davon nichts mitteilen kann. Hast du aber Geduld, so wird bei stiller Mitternacht eine gewisse Vertraulichkeit nicht ausbleiben, die doch immer den Vorteil hat, daß der Vertrauende in einen Bezug zu der Vertrauten kommt, der ich weiß nicht was für Eigenheiten mit sich bringt. Möge das alles werden, wie ich's denke und wünsche.

Das Meer

»Wenn du das Meer sehen solltest, würdest du große Freude haben. Wenn man es eine Zeitlang gewohnt ist, so kann man nicht begreifen, wie man hat leben können, ohne es gesehen zu haben, und wie man fortleben soll, ohne es zu sehen.« Für seinen Zögling Fritz von Stein in Weimar hat Goethe die Eindrücke seiner Meeresexkursion im Frühjahr 1787 von Neapel nach Palermo und von Messina wieder zurück nach Neapel brieflich so freundlich formuliert, wie er das Erlebte gern im Gedächtnis behalten hätte. Im Brief vom selben Tag an Herzog Carl August hört sich der Fahrtbericht weniger angenehm an. Schließlich hatte der Meeresfahrer unter der Seekrankheit zu leiden, und auf der Rückreise wäre das Schiff beinahe an einem Felsen zerschellt: »Ich habe auf dem Hin und Herweg vom Meere gelitten und also viel Freude verloren. Stromboli ist ein wunderlicher Anblick. Eine solche immer brennende Öse, mitten im Meere ohne weiteres Ufer noch Küste. Die Sirenenfelsen hinter Capri aber haben uns den unvergeßlichen Eindruck gelassen, an denen wir beinahe, auf seltsamste Art, bei völlig heitrem Himmel und vollkommener Meeresstille eben durch diese Meeresstille zu Grunde gegangen wären.« Bei den Vorbereitungen im Jahre 1795 für eine dritte Italienreise, die nicht zustande gekommen ist, hat Goethe diese Erfahrungen zur See in den Gedichten »Meeresstille« und »Glückliche Fahrt« verarbeitet. Die beiden geschwisterlichen Poeme erschienen zuerst in Schillers *Musenalmanach für das Jahr 1796*; später wurde die »Meeresstille« kongenial liedhaft von Franz Schubert vertont, als Chorfassung von Beethoven, als Konzertouvertüre von Mendelssohn.

Meeresstille

Tiefe Stille herrscht im Wasser,
Ohne Regung ruht das Meer,
Und bekümmert sieht der Schiffer
Glatte Fläche rings umher.
Keine Luft von keiner Seite!
Todesstille fürchterlich!
In der ungeheuern Weite
Reget keine Welle sich.

Glückliche Fahrt

Die Nebel zerreißen,
Der Himmel ist helle,
Und Äolus löset
Das ängstliche Band.
Es säuseln die Winde,
Es rührt sich der Schiffer.
Geschwinde! Geschwinde!
Es teilt sich die Welle,
Es naht sich die Ferne;
Schon seh ich das Land!

Montblanc

Auf seiner dritten Schweizer Reise, unterwegs mit Herzog Carl August, erblickt Goethe am 24. Oktober 1779 von den Höhen des Schweizer Jura aus den höchsten Berg Europas zum ersten Mal aus weiter Ferne. Am nächsten kommt er dem damals noch nicht bezwungenen Massiv am 4. November von Chamonix aus, bei einer waghalsigen Exkursion auf die Eisfelder. Im Gespräch mit Eckermann, fast fünfzig Jahre später, vergleicht er sein Idol Shakespeare mit der unvergleichlichen Höhe dieses Berges. Am 8. August 1786 stehen Jacques Balmat und Gabriel Paccard als erste auf dem Montblanc-Gipfel. Der Genfer Naturforscher Horace de Saussure, Goethe besuchte ihn in Genf, hatte eine Belohnung ausgesetzt für die Erstbesteigung. Ein Jahr nach Balmat und Paccard erreicht auch Saussure mit einer wissenschaftlichen Expedition das ersehnte Ziel.

An Charlotte von Stein, 5. November 1779
Es wurde dunkler, wir kamen dem Tale Chamonix näher und endlich darein. Nur die großen Massen waren uns sichtbar. Die Sterne gingen nacheinander auf, und wir bemerkten über den Gipfeln der Berge, rechts vor uns, ein Licht, das wir nicht erklären konnten. Hell, ohne Glanz wie die Milchstraße, doch dichter, fast wie die Plejaden, nur größer, unterhielt es lange unsere Aufmerksamkeit, bis es endlich, da wir unseren Standpunkt änderten, wie eine Pyramide, von einem innern geheimnisvollen Licht durchzogen, das den Schein eines Johanniswurms am besten verglichen werden kann, über den Gipfeln aller Berge hervorragte und uns gewiß machte, daß

es der Gipfel des Montblanc war. Es war die Schönheit dieses Anblicks ganz außerordentlich; denn, da er mit den Sternen, die um ihn herumstanden, zwar nicht in gleich raschem Licht, doch in einer breitern zusammenhängenden Masse leuchtete, so schien er den Augen zu einer höhern Sphäre zu gehören, und man hatte Müh', in Gedanken seine Wurzeln wieder an die Erde zu befestigen. Vor ihm sahen wir eine Reihe von Schneegebirgen dämmernder auf den Rücken von schwarzen Fichtenbergen liegen und ungeheure Gletscher zwischen den schwarzen Wäldern herunter ins Tal steigen. – Meine Beschreibung fängt an, unordentlich und ängstlich zu werden; auch brauchte es eigentlich immer zwei Menschen, einen, der's sähe, und einen, der's aufschriebe.

An Carl Ludwig Knebel, 3. Oktober 1787
Die Reise des D. Saussure auf den Montblanc, die man mir aus der Schweiz zugeschickt hat, freut mich herzlich. Es ist immer schön, wenn jemand einen Gipfel seiner Wünsche erreicht. Nur gibt nichts wunder, daß er es nicht eher getan und sich die Palme des ersten Ersteigens hat rauben lassen. Als ich in Chamouni war, sagte ich voraus, daß es möglich sei, und gab eine Art an, die von der, welche sie gebraucht, wenig unterschieden war.

München

Früh um sechs am 6. September 1786 erreicht der Italienfahrer erschöpft die Bayern-Hauptstadt. Achtzehn Stunden hat die Kutschfahrt von Regensburg gedauert. Das Wetter ist unfreundlich, München leuchtet nicht, und in der Bilder-

galerie findet Goethe sich »nicht einheimisch«, gleichwohl treffliche Sachen zu sehen sind. Ärgerlich zudem, der Maler Franz Kobell, von dem der Kunstfreund einige italienische Handzeichnungen besitzt, ist nicht zu Hause. Ein Tag Aufenthalt mit Turmbesteigung sowie Besuchen im Naturalienkabinett und im Antikensaal soll genug sein. Am nächsten Morgen um fünf Uhr in der Frühe geht es weiter, in eine neue Welt. »Ich näherte mich den Gebirgen, die sich nach und nach entwickelten. Der Weg geht auf den Höhen, wo man unten die Isar fließen sieht, über zusammengeschwemmte Kieshügel hin.« Dem Geologenauge wird sofort die Arbeit uralter Meeresströmung faßlich. Und im Granitgeschiebe finden sich Verwandte eigener Kabinettstücke.

6. September. Es begegnete mir eine Frau mit Feigen, welche als die ersten vortrefflich schmeckten. Aber das Obst überhaupt ist doch für den achtundvierzigsten Grad nicht besonders gut. Man klagt hier durchaus über Kälte und Nässe. Ein Nebel, der für einen Regen gelten konnte, empfing mich heute früh vor München. Den ganzen Tag blies der Wind sehr kalt vom Tiroler Gebirg. Als ich vom Turm dahin sah, fand ich es bedeckt und den ganzen Himmel überzogen. Nun scheint die Sonne im Untergehen noch an den alten Turm, der mir vor dem Fenster steht. Verzeihung, daß ich so sehr auf Wind und Wetter achthabe: der Reisende zu Lande, fast so sehr als der Schiffer, hängt von beiden ab, und es wäre ein Jammer, wenn mein Herbst in fremden Landen so wenig begünstigt sein sollte als der Sommer zu Hause.

Aus: *Italienische Reise*

Münster

Die »Auferbauung« nach den Schrecken und Strapazen des Kriegsjahres 1792, bei den Jacobis in Pempelfort und Düsseldorf so freundlich begonnen, hofft der Flüchtling bei seiner Einkehr in Münster im Hause der frommkatholischen Fürstin Gallitzin fortsetzen zu können. Doch zuvor ist eine zeitgemäße Prüfung zu erdulden: Beim verspäteten Eintreffen tief in der Nacht wird Goethe im Gasthof ein Bett versagt; Emigranten aus Frankreich haben sich »in Masse auch hierher geworfen und jeden Winkel gefüllt«. So muß der Reisende mit einem wackeligen Stuhl in der Wirtsstube vorliebnehmen; immer noch bequemer als die Nächtigungsverhältnisse bei strömendem Regen in den Schlammgruben der Champagne, ohne Dach noch Decke. Nach dieser geringen Entbehrung erfährt der erwartete Gast am Morgen danach die freundlichste Aufnahme durch die Fürstin. »Das Verhältnis von meiner Seite war rein«, formuliert Goethe dreißig Jahre später seine Erinnerungen. »Ich kannte die Glieder des Cirkels früher genugsam, ich wußte, daß ich in einen frommen, sittlichen Kreis hereintrat und betrug mich danach. Von jener Seite benahm man sich gesellig, klug und nicht beschränkend.« Nach wenigen Tagen geht die Reise weiter, von der edlen Freundin ein Stück des Weges begleitet und versehen mit dem gläubigen Jenseitswunsche »mich wo nicht hier doch dort« wiederzusehen. Nach fast fünf Monaten Abwesenheit trifft der Familienvater am 19. Dezember 1792 wieder in Weimar ein.

Den Zustand der Fürstin konnte man nicht anders als liebevoll betrachten; sie kam früh zum Gefühl, daß die Welt uns nichts gebe, daß man sich in sich selbst zurückziehen, daß man in einem innern, beschränkten Kreise um Zeit und Ewigkeit besorgt sein müsse. Beides hatte sie erfaßt; das höchste Zeitliche fand sie im Natürlichen, und hier erinnere man sich Rousseauischer Maximen über bürgerliches Leben und Kinderzucht. Zum einfaltigen Wahren wollte man in allem zurückkehren, Schnürbrust und Absatz verschwanden, der Puder zerstob, die Haare fielen in natürlichen Locken. Ihre Kinder lernten schwimmen und rennen, vielleicht auch balgen und ringen. Als die schönste Vermittlung zwischen beiden Welten entsproßte Wohltätigkeit, die mildeste Wirkung einer ernsten Asketik; das Leben füllte sich aus mit Religionsübung und Wohltun; Mäßigkeit und Genügsamkeit sprach sich aus in der ganzen häuslichen Umgebung, jedes tägliche Bedürfnis ward reichlich und einfach befriedigt, die Wohnung selbst aber, Hausrat und alles dessen man sonst benötigt ist, erschien weder elegant noch kostbar; es sah eben aus, als wenn man anständig zur Miete wohne.

Aus: *Campagne in Frankreich*

N

Neapel · Neustadt an der Orla

Eine Reise zerstreut uns von dem, was wir haben, und gibt uns selten das, was wir brauchen, erregt vielmehr neue Bedürfnisse, bringt uns in neue Verhältnisse, denen wir in einem gewissen Alter nicht mehr gewachsen sind.

An Friedrich Jacobi, 27. Dezember 1794

Neapel

In der Hauptstadt des Königreichs Beider Sizilien ist es über die Maßen schön und interessant. Eine halbe Million Menschen leben hier. Die drittgrößte Stadt Europas nach Paris und London erlebt Goethe, gegen die eigene Erwartung, als Geist und Sinne ungeheuer aufregend und anregend. Eine neue Erfahrung, wie hier alles durcheinander strömt »und doch jeder einzelne Weg und Ziel findet«. Wenn man in Rom gerne studieren mag, hier nun wolle man nur leben. Und »gegen die hiesige freie Lage kommt einem die Hauptstadt der Welt im Tibergrunde wie ein altes, übel placiertes Kloster vor«. Insgesamt sieben Wochen, unterbrochen von der Reise nach Sizilien, hält Goethe sich in der weit in die Landschaft ausgreifenden Stadt auf und in den historischen Orten der Umgebung; er macht Ausflüge nach Paestum, Pompeji, Herculaneum und Portici. Und besteigt dreimal den Vesuv. Der Vater war schon in diesem Paradies gewesen und hatte geschwärmt, wer Neapel nicht gesehen, habe nicht gelebt. Denn hier ist mehr als alles, findet auch der Sohn: »Die Ufer, Buchten und Busen des Meeres, der Vesuv, die Stadt, die Vorstädte, die Kastelle, die Lusträume! Ich verzieh es allen, die in Neapel von Sinnen kommen.«

Zwei Tage ist er sehr krank; trotz Tischbeins Warnung hatte er trübes Wasser aus der Zisterne getrunken: »Essen wir doch Krebse und Aal und schaden nicht, so werden diese kleinen zarten Tierchen es auch nicht tun.« Merkwürdiges Argument für einen naturwissenschaftlich Gebildeten, der in Straßburg medizinische Vorlesungen besucht hat. Doch Neapel inspiriert eben, wie er mit Freude bemerkt, »Nachlässigkeit und gemächlich Leben«. Und jedermann lebt hier

Italienische Küstenlandschaft bei Vollmond, 1787

in einer Art von trunkner Selbstvergessenheit. »Mir geht es ebenso, ich erkenne mich kaum, ich scheine mir ein ganz anderer Mensch. Gestern dacht' ich: Entweder du warst sonst toll, oder du bist es jetzt.« Und noch etwas: Der neapolitanische Aufenthalt habe ihm, so schreibt er aus der Distanz von zwanzig Jahre an Wilhelm von Humboldt, auch eine gewisse nähere Anmutung zum griechischen Wesen verschafft.

Neapel, zum 19. März. Man darf nur auf der Straße wandeln und Augen haben, man sieht die unnachahmlichsten Bilder. Am Molo, einer Hauptlärmecke der Stadt, sah ich gestern einen Pulcinell, der sich auf einem Brettergerüste mit einem kleinen Affen stritt, drüber einen Balkon, auf dem ein recht artiges Mädchen ihre Reize feilbot. Neben dem Affengerüste ein Wunderdoktor, der seine Arkana gegen alle Übel den bedrängten Gläubigen darbot; von Gerhard Dow gemalt, hätte solch ein Bild verdient, Zeitgenossen und Nachwelt zu ergötzen.
So war auch heute das Fest des heiligen Josephs; er ist der Patron aller Frittaruolen, das heißt Gebacknesmacher, versteht sich Gebacknes im gröbsten Sinne. Weil nun immerfort starke Flammen unter schwarzem und siedendem Öl hervorschlagen, so gehört auch alle Feuerqual in ihr Fach; deswegen hatten sie gestern abend vor den Häusern mit Gemälden zum besten aufgeputzt: Seelen im Fegefeuer, Jüngste Gerichte glühten und flammten umher. Große Pfannen standen vor der Türe auf leicht gebauten Herden. Ein Gesell wirkte den Teig, ein anderer formte, zog ihn zu Kringlen und warf sie in die siedende Fettigkeit. An der Pfanne stand ein dritter, mit einem kleinen Bratspieße, er holte die Kringlen, wie sie gar

wurden, heraus, schob sie einem vierten auf ein ander Spießchen, der sie den Umstehenden anbot; die beiden letzten waren Burschen mit blonden und lockenreichen Perücken, welches hier Engel bedeutet. Noch einige Figuren vollendeten die Gruppe, reichten Wein den Beschäftigten, tranken selbst und schrieen, die Ware zu loben; auch die Engel, die Köche, alle schrieen. Das Volk drängte sich herzu; denn alles Gebackene wird diesen Abend wohlfeiler gegeben und sogar ein Teil der Einnahme der Armen. Dergleichen könnte man endlos erzählen; so geht es mit jedem Tage, immer etwas Neues und Tolleres. Und so gibt es noch manche originale Unterhaltung, wenn man mit dem Volke lebt; es ist so natürlich, daß man mit ihm natürlich werden könnte.

Aus: *Italienische Reise*

Neustadt an der Orla

Keine schöne Erinnerung verbindet Goethe mit Neustadt an der Orla. Auf seiner ersten Badereise nach Karlsbad muß er schon nach wenigen Fahrtstunden wegen heftiger Zahnschmerzen in dem Ort zwischen Jena und Zeitz haltmachen. Eine Woche lang, vom 23. bis 29. Juni 1785, liegt er hier mit einem Geschwür darnieder, während Charlotte von Stein in Karlsbad auf ihn wartet. Reisegefährte Carl Ludwig von Knebel holt endlich nach einigen Tagen medizinische Hilfe in Person des mit Goethe befreundeten Professors Loder von der Universität Jena herbei.

An Charlotte von Stein.
Neustadt an der Orla d. 27. Jun. 85. Ich schreibe dir gleich, um dich aus der Sorge zu bringen, in der du meinetwegen sein mußt. Leider sind wir noch hier und verpassen die schönen Tage. Du kannst denken, wie weh es uns anfangs tat, die so lang gesparten und so glücklich herbeigekommenen Stunden so schlecht zuzubringen. Es war ein Übel jenem im Winter ähnlich, nur nicht so stark noch so schmerzhaft. Jetzt ist es meist vorbei, der Backen nur noch geschwollen. NB. Es ist die Gegenseite, die Rechte. Loder war heute hier und hat allerlei zurückgelassen, das weiter helfen soll. Bis hierher habe ich selbst gepfuscht. Alles kommt darauf an, sagt Hamlet, daß man gefaßt ist. Es waren böse Tage, an sich selbst und durch den Gegensatz des, was wir hofften.
Diese Tage sind fast ganz für mich verloren. Außer daß ich Hamlet viel studiert habe. Heut ist das schönste Wetter von der Welt. Ich erlaube mir kein Murren. Wird die Sonne doch schön leuchten, wenn wir im Grabe liegen, warum sollt es uns verdrießen, daß sie ihre Schuldigkeit tut, wenn wir Stube und Bette hüten müssen.

O

Oberroßla · Offenbach

In die Welt hinaus!
Außer dem Haus
Ist immer das beste Leben;
Wem's zu Hause gefällt,
Ist nicht für die Welt –
Mag er leben!

Zahme Xenien

Oberroßla bei Apolda

In den Annalen zum Jahre 1797 vermerkt Goethe: »Eine unwiderstehliche Lust nach dem Land- und Gartenleben hatte damals die Menschen ergriffen. Schiller kaufte einen Garten bei Jena und zog hinaus; Wieland hatte sich in Oßmannstedt angesiedelt. Eine Stunde davon, am rechten Ufer der Ilm, ward in Oberroßla ein kleines Gut verkäuflich, ich hatte Absichten darauf.« Für 13 125 Reichstaler erwirbt Goethe am 8. März 1798 das Gut. Im Juli 1803 verkauft er die Besitzung wieder, für 15 500 Reichstaler. Die Zumutungen durch den Pächter waren zu unerfreulich, der Ertrag war gering, und Aufwendungen für Pflanzungen und Wegebau standen in keinem Verhältnis zum Gewinn.

An Friedrich Schiller
Weimar, am 10. März 1798. Es fehlte nur noch, daß in das zehente Haus meines Horoskops noch einige Hufen Landes eingeschoben würden, damit meine Existenz ja noch bunter werden möchte. Und doch ist es so, ich habe das Oberroßlaer Freigut endlich doch noch erstanden, nachdem mir die bisherigen Pächter, so wie auch der Hofrat Gruner, durch zwei Jahre diese Akquisition sauer gemacht haben. Indessen bin ich mit dem Besitz und mit dem Preise noch ganz zufrieden, denn es geht jetzt mit Grund und Boden wie mit den Sibyllinischen Büchern, jedermann zaudert beim steigenden Preise, indem der Preis immer steigt. Übrigens habe ich einen ganz reinen Kauf getan, wie wohl selten geschieht, denn ich habe das Gut und die Gebäude bis auf den heutigen Tag nicht gesehen und werde es morgen zum erstenmal in Augenschein

nehmen. Das, was dabei zu bedenken und allenfalls zu tun ist, wird mich kaum acht Tage aufhalten. Wenn Sie uns besuchen könnten, so wäre es recht schön, doch will ich bemerken, daß in der nächsten Woche die Oper den Donnerstag ist und Sonnabends ein neues Kotzebuisches Stück, zu dem ich Sie nicht einladen will. Wenn Sie sich neben Freund Meyern in dem grünen Stübchen behelfen wollen, so sind Sie mir auch herzlich willkommen, mehr Raum kann ich Ihnen diesmal nicht anbieten.

Gar manche Vorteile, die wir im Naturwissenschaftlichen gewannen, sind wir einem Besuch schuldig geworden, den uns Herr von Marum gönnen wollte. Damit aber auch von der anderen Seite der Geist zur unmittelbaren gemeinen Natur zurückgezogen werde, folgte ich der damaligen landschaftlichen Grille. Der Besitz des Freiguts zu Roßla nötigte mich, dem Grund und Boden, der Landesart, den dörflichen Verhältnissen näher zu treten und verlieh gar manche Ansichten und Mitgefühle, die mir sonst völlig fremdgeblieben wären. Hieraus entstand mir auch eine nachbarliche Gemeinschaft mit Wieland, welcher freilich tiefer in die Sache gegangen war, indem er Weimar völlig verließ und seinen Wohnort in Oßmannstedt aufschlug. Er hatte nicht bedacht, was ihm am ersten hätte einfallen sollen: daß er unserer Herzogin Amalia und sie ihm zum Lebensumgang völlig unentbehrlich geworden. Aus jener Entfernung entstand denn ein ganz wunderbares Hin- und Wiedersenden von reitenden und wandernden Boten, zugleich auch eine gewisse, kaum zu beschwichtigende Unruhe. Aus: *Tag- und Jahreshefte* für 1798

So gab auch der Besitz des kleinen Freiguts Roßla Veranlassung zu manchen Hin- und Herfahrten. Zwar hatte sich schon deutlich genug hervorgetan, daß, wer von einem so kleinen Eigentum wirklich Vorteil ziehen will, es selbst bebauen, besorgen und, als sein eigener Pachter und Verwalter, den unmittelbaren Lebensunterhalt daraus ziehen müsse, da sich denn eine ganz artige Existenz darauf gründen lasse, nur nicht für einen verwöhnten Weltbürger. Indessen hat das sogenannte Ländliche, in einem angenehmen Tale, an einem kleinen baum- und buschbegrenzten Flusse, in der Nähe von fruchtreichen Höhen, unfern eines volkreichen und nahrhaften Städtchens, doch immer etwas, das mich tagelang unterhielt, und sogar zu kleinen poetischen Produktionen eine heitere Stimmung verlieh. Frauen und Kinder sind hier in ihrem Elemente, und die in Städten unerträgliche Gevatterei ist hier wenigstens an ihrem einfachsten Ursprung; selbst Abneigung und Mißwollen scheinen reiner, weil sie aus den unmittelbaren Bedürfnissen der Menschheit hervorspringen.

Aus: *Tag- und Jahreshefte* für 1802

Gegen Ende des Jahrs erlebte ich das Glück, mein Verhältnis zu den Erdschollen von Roßla völlig aufgehoben zu sehen. War der vorige Pachter ein Lebemann und in seinem Geschäft leichtsinnig und nachlässig, so hatte der neue als bisheriger Bürger einer Landstadt eine gewisse eigene kleinliche Rechtlichkeit, wovon die Behandlung jener bekannten Quelle ein Symbol sein mag. Der gute Mann, in seinen Gartenbegriffen einen Springbrunnen als das Höchste befindend, leitete das dort mäßig abfließende Wasser in engen Blechröhren an die niedrigste Stelle, wo es dann wieder einige Fuß in die Höhe sprang, aber statt des Wasserspiegels einen Sumpf bildete. Das idyllische Naturwesen jenes Spaziergangs war um seine Einfalt verkümmert, so wie denn auch andere ähnliche Anstalten ein gewisses erstes Gefallen nicht mehr zuließen. Zwischen allem diesem war der häusliche Mann doch auch klar geworden, daß die Besitzung für den, der sie persönlich benutze, ganz einträglich sei, und in dem Maße, wie mir der Besitz verleidete, mußte er ihm wünschenswürdig erscheinen, und so ereignete sich's, daß ich nach sechs Jahren das Gut ihm abtrat, ohne irgendeinen Verlust als der Zeit und allenfalls des Aufwandes auf ländliche Feste, deren Vergnügen man aber doch auch für etwas rechnen mußte. Konnte man ferner die klare Anschauung dieser Zustände auch nicht zu Geld anschlagen, so war doch viel gewonnen und nebenbei mancher heitere Tag im Freien gesellig zugebracht.

Aus: *Tag- und Jahreshefte* für 1803

Offenbach

Das kulturintensive Städtchen bei Frankfurt hat für den jungen Frankfurter Anwalt besondere Bedeutung in Herzensangelegenheiten. Bei heiteren Frühlings- und Sommerfesten trifft Goethe in den wohlbestallten Häusern der Familien Bernard und d'Orville deren anmutige Verwandte Lili Schönemann. Der junge Dichter ist dort ein allseits beliebter Gast. »Man traute mir aus meinen Schriften Kenntnis des menschlichen Herzens, wie man es damals nannte, zu, und in diesem Sinne waren unsere Gespräche sittlich interessant auf jede Weise.« Goethe quartiert sich, wenn er mit Lili, seiner späteren Verlobten, zusammentreffen will, bei dem Komponisten Johann André ein, der nebenbei auch Mozarts Verleger und eigentlich als Techniker und Fabrikant in Offenbach ansässig ist. Ein vielseitig begabter, fröhlicher Mensch, der sich's zum Vergnügen macht, die Liebenden auf musikalische Weise zusammenzuführen.

Lilis Flügelspiel fesselte unsern guten André vollkommen an unsere Gesellschaft; als unterrichtend, meisternd, ausführend waren wenige Stunden des Tages und der Nacht, wo er nicht in das Familienwesen, in die gesellige Tagesreihe mit eingriff. Bürgers ›Leonore‹, damals ganz frisch bekannt und mit Enthusiasmus von den Deutschen aufgenommen, war von ihm komponiert; er trug sie gern und wiederholt vor. Auch ich, der viel und lebhaft vortrug, war sie zu deklamieren bereit. Man langweilte sich damals noch nicht an wiederholtem Einerlei. War der Gesellschaft die Wahl gelassen, welchen von uns beiden sie hören wolle, so fiel die Entscheidung oft zu meinen Gunsten. Dieses alles aber, wie es auch sei, diente den Liebenden nur zur Verlängerung des Zusammenseins; sie wissen kein Ende zu finden, und der gute André war durch wechselweise Verführung der beiden gar leicht in ununterbrochene Bewegung zu setzen, um bis Nachmitternacht seine Musik wiederholend zu verlängern. Die beiden versicherten sich dadurch einer werten unentbehrlichen Gegenwart.

Aus: *Dichtung und Wahrheit*, siebzehntes Buch

P

Padua · Palermo · Pempelfort
siehe Düsseldorf · Polen siehe Breslau
Pompeji · Pyrmont

Wenn ich auf mein früheres und mittleres Alter zurückblicke und nun in meinem Alter bedenke, wie wenige noch von denen übrig sind, die mit mir jung waren, so fällt mir immer der Sommeraufenthalt in einem Bade ein. Sowie man ankommt, schließt man Bekanntschaften und Freundschaften mit solchen, die schon eine zeitlang dort waren und die in den nächsten Wochen wieder abgehen. Der Verlust ist schmerzlich. Nun hält man sich an die zweite Generation, mit der man eine gute Weile fortlebt und sich aufs innigste verbindet. Aber auch diese geht und läßt uns einsam mit der dritten, die nahe vor unserer Abreise ankommt und mit der man gar nichts zu tun hat.

Johann Peter Eckermann, *Gespräche mit Goethe*, 27. Januar 1824

Padua

In vier Stunden ist Goethe am 26. September 1786 von Vicenza nach Padua herübergefahren; »auf einem einsitzigem Chaischen, Sediola genannt, mit meiner ganzen Existenz gepackt«. Von der herrlichen Lage der Stadt ist er begeistert. Doch das ehrwürdige Universitätsgebäude erschreckt ihn, »eine solche Schulenge denkt man sich nicht«. Der anatomische Hörsaal in Form eines Amphitheaters sei ein Muster, »wie man Schüler zusammenpressen soll«. Aus einem hohen Trichter sehen die Zuhörer steil herunter auf einen engen Boden, ohne Sonnenlicht, wo der Professor bei Lampenfunzel seine anatomische Kunst demonstrieren müsse. Anderes in dieser Stadt imponiert dagegen ungemein. Zunächst der botanische Garten. Und dann die Kirche der Eremitaner. Dort bewundert der Kunstfreund im besondere Gemälde von Mantegna: »Was in diesen Bildern für eine scharfe, sichere Gegenwart dasteht! Von dieser ganz wahren, nicht etwa scheinbaren, effektlügenden, bloß zur Einbildungskraft sprechenden, sondern derben, reinen, lichten, ausführlichen, gewissenhaften, zarten, umschriebenen Gegenwart, die zugleich etwas Strenges, Emsiges, Mühsames hatte, gingen die folgenden Maler aus, wie ich an Bildern von Tizian bemerkte.« Die Kunst des reinen, lichten, strengen Malers Mantegna wird vier Jahre später, Goethe ist mit der Herzoginmutter Anna Amalia im Schlepptau auf der Heimfahrt von Venedig nach Weimar, die Reisegruppe zum Umweg nach Mantua bewegen. – In den Schriften zur Morphologie kommt der Naturforscher Goethe auf den eindrucksvollen Besuch im botanischen Garten von Padua zurück, und »der Verfasser teilt die Geschichte seiner botanischen Studien mit«. Während seiner ersten Italienreise sei ihm klar geworden, wie sich seine Idee einer übersinnlichen Urpflanze in sinnlicher Form mitteilen lasse.

Hier gönne man mir eine ins Ganze greifende Bemerkung einzuschalten: daß alles, was uns von Jugend auf umgab, jedoch nur oberflächlich bekannt war und blieb, stets etwas Gemeines und Triviales für uns behält, das wir als gleichgültig neben uns bestehend ansehen, worüber zu denken wir gewissermaßen unfähig werden. Dagegen finden wir, daß neue Gegenstände in auffallender Mannigfaltigkeit, indem sie den Geist erregen, uns erfahren lassen, daß wir eines reinen Enthusiasmus fähig sind; sie deuten auf ein Höheres, welches zu erlangen uns wohl gegönnt sein dürfte. Dies ist der eigentlichste Gewinn der Reisen, und jeder hat nach seiner Art und Weise genugsamen Vorteil davon. Das Bekannte wird neu durch unerwartete Bezüge, und erregt, mit neuen Gegenständen verknüpft, Aufmerksamkeit, Nachdenken und Urteil.
In diesem Sinne ward meine Richtung gegen die Natur, besonders gegen die Pflanzenwelt, bei einem schnellen Übergang über die Alpen lebhaft angeregt: Der Lärchenbaum, häufiger als sonst, die Zirbelnuß, eine neue Erscheinung, machten sogleich auf klimatischen Einfluß dringend aufmerksam. Andere Pflanzen, mehr oder weniger verändert, blieben bei eiligem Vorüberrollen nicht unbemerkt. Am mehrsten aber erkannt' ich die Fülle der fremden Vegetation, als ich in den botanischen Garten von Padua hineintrat, wo mir eine hohe und breite Mauer mit feuerroten Glocken der Bignonia radicans zauberisch entgegen leuchtete. Ferner sah ich hier im Freien manchen seltenen Baum emporgewachsen, den ich

nur in unseren Glashäusern überwintern gesehen. Auch die mit einer geringen Bedeckung gegen vorübergehenden Frost während der strengern Jahreszeit geschützten Pflanzen standen nur mehr im Freien und erfreuten sich der wohltätigen Himmelsluft. Eine Fächerpalme zog meine ganze Aufmerksamkeit auf sich; glücklicherweise standen die einfachen, lanzenförmigen ersten Blätter noch am Boden, die sukzessive Trennung derselben nahm zu, bis endlich das Fächerartige in vollkommener Ausbildung zu sehen war. Aus einer spathagleichen Scheide zuletzt trat ein Zweiglein mit Blüten hervor und erschien als ein sonderbares, mit dem vorhergehenden Wachstum in keinem Verhältnis stehendes Erzeugnis, fremdartig und überraschend.

Auf mein Ersuchen schnitt mir der Gärtner die Stufenfolge dieser Veränderungen sämtlich ab, und ich belastete mich mit einigen großen Pappen, um diesen Fund mit mir zu führen. Sie liegen, wie ich sie damals mitgenommen, noch wohlbehalten vor mir, und ich verehre sie als Fetische, die meine Aufmerksamkeit zu erregen und zu fesseln völlig geeignet, mir eine gedeihliche Folge meiner Bemühungen zuzusagen schienen.

Das Wechselhafte der Pflanzengestalten; dem ich längst auf seinem eigentümlichen Gange gefolgt, erweckte nun bei mir immer mehr die Vorstellung: Die uns umgebenden Pflanzenformen seien nicht ursprünglich determiniert und festgestellt, ihnen sei vielmehr, bei einer eigensinnigen, generischen und spezifischen Hartnäckigkeit, eine glückliche Mobilität und Biegsamkeit verliehen, um in so viele Bedingungen, die über dem Erdkreis auf sie einwirken, sich zu fügen und darnach bilden und umbilden können.

Aus: *Schriften zur Morphologie*, 1817

Palermo

Vier Tage seekrank auf der Pritsche im »engen Kämmerchen«; und endlich, am 2. April 1787, nachmittags um drei, betritt der Reisende sizilianischen Boden. Sein Begleiter, der Maler Heinrich Kniep, berichtet später, Goethe habe während der stürmischsten Meeresstunden deliriert und die Schritte der Matrosen für die seiner toten Großmutter gehalten. Der Dichter fühlt sich auf festem Grunde nun gerettet wie der gestrandete Odysseus auf Phäa, verzaubert vom lieblichen Mädchen Nausikaa. Ein florales Wunder die Vegetation in diesem fremden Land, besonders in den Anlagen der Stadt, die mit hundertsechzigtausend Einwohnern die Größe von Rom hat. Als erstes erwirbt der Griechenfreund eine Homerausgabe im griechischen Original mit lateinischer Übersetzung. Die Lektüre verwandelt den giardino pubblico zum Garten des Alkinous, zum »schönsten Ort auf der Welt«. Hier findet der Naturforscher auch paradiesisch reiches Anschauungsgrün für die Idee der Urpflanze. Ein bedeutendes Besuchsprogramm steht an. Der Vizekönig lädt an die Mittagstafel. Fürst Torremuzza öffnet sein Medaillenkabinett. Prinz Palagonia präsentiert Villa und Park Bagheria mit den grotesken Gartenskulpturen und surrealistischen Interieurs; derartiger »Unsinn« provoziert zu einem kurzen Essay über das »Widersinnige einer solchen geschmacklosen Denkart«. Maurische Baukunst und Ornamentik ist im Lustschloß La Zisa zu bestaunen. Heitere Ausflüge führen auf den Monte Pellegrino mit der Wallfahrtskirche der Heiligen Rosalie, der Schutzpatronin der Stadt. Im Benediktinerkloster San Martino von Monreale beglücken den Besucher die Kunst- und naturwissenschaftlichen Sammlungen, während die Architektur des normannischen Doms oder die darin befindlichen hochbedeutenden byzantinischen Mosaikarbeiten auf keinerlei Interesse stoßen. Der Neugierde folgend, wird die arme Familie Balsamo ausfindig gemacht; bei Mutter und Schwester des europaweit ebenso verehrten wie berüchtigten Schwindlers Cagliostro führt sich Goethe als Engländer ein, weil der Hochstapler gerade in England vermutet wird. Mitleidend, aber auch aus schlechtem Gewissen wegen solchen Identitätsbetrugs soll den Angehörigen aus der Not geholfen werden; die Reisekasse ist der Wohltätigkeitsabsicht allerdings nicht gewachsen. Immerhin, Goethe wird sich fünf Jahre später seines Schwindels erinnern: Das Honorar für die Cagliostro-Komödie *Der Groß-Cophta* sendet der Dichter mildtätig nach Palermo.

»Da wir uns nun selbst mit einer nahen Abreise aus diesem Paradies bedrohen müssen«, notiert Goethe nach fünfzehn angenehmsten Tagen, »so hoffe ich, heute noch im öffentlichen Garten ein vollkommenes Labsal zu finden, mein Pensum in der Odyssee zu lesen und auf einem Spaziergang nach dem Tale, am Fuße des Rosalienbergs, den Plan der Nausikaa weiter durchzudenken und zu versuchen, ob diesem Gegenstande eine dramatische Seite abzugewinnen sei. Dies alles, wo nicht mit großem Glück, doch mit vielem Behagen geschehen.« Was dem Auge nicht wohlgefällig, nämlich der unsägliche Schmutz und die hinderlichen Müllhalden auf den Straßen der Stadt, das vermag der Ästhet auf freundliche Weise, ja heiter wahrzunehmen. Als Weimarer Wegebauminister ist man schließlich nicht auch noch für Palermo zuständig.

14. April 1787. Gegen Abend trat ich noch zu meinem Handelsmann und fragte ihn: wie denn das Fest morgen ablaufen werde, da eine große Prozession durch die Stadt ziehen und der Vizekönig selbst das Heiligste zu Fuß begleiten solle? Der geringste Windstoß müsse ja Gott und Menschen in die dickste Staubwolke verhüllen. Der muntere Mann versetzte, daß man in Palermo sich gern auf ein Wunder verlasse. Schon mehrmals in ähnlichen Fällen sei ein gewaltiger Platzregen gefallen und habe die meist abhängige Straße, wenigstens zum Teil, rein abgeschwemmt und der Prozession reinen Weg gebahnt. Auch diesmal hege man die gleiche Hoffnung nicht ohne Grund, denn der Himmel überziehe sich und verspreche Regen auf die Nacht.

Sonntag, den 15. April. Und so geschah es denn auch! Der gewaltsamste Regenguß fiel vergangene Nacht vom Himmel. Sogleich morgens eilte ich auf die Straße, um Zeuge des Wunders zu sein. Und es war wirklich seltsam genug. Der zwischen den beiderseitigen Schrittsteinen eingeschränkte Regenstrom hatte das leichteste Kehricht die abhängige Straße herunter, teils nach dem Meere, teils in die Abzüge, insofern sie nicht verstopft waren, fortgetrieben, das gröbere Geströhde wenigstens von einem Orte zum anderen geschoben und dadurch wundersame reine Mäander auf das Pflaster gezeichnet. Nun waren hundert und aberhundert Menschen mit Schaufeln, Besen und Gabeln dahinterher, diese reinen Stellen zu erweitern und in Zusammenhang zu bringen, indem sie die noch übrig gebliebenen Unreinigkeiten bald auf diese, bald auf jene Seite häuften. Daraus erfolgte denn, daß die Prozession, als sie begann, wirklich einen reinlichen Schlangenweg durch den Morast gebahnt sah und sowohl die sämtliche langbekleidete Geistlichkeit als der nettfüßige Adel, den Vizekönig an der Spitze, ungehindert und unbesudelt durchschreiten konnte. Ich glaubte die Kinder Israel zu sehen, denen durch Moor und Moder von Engelshand ein trockener Pfad bereitet wurde, und veredelte mir in diesem Gleichnisse den unerträglichen Anblick, so viel andächtige und anständige Menschen durch eine Allee von feuchten Kothaufen durchbeten und durchprunken zu sehen.

Aus: *Italienische Reise*

Pompeji, Herculaneum, Portici

Seinen Zögling Fritz von Stein in Weimar bittet Goethe brieflich am 10. März 1787 von Neapel aus, er möge sich keine traurigen Vorstellungen von seinem Außenbleiben machen. »Es war mir höchst nötig, daß ich wieder eine große Masse von Kenntnissen, von neuen Begriffen mir eigen machte, an denen ich wieder eine Weile verarbeiten kann. Es wird mir und den Meinigen zu Gute kommen. Bald werde ich Herculaneum, Pompeji und dann auch Paestum sehen.« Am nächsten Tag schon ist es soweit. Mit Tischbein wird zunächst Pompeji aufgesucht. Seit 1738 gräbt man auch hier systematisch nach den von Vulkanasche verschütteten Altertümern, wie zuerst in Herculaneum, wo man beim Brunnengraben auf getäfelte Marmorfußböden gestoßen war. Goethe, der Vulkanologe, schließt aus der Mächtigkeit der bedeckenden Schichten, daß nach dem gewaltigen Vesuvausbruch im Jahre 79 Steine und Asche eine zeitlang wolkenartig in der Luft geschwebt sind, bis sie über diesen unglücklichen Menschen und ihrer Stadt niedergingen. Die deutschen Besucher sind verwundert über die schmalen Straßen und die kleinen Häuser ohne Fenster, erleuchtet nur durch Türen und offene Galerien. Ein höchst erfreulicher Anblick dagegen die Wandbemalungen überall mit heiteren Arabesken, aus denen sich Nymphengestalten oder mächtige Blumengewinde sowie Tierdarstellungen entwickeln. Sein Leben lang wird sich Goethe nun für antike Malereien interessieren. Im Reisetagebuch ist festgehalten: »So deutet der jetzige ganz wüste Zustand einer erst durch Stein- und Aschenregen bedeckten, dann aber durch die Aufgrabenden geplünderten Stadt auf eine Kunst- und Bilderlust eines ganzen Volkes, von der jetzo der eifrigste Liebhaber weder Begriff, noch Gefühl, noch Bedürfnis hat.« Das Gesamturteil über den archäologischen Ausflug: wunderlich und unangenehm, diese »mumisierte« Stadt.

Neapel, den 18. März 1787. Nun durften wir nicht länger säumen, Herkulaneum und die ausgegrabene Sammlung in Portici zu sehen. Jene alte Stadt, am Fuße des Vesuvs liegend, war vollkommen mit Lava bedeckt, die sich durch nachfolgende Ausbrüche erhöhte, so daß die Gebäude jetzt sechzig Fuß unter der Erde liegen. Jammerschade, daß die Ausgrabung nicht durch deutsche Bergleute recht planmäßig geschehen; denn gewiß ist bei einem zufällig räuberischen Nachwühlen manches edle Altertum vergeudet worden. Man steigt sechzig Stufen hinunter in eine Gruft, wo man das ehemals unter freiem Himmel stehende Theater bei Fackelschein anstaunt und sich erzählen läßt, was alles da gefunden und hinaufgeschafft worden.

In das Museum traten wir wohl empfohlen und wohl empfangen. Doch war auch uns irgend etwas aufzuzeichnen nicht erlaubt. Vielleicht gaben wir nur desto besser acht und versetzten uns desto lebhafter in die verschwundene Zeit, wo alle diese Dinge zu lebendigem Gebrauch und Genuß um die Eigentümer umherstanden. Jene kleinen Häuser und Zimmer in Pompeji erschienen mir nun zugleich enger und weiter; enger, weil ich sie mir von so viel würdigen Gegenständen vollgedrängt dachte, weiter, weil gerade diese Gegenstände nicht bloß als notdürftig vorhanden, sondern, durch bildende Kunst aufs geistreichste und anmutigste verziert und belebt, den Sinn erfreuen und erweitern, wie es die größte Hausgeräumigkeit nicht tun könnte. – In Hoffnung wiederzukehren, folgten wir den Vorzeigenden von Zimmer zu Zimmer und haschten, wie es der Moment erlaubte, Ergötzung und Belehrung weg, so gut es sich schicken wollte.

Aus: *Italienische Reise*

Pyrmont

In Wien wird sein Tod gemeldet. Doch der Dichter lebt, wenn er auch übel dran ist. In naßkalten Räumen des Jenaer Schlosses hatte ein heftiger Katarrh Goethe bei der Übersetzungsarbeit an Voltaires *Tancrède* überfallen. Zuhause in Weimar verschlimmert sich der Zustand, medizinische Kapazitäten werden durch Eilboten herbeigerufen. »Die Meinigen waren außer Fassung, die Ärzte tasteten nur.« Es vergehen Tage, ohne daß der einundfünfzig Jahre alte Kranke zu völligem Bewußtsein zurückkehrt. Schließlich stellen »Schlaf und Transpiration« ihn nach und nach wieder her. Ärzte wie Freunde verlangen, so steht es in den *Tages- und Jahresheften* für 1801, »ich sollte mich in ein Bad begeben, und ich ließ mich, nach dem damaligen Stärkungssystem, um so mehr für Pyrmont bestimmen, als ich mich nach einem Aufenthalt in Göttingen schon längst gesehnt hatte«. In Begleitung seines elf Jahre alten Sohnes August reist Goethe in den berühmten Badeort und verweilt dort fünf Wochen, erfreut sich eines ruhigen Quartiers beim Brunnenkassierer, trifft angenehme Bekannte, macht Ausflüge, amüsiert sich über die Ereignisse in der Spielbank und verfertigt ein Schema für eine zu schreibende märchenhafte Novelle über das Jahr 1582, »wo auf einmal ein wundersamer Zug aus allen Weltgegenden nach Pyrmont hinstrebte und die zwar bekannte, aber noch nicht hochberühmte Quelle mit unzähligen Gästen heimsuchte«. Daß aus diesem dichterischen Vorhaben nichts weiter wird, ist dem unbeständigen Wetter und der nicht geahnten Wirkung des aggressiven Heilwassers zuzuschreiben, die zu gefährlichem Bluthochdruck führt. Am 17. Juli reist Goethe schlecht gelaunt ab, Richtung Göttingen.

Was aber in Pyrmont apprehensiv wie eine böse Schlange sich durch die Gesellschaft windet und bewegt, ist die Leidenschaft des Spiels und das daran bei einem jeden, selbst wider Willen, erregte Interesse. Man mag, um Wind und Wetter zu entgehen, in die Säle selbst treten, oder in bessern Stunden die Allee auf und abwandeln, überall zischt das Ungeheuer durch die Reihen; bald hört man, wie ängstlich eine Gattin den Gemahl nicht weiter zu spielen anfleht, bald begegnet uns ein junger Mann, der in Verzweiflung über seinen Verlust die Geliebte vernachlässigt, die Braut vergißt; dann erschallt auf einmal der Ruf grenzenloser Bewunderung: die Bank sei gesprengt! Es geschah diesmal wirklich in Rot und Schwarz.

Der vorsichtige Gewinner setzte sich alsbald in eine Postchaise, seinen unerwartet erworbenen Schatz bei nahen Freunden und Verwandten in Sicherheit zu bringen. Er kam zurück, wie es schien, mit mäßiger Börse, denn er lebte stille fort, als wäre nichts geschehen.

Ich hatte die letzten Tage bei sehr unbeständigem Wetter nicht auf das angenehmste zugebracht und fing an zu fürchten, mein Aufenthalt in Pyrmont würde mir nicht zum Heil gedeihen. Nach einer so hochentzündlichen Krankheit mich abermals im Brownischen Sinne einem so entschieden anregenden Bade zuzuschicken, war vielleicht nicht ein Zeugnis richtig beurteilender Ärzte. Ich war auf einen Grad reizbar geworden, daß mich nachts die heftigste Blutsbewegung nicht schlafen ließ, bei Tage das Gleichgültigste in einen exzentrischen Zustand versetzte. Das fortdauernde Regenwetter verhinderte jede Geselligkeit im Freien; ich entfernte mich am 17. Juli, wenig erbaut von den Resultaten meines Aufenthalts.

Aus: *Tag- und Jahreshefte* für 1801

R

Regensburg · Rheinfall bei Schaffhausen
Rheingau siehe Winkel · Riesengebirge siehe
Breslau · Rippach · Rom

Ich tue nur die Augen auf und seh' und geh' und komme wieder, denn man kann sich nur in Rom auf Rom vorbereiten.

Italienische Reise, 7. November 1786

Regensburg

Am zweiten Tag seiner Reise nach Italien sitzt der aus Karlsbad Geflüchtete auch des Nachts in der Postkutsche. Zur Morgendämmerung rumpelt das Fahrzeug durch Schwandorf, den Bayerischen Wald entlang. Die Veränderung des Ackerbodens ins Bessere findet vor Regenstauf sein Interesse. Und der Amateurgeologe ist richtig glücklich über die nun treffliche Chaussee aus Granitsand – »es läßt sich keine vollkommenere denken, denn da der aufgelöste Granit aus Kiesel und Tonerde besteht, so gibt das zugleich einen festen Grund und ein schönes Bindungsmittel, die Straße glatt wie eine Tenne zu machen«. Auf solchem Boden, und da das Land zur Donau hin abfällt, läßt sich gut rollen. Regensburg wird um zehn erreicht. Und nur Gutes ist über die Stadt zu berichten, in der »Kirche gegen Kirche und Stift gegen Stift« stehen. Der Reisende verfügt sich sogleich ins Jesuitenkollegium, wo das jährliche Schauspiel durch Schüler gegeben wird.

4. September 1786. Auch diese öffentliche Darstellung hat mich von der Klugheit der Jesuiten aufs neue überzeugt. Sie verschmähten nichts, was irgend wirken konnte, und wußten es mit Liebe und Aufmerksamkeit zu behandeln. Hier ist nicht Klugheit, wie man sie sich in Abstracto denkt, es ist eine Freude an der Sache dabei, ein Mit- und Selbstgenuß, wie er aus dem Gebrauche des Lebens entspringt. Wie diese große geistliche Gesellschaft Orgelbauer, Bildschnitzer und Vergolder unter sich hat, so sind gewiß auch einige, die sich des Theaters mit Kenntnis und Neigung annehmen, und wie

durch gefälligen Prunk sich ihre Kirchen auszeichnen, so bemächtigen sich die einsichtigen Männer hier der weltlichen Sinnlichkeit durch ein anständiges Theater.

Aus: *Italienische Reise*

Rheinfall bei Schaffhausen

»Das Meer gebiert ein Meer. Wenn man sich die Quellen des Ozeans dichten wollte, so müßte man sie so darstellen.« Jedesmal auf den drei Reisen in die Schweiz hat Goethe den Rheinfall bei Schaffhausen machtvoll erlebt. Beim dritten Besuch im September 1797 nimmt er sich einen ganzen Tag Zeit, um das Ereignis von allen Seiten, zu Lande und zu Wasser und bei wechselnden Lichtverhältnissen aufzunehmen. Expressionistisch muten die »erregten Ideen« an, wie sie im Tagebuch notiert werden: »Gewalt des Sturzes. Unerschöpfbarkeit als wie ein Unnachlassen der Kräfte. Zerstörung, Bleiben, Dauern, Bewegung, unmittelbare Ruhe nach dem Fall.« Viele Tage später, in Stäfa am Zürichsee in einem Brief an Schiller, sind die Sinne von der Macht der »herrlichen Erscheinung« noch immer gefangen. Dessen Vers »Und es wallet und siedet und brauset und zischt« legitimiere sich hier trefflich: »Es war mir sehr merkwürdig, wie der Vers die Hauptmomente der ungeheuren Erscheinung in sich begreift.« Was der Dichter dort gesehen hat, wandelt sich in der ersten Szene von *Faust II* in höchste Sprachkunst.

Der Wasserstutz, das Felsenriff durchbrausend,
Ihn schau ich an mit wachsendem Entzücken.
Von Sturz zu Sturzen wälzt er jetzt in tausend,
Dann abertausend Strömen sich ergießend,
Hoch in die Lüfte, Schaum an Schäume sausend.
Allein wie herrlich, diesem Sturm erspießend,
Wölbt sich des bunten Bogens Wechseldauer,
Bald rein gezeichnet, bald in Luft zerfließend,
Umher verbreitend duftig-kühle Schauer!
Der spiegelt ab das menschliche Bestreben.
Ihm sinne nach, und du begreifst genauer:
Am farbigen Abglanz haben wir das Leben.

Faust II, Verse 4716-4745

Rippach

In dem Dorf bei Weißenfels übernachtet Goethe mehrmals auf seinen Reisen nach Leipzig. Aus der Leipziger Studentenzeit ist ihm der Spottname Hans Arsch von Rippach bekannt. Im Schimpfnamenkatalog zu Goethes Fragment von *Hanswursts Hochzeit* taucht der Name wieder auf. Eckermann, dem Goethe den Zettel der im Stück spielenden Personen vorliest, »kam nicht aus dem Lachen«. Die Namen deuteten »auf die mannigfaltigsten Unarten und Laster und ließen einen tiefen Blick in die Breite der unsittlichen Welt voraussetzen«. Wie ja auch in der *Faust*-Dichtung von den zechenden Studenten in Auerbachs Keller angedeutet wird.

Mephistopheles: Ist es erlaubt, uns auch zu euch zu setzen?
Statt eines guten Trunks, den man nicht haben kann,
soll die Gesellschaft uns ergetzen.
Frosch: Ihr seid wohl spät von Rippach aufgebrochen?
Habt ihr mit Herren Hans noch erst zu Nacht gespeist?
Mephistopheles: Heut sind wir ihn vorbeigereist;
Wir haben ihn das letztemal gesprochen.
Von seinen Vettern wußt er viel zu sagen,
Viel Grüße hat er uns an jeden aufgetragen.
(Er neigt sich gegen Frosch.)

Aus: *Faust I*, Auerbachs Keller

Rom

»Hätte ich nicht den Entschluß gefaßt, den ich jetzt ausführe, so wär' ich rein zugrunde gegangen.« Fluchtartig verläßt der Geheimerat die Weimarer Hofgesellschaft, die zur Kur in Karlsbad weilt. Am 3. September 1786, früh um drei, stiehlt er sich davon. »Ich warf mich ganz allein, nur einen Mantelsack und Dachsranzen aufpackend, in eine Postchaise.« Zwei Wochen später, in Foligno nahe an Rom, notiert er: »Ich habe nichts gewollt als das Land sehen, auf welche Kosten es sei, und wenn sie mich auf Ixions Rad nach Rom schleppen, so will ich mich nicht beklagen.« Über das Tiroler Gebirg' sei er gleichsam hinweggeflogen; die Begierde, nach Rom zu kommen, wuchs mit jedem Augenblick. In Florenz bleibt er nur drei Stunden. Was ihn in Rom erwartet, darauf ist Goethe gut vorbereitet. In *Dichtung und Wahrheit* erinnert er sich der frühen Italiensehnsucht, der

Romerzählungen des Vaters. »Innerhalb des Hauses zog meinen Blick am meisten eine Reihe römischer Prospekte auf sich. Hier sah ich täglich die Piazza del Popolo, das Coliseo, den Petersplatz, die Peterskirche von außen und innen, die Engelsburg und so manches andere. Diese Gestalten drückten sich tief bei mir ein.« Am Abend des 29. Oktober 1786 durchfährt er die Porta del Popolo. »Nun bin ich hier und ruhig und, wie es scheint, auf mein ganzes Leben beruhigt. Denn es geht, man darf wohl sagen, ein neues Leben an, wenn man das Ganze mit Augen sieht, das man teilweise in- und auswendig kennt.« Eckermann gegenüber bekennt er später: »Ja, ich kann sagen, daß ich nur in Rom empfunden habe, was eigentlich ein Mensch sei.«

Fünfzehn Monate lebt Goethe in dieser »Hauptstadt der Welt«; vom 29. Oktober 1786 bis 22. Februar 1787 und – zurückgekehrt von der sizilianischen Reise – wieder vom 7. Juni 1787 bis 22. April 1788. Er wohnt bei dem Maler Tischbein in der Via del Corso. Am 4. November meldet Goethe der Mutter in Frankfurt die Ankunft in der Stadt. Nur dreizehn Tage ist die Botschaft unterwegs. Die Mutter antwortet dem lieben Sohn postwendend: »Eine Erscheinung aus der Unterwelt hätte mich nicht mehr in Verwunderung setzen können als dein Brief aus Rom. Jubilieren hätte ich vor Freude mögen, daß der Wunsch, der von frühester Jugend an in deiner Seele lag, nun in Erfüllung gegangen ist.« Die Nachricht hat Goethe nicht erreicht. Der Brief fand sich später im Österreichischen Staatsarchiv. Der Sekretär des Kardinals Herzan hatte ihn gestohlen. Mit den Observierungsberichten des Kardinals, dem österreichischen Gesandten in Rom, landete des Schriftstück in Wien. Besonders effizient scheint dieser Geheimdienst nicht gearbeitet zu haben. Welche Sensationen hätten auch ausspioniert werden können. »Was ich inzwischen von dem Herrn Göthe in Erfahrung gebracht, ist, daß die Briefe, die er an seinen Fürsten geschrieben, unter seiner eigenen Anschrift waren. Er hatte auch einen starken Briefwechsel mit verschiedenen Gelehrten und seiner Mutter in Frankfurt, von welch letzterer mein Sekretarius einen Brief in seine Hände bekommen, und ich hier beilege. Sein Umgang hier war fast einzig mit deutschen Künstlern, in denen er die hiesigen Gallerien, Antiquitäten und übrigen Merkwürdigkeiten wiederholt und jedesmal mit großer Aufmerksamkeit besah.« Die Observierungsdokumente wie auch der Brief von Goethes Mutter gehören heute zum Ausstellungsinventar der Casa di Goethe in der ehemaligen Tischbein-Wohnung, des einzigen deutschen Museums im Ausland.

Ein sonniges Kapitel in Goethes reichem Freundschaftsleben am Tiber gehört der Malerin Angelica Kauffmann. Die gemeinsamen Besuche der bedeutenden Sammlungen in der Stadt und in der näheren Umgebung bereichern Goethes Leben in Rom. Im künstlerischen Austausch mit der Malerin hat Goethe zu seiner wahren Bestimmung gefunden – »daß ich eigentlich zur Dichtkunst geboren bin. Von meinem längeren Aufenthalt in Rom werde ich den Vorteil haben, daß ich auf das Ausüben der bildenden Kunst Verzicht übe.«

Wahrscheinlich im Februar 1787 entstand Goethes Zeichnung der Cestius-Pyramide im Vollmondlicht. Frau von Stein erhält die Mitteilung: »Du schriebst neulich von einem Grab der Miß Gore bei Rom. Vor einigen Abenden, da ich traurige Gedanken hatte, zeichnete ich meines bei der Pyramide des Cestius.« Goethe ist schweren Herzens von Rom geschieden. In der *Italienischen Reise* vergleicht er seine Rückreise mit der Verbannung Ovids, als einen Gang ins Exil nach Weimar. Zweiundvierzig Jahre nach diesem Abschied ist August von Goethe in Rom gestorben. Deutsche Künstler begraben den Sohn dort, wo der Vater »von Hermes zum Orkus geleitet« werden wollte, bei der Pyramide des Cestius. Die Grabstele, mit einem von Thorvaldsen geschaffenen Porträt-Relief versehen, trägt die vom Vater entworfene Inschrift: Goethe Filius Patri antevertens obiit anno XL (Goethes Sohn, dem Vater vorangehend, starb im 40. Jahr).

April 1788. Auf eine besonders feierliche Weise sollte jedoch mein Abschied aus Rom vorbereitet werden; drei Nächte vorher stand der volle Mond am klarsten Himmel, und ein Zauber, der sich dadurch über die ungeheure Stadt verbreitet, so oft empfunden, ward nun aufs eindringlichste fühlbar. Die großen Lichtmassen, klar, wie von einem milden Tage beleuchtet, mit ihren Gegensätzen von tiefen Schatten, durch Reflexe manchmal erhellt, zur Ahnung des Einzelnen, setzen uns in einen Zustand wie von einer anderen, einfachern, größern Welt. Nach zerstreuenden, mitunter peinlich zugebrachten Tagen macht' ich den Umgang mit wenigen Freunden einmal ganz allein. Nachdem ich den langen Corso, wohl zum letztenmal, durchwandert hatte, bestieg ich das Kapitol, das wie ein Feenpalast in der Wüste dastand. Die Statue Mark Aurels rief den Kommandeur in *Don Juan* zur Erinnerung und gab dem Wanderer zu verstehen, daß er etwas Ungewöhnliches unternehme. Dessenungeachtet ging ich die hintere Treppe hinab. Ganz finster, finstern Schatten werfend, stand mir der Triumphbogen des Septimius Severus entgegen; in

Allee in der Villa Borghese, Rom, 1787

der Einsamkeit der Via Sacra erschienen die sonst so bekannten Gegenstände fremdartig und geisterhaft. Als ich aber den erhabenen Resten des Coliseums mich näherte und in dessen verschlossenes Innere durchs Gitter hineinsah, darf ich nicht leugnen, daß mich ein Schauer überfiel und meine Rückkehr beschleunigte.

Alles Massenhafte macht einen eignen Eindruck zugleich als erhaben und faßlich, und in solchen Umgängen zog ich gleichsam ein unübersehbares Summa Summarum meines ganzen Aufenthaltes. Dieses, in aufgeregter Seele tief und groß empfunden, erregte eine Stimmung, die ich heroisch-elegisch nennen darf, woraus sich in poetischer Form eine Elegie zusammenbilden wollte. Und wie sollte mir gerade in solchen Augenblicken Ovids Elegie nicht ins Gedächtnis zurückkehren, der, auch verbannt, in einer Mondnacht Rom verlassen sollte. »Cum repeto noctem!«, seine Rückerinnerung, weit hinten am Schwarzen Meere, im trauer- und jammervollen Zustande, kam mir nicht aus dem Sinn, ich wiederholte das Gedicht, das mir teilweise genau im Gedächtnis hervorstieg, aber mich wirklich an eigener Produktion irre werden ließ und hinderte; die auch, später unternommen, niemals zustande kommen konnte.

Aus: *Italienische Reise*

Wandelt von jener Nacht mir das traurige Bild vor der Seele,
Welche die letzte für mich ward in der Römischen Stadt,
Wiederhol' ich die Nacht, wo des Teuren so viel mir
                                        zurückblieb,
Gleitet vom Auge mir noch jetzt eine Träne herab.
Und schon ruhten bereits die Stimmen der Menschen
                                        und Hunde,

Luna, sie lenkt' in der Höh' nächtliches Rossegespann.
Zu ihr schaut ich hinan, sah dann kapitolische Tempel,
Welchen umsonst so nah unsere Laren gegrenzt.

Ovid, übersetzt von Johann Wolfgang von Goethe

S

**Sankt Gotthard · Sankt Rochus siehe Bingen
Schlesien siehe Breslau · Schweiz
Sesenheim siehe Straßburg · Sizilien · Stäfa
siehe Schweiz · Straßburg · Stuttgart**

Es ist ein Fehler bei Fußreisen, daß man nicht oft genug rückwärts sieht, wodurch man die schönsten Aussichten verliert.

Reise in die Schweiz 1797

Sankt Gotthard

Von Andermatt war er damals mit dem Freund Passavant heraufgestiegen, stand am 22. Juni 1775 zum ersten Mal auf der Paßhöhe des Gotthard-Massivs. Der Gefährte drängte, nun auch hinab zu reisen nach Italien. Da lag die Lombardei »als ein ganz Fremdes vor mir«, so die Erinnerung in *Dichtung und Wahrheit*. Goethe schreckt zurück. Denn »Deutschland als ein bekanntes Liebwertes blieb das unentbehrlichste Element, aus dessen Grenzen zu treten ich mich nicht getraute«. Auch die gefährliche Winterreise mit dem Herzog vier Jahre später über den tiefverschneiten Furkapaß auf das Schicksalsmassiv bringt nicht die in Erwägung gebrachte Entscheidung für den Abstieg nach Italien. Und nach der dritten und letzten Gotthard-Reise, zu Fuß von Stäfa über Altdorf zur Paßhöhe, resümiert der 48 Jahre alte Herbstwanderer mürrisch, schließlich »hatten wir des Felsanschauens auf dem Gotthard für diesmal genug«. Das gilt nicht für den Dichter; der ist nicht zu Ende mit dem königlichen Gebirge. Das Erlebnis ist in Hexametern eingegangen in die *Euphrosyne*-Elegie. Und in den *Wanderjahren* schreibt Wilhelm Meister an Natalie: »Nun ist endlich die Höhe erreicht, die Höhe des Gebirgs, das eine mächtigere Trennung zwischen uns setzen wird, als der ganze Landraum bisher. Für mein Gefühl ist man noch immer in der Nähe seiner Lieben, solange die Ströme von uns zu ihnen laufen. Heute kann ich mir noch einbilden, der Zweig, den ich in den Waldbach werfe, könnte füglich zu ihr hinabschwimmen; und so sendet unser Geist seine Bilder, das Herz seine Gefühle bequemer abwärts. Aber drüben, fürchte ich, stellt sich eine Scheidewand der Einbildungskraft und der Empfindung entgegen. Doch ist das vielleicht nur eine voreilige Besorglichkeit: denn es wird wohl drüben nicht anders sein als hier. Was könnte mich von dir scheiden!«

Den 13. November, oben auf dem Gipfel des Gotthards bei den Kapuzinern, morgens um zehn. Endlich sind wir auf dem Gipfel unserer Reise glücklich angelangt! Hier, ist's beschlossen, wollen wir stillestehen und uns wieder nach dem Vaterlande zuwenden. Ich komme mir sehr wunderbar hier oben vor; wo ich mich vor vier Jahren mit ganz andern Sorgen, Gesinnungen, Planen und Hoffnungen, in einer andern Jahrszeit, einige Tage aufhielt und mein künftiges Schicksal unvorahnend, durch ich weiß nicht was bewegt, Italien den Rücken zukehrte und meiner jetzigen Bestimmung unwissend entgegenging. Beide Patres, die hier oben wohnen, sind nicht zu Hause, doch, wie ich höre, noch eben dieselben, die ich vor vier Jahren antraf. Pater Seraphim, der schon dreizehn Jahre auf diesem Posten aushält, ist gegenwärtig in Mailand, den andern erwarten sie noch heute von Airolo herauf. In dieser reinen Luft ist eine ganz grimmige Kälte.
Nach Tische. Es wird immer kälter, man mag gar nicht vom Ofen weg. Ja, es ist die größte Lust, sich oben drauf zu setzen, welches in diesen Gegenden, wo die Öfen von steinernen Platten sind, gar wohl angeht. Der Pater ist von Airolo heraufgekommen, so erfroren, daß er bei seiner Ankunft kein Wort hervorbringen konnte. Ob sie gleich hier oben sich bequemer als die übrigen vom Orden tragen dürfen, so ist es doch immer ein Anzug, der für dieses Klima nicht gemacht ist. Er war von Airolo herauf den sehr glatten Weg gegen den Wind gestiegen; der Bart war ihm eingefroren, und es währte

eine ganze Weile, bis er sich besinnen konnte. Wir unterhielten uns von der Beschwerlichkeit dieses Aufenthalts; er erzählte, wie es ihnen das Jahr über zu gehen pflege, ihre Bemühungen und häuslichen Umstände. Gegen Abend traten wir einen Augenblick vor die Haustüre heraus, um uns vom Pater denjenigen Gipfel zeigen zu lassen, den man für den höchsten des Gotthards hält; wir konnten aber kaum einige Minuten dauern, so durchdringend und angreifend kalt ist es. Wir bleiben also wohl diesmal in dem Hause eingeschlossen, bis wir morgen fortgehen, und haben Zeit genug, das Merkwürdige dieser Gegend in Gedanken zu durchreisen.

Briefe aus der Schweiz, 1779

Schweiz

Drei Reisen in die Schweiz hat Goethe im Zeitraum von 1775 bis 1797 unternommen. Die erste mit fünfundzwanzig Jahren im Personenstand des Verlobten; der Dichter nennt diesen spontanen Entschluß zu reisen später selber eine Flucht vor einer endgültigen Entscheidung für Lili Schönemann; eine Flucht als Selbstprüfung. Da kommen ihm die drei übermütigen gräflichen Begleiter, die Brüder Stolberg und deren Freund Haugwitz, gerade recht. Alle zusammen nennen sich in unternehmerischer Eintracht die vier Haimonskinder nach den Helden des vielgelesenen Volksbuches, das Ludwig Tieck eine Generation später romantisch veredelt; Goethes Mutter wird der Haimonlegende nach zwingend zu Frau Aja; ein Name, der ihr so gut gefällt, daß sie ihn ihr Leben lang behält. In Werther-Kluft ziehen die vier Rousseau-Anhänger los. Auf der Station Karlsruhe verkehrt man am Hof; Goethe trifft hier zum erstenmal auf den gerade volljährigen Herzog Carl August von Sachsen-Weimar und dessen Braut, Prinzessin Louise von Hessen-Darmstadt; die beiden laden den schon berühmten Autor unverbindlich nach Weimar ein. Weiter geht die Reise über Straßburg, Emmendingen nach Freiburg, Schaffhausen, Konstanz und Zürich. Das Leben ist lustig; die jungen Leute provozieren verschreckte Bürger mit Nacktbaderei und schaffen ihrem verehrten Zürcher Gastgeber Lavater damit einige Probleme. In ein Merkheft kritzelt Goethe innige Lili-Gedichte und expressionistische Sturm-und-Drang-Fetzen wie diese: »Um 1 Uhr nach dem Rigi. 2 Uhr aufm Lauerzer See / hoher herrlicher Sonnenschein / für lauter Wollust sah gar nichts / Zwey Maidle fuhren uns / Insel ehemalige Wohnung des Zwingherrn jetzt ein Waldbruder.« Oder: »Müd und munter vom Berg ab springen voll Dursts u. lachens. Gejauchtzt bis Zwölf.« Höhepunkt der Reise, ohne die Stolbergs, mit dem Jugendfreund Passavant, ist die Wanderung über Einsiedeln, Schwyz, Rigi auf das Dach der Schweiz, den Sankt Gotthard. Der Blick hinab nach Italien macht dem Gipfelstürmer Angst vor der Ungewißheit. Und so geht's zurück nach Frankfurt.

Vier Jahre später die zweite Reise zu den Eidgenossen. Nun unternimmt ein verantwortungsbewußter Staatsdiener als Tutor eine regelrechte Bildungs- und Erziehungstour mit seinem zweiundzwanzig Jahre alten Herzog. Vordergründig geht es Carl August darum, in Bern Kredit zu beschaffen für sein verschuldetes Land; die Stadtrepublik gewährt ein Darlehen über fünfzigtausend Reichstaler. Goethes *Briefe aus der Schweiz*, von Oktober bis Dezember 1779 überwiegend an Charlotte von Stein gerichtet, belegen die Kühnheit der

Unternehmung in die alpine Bergwelt. Bei rauhem Wetter wandert die kleine Reisegruppe wagemutig zu den Eisfeldern des Montblanc und weiter über den tief verschneiten Furkapaß in die grimmige Kälte des unwirtlichen Gotthard. Zurück in Zürich, schreibt der Expeditionsleiter den Freunden in Weimar: »Mit unsäglichem Glück haben wir die Reise bis hierher gemacht. Es wird eine Menge zu erzählen geben, wir sind durch einen großen Reichtum von Gegenständen gegangen, und die Abwechslung hat uns immer wie auf Wellen getragen.« Ein Teil von Goethes Schilderungen dieser grandiosen Naturerlebnisse erscheint im Jahrgang 1796 von Schillers Zeitschrift *Die Horen*. Der Herausgeber ist »ordentlich froh«, daß er dem Verfasser die Briefe habe abjagen können.

Die Reise in die Schweiz 1797, Goethe ist achtundvierzig Jahre alt, soll eigentlich die lange vorbereitete große Reise nach Italien werden. Am 28. April 1797 schreibt Goethe an seinen Kunstfreund Meyer, der sich in Florenz aufhält und ihn dort erwartet, daß er Anfang Juli nach Frankfurt reisen werde, »um mit meiner Mutter noch mancherlei zu arrangieren, und daß ich alsdann, von da aus, nach Italien gehen will, um Sie aufzusuchen«. Die kriegerischen Wirren in der Lombardei, auch eine Erkrankung Meyers stehen dem Plan im Wege, und so wird aus der Wiedergutmachung für die auf der ersten Rom-Fahrt vernachlässigten Toscana-Orte eine sieben Wochen dauernde Anfahrt von Weimar über Frankfurt, Stuttgart, Tübingen, Schaffhausen nach Stäfa am Zürichsee, wo Meyer seinen idyllischen Wohnsitz hat. Hier weilt der Gast aus Weimar insgesamt drei Wochen, unterbrochen von der dritten Wallfahrt auf den Gotthard, zu tiefgehenden Kunstgesprächen, zu Vorbereitungen für die Zeitschrift *Propyläen* und Quellenstudien zu einem Wilhelm-Tell-Epos.

Goethes Schweiz-Resümee hat Jahrzehnte später der treue Eckermann übermittelt: »Die Schweiz machte anfänglich auf mich so großen Eindruck, daß ich dadurch verwirrt und beunruhigt wurde; erst bei wiederholtem Aufenthalt, erst in späteren Jahren, wo ich die Gebirge bloß in mineralogischer Hinsicht betrachtete, konnte ich mich ruhig mit ihnen befassen.«

Sonntag, den 6. Mai 1827. Man sprach sehr viel über die »*Helena*« und den »*Tasso*«. Goethe erzählte uns darauf, wie er im Jahre 1797 den Plan gehabt, die Sage vom Tell als episches Gedicht in Hexametern zu behandeln. »Ich besuchte«, sagte er, »im gedachten Jahre noch einmal die kleinen Kantone und den Vierwaldstätter See, und diese reizende, herrliche und großartige Natur machte auf mich abermals einen solchen Eindruck, daß es mich anlockte, die Abwechslung und Fülle einer so unvergleichlichen Landschaft in einem Gedicht darzustellen. Um aber in meine Darstellung mehr Reiz, Interesse und Leben zu bringen, hielt ich es für gut, den höchst bedeutenden Grund und Boden mit ebenso bedeutenden menschlichen Figuren zu staffieren, wo denn die Sage vom Tell mir als sehr erwünscht zustatten kam.

Den Tell dachte ich mir als einen urkräftigen, in sich selbst zufriedenen, kindlich-unbewußten Heldenmenschen, der als Lastträger die Kantone durchwandert, überall gekannt und geliebt ist, überall hilfreich, übrigens ruhig sein Gewerbe treibend, für Weib und Kinder sorgend, und sich nicht kümmernd, wer Herr oder Knecht sei. Den Geßler dachte ich mir dagegen zwar als einen Tyrannen, aber als einen von der behaglichen Sorte, der gelegentlich Gutes tut, wenn es ihm Spaß macht, und gelegentlich Schlechtes tut, wenn es ihm Spaß macht, und dem übrigens das Volk und dessen Wohl und Wehe so völlig gleichgültige Dinge sind, als ob sie gar nicht existierten. Das Höhere und Bessere der menschlichen Natur dagegen, die Liebe zum heimatlichen Boden, das Gefühl der Freiheit und Sicherheit unter dem Schutz vaterländischer Gesetze, das Gefühl ferner der Schmach, sich von einem fremden Wüstling unterjocht und gelegentlich mißhandelt zu sehen, und endlich die zum Entschluß reifende Willenskraft, ein so verhaßtes Joch abzuwerfen, alles dieses Höhere und Gute hatte ich den bekannten edlen Männern Walther Fürst, Stauffacher, Melchthal und anderen zugeteilt, und dieses waren meine eigentlichen Helden, meine mit Bewußtsein handelnden höheren Kräfte, während der Tell und Geßler zwar auch gelegentlich handelnd auftraten, aber im Ganzen mehr Figuren passiver Natur waren.

Von diesem schönen Gegenstand war ich ganz voll, und ich summte dazu schon gelegentlich meine Hexameter. Ich sah den See im ruhigen Mondschein, erleuchtete Nebel in den Tiefen der Gebirge. Ich sah ihn im Glanz der lieblichsten Morgensonne, ein Jauchzen und Leben in Wald und Wiesen. Dann stellte ich einen Sturm dar, einen Gewittersturm, der sich aus den Schluchten auf den See wirft. Auch fehlte es nicht an nächtlicher Stille und an heimlichen Zusammenkünften über Brücken und Stegen. Von allem diesem erzählte ich Schillern, in dessen Seele sich meine Landschaften und meine handelnden Figuren zu einem Drama bildeten. Und da ich andere Dinge zu tun hatte und die Ausführung meines Vorsatzes sich immer weiter verschob, so trat ich meinen Gegenstand

Schillern völlig ab, der denn darauf sein bewunderungswürdiges Gedicht schrieb.«

Aus: Johann Peter Eckermann, *Gespräche mit Goethe*

Sizilien

Hauptsächlich beschäftige er sich eben jetzt mit seiner italienischen Reise, meldet Goethe vierzig Jahre nach der Fernfahrt dem alten Freund Knebel. Und er habe sich dabei in letzter Zeit vergnüglich in Sizilien aufgehalten. »Man kann ja erst später, wenn viele Jahre vorüber sind, bemerken, was für Einfluß ein solches Anschauen aufs ganze Leben gehabt hat.« Am 29. März 1787 war der Italienfahrer in Begleitung des Malers Heinrich Kniep und »in anständig munterer Gesellschaft von Operisten und Tänzern«, von Neapel kommend, in Palermo an Land gegangen. Die in Amerika gebaute, schnellsegelnde Corvette, »inwendig mit artigen Kämmerchen und einzelnen Lagerstätten eingerichtet«, wo der Dichter trotz Seekrankheit am *Tasso* arbeitet, hatte bei heftigem Gegenwind vier stürmische Tage und Nächte für die Fahrt benötigt. Endlich im Hafen, empfindet der Ausflügler gleichwohl das »größte Vergnügen beim höchst erfreulichen Anblick« des gelobten Insellandes. Denn »Italien ohne Sizilien macht gar kein Bild in der Seele: hier ist erst der Schlüssel zu allem.« Sechs Wochen wird der Aufenthalt hier andauern. Wobei der Inselhauptstadt zunächst eine übergroße Aufmerksamkeit und Bedeutung zugemessen wird. Dann ziehen die Freunde mit ihrem vortrefflichen Vetturin – »Stallknecht, Cicerone, Garde, Einkäufer, Koch und alles« – durch die fruchtbaren Landschaften, zu den baulichen Hinterlassenschaften der alten Griechen, von Palermo zunächst westlich nach Segesta mit den Ruinen der antiken Stadt und dem eindrucksvollen dorischen Tempel. Im Süden der Insel verweilt die kleine Gruppe fünf Tage im bewunderten Agrigent. Dann geht es quer durch das Land der unabsehbaren Weizenfelder, bis endlich Catania erreicht ist, den rauchenden Ätna lange Zeit vor Augen und im Sinn; der Berg soll schließlich bezwungen werden. Doch die frühe Jahreszeit läßt dies nicht zu. Immerhin, der Monte Rosso, ein windumtoster Nebenkegel, wird erklommen. Die Herbergen unterwegs: oft kläglich, die Früchte jedoch herrlich, »besonders der Salat von Zartheit und Geschmack wie eine Milch; man begreift, warum ihn die Alten Lactuca genannt haben.« Sehr gut auch Öl und Wein. Der Agrarforscher aus Weimar verkneift sich nicht die Bemerkung, beides könnte noch besser sein, wenn man auf ihre Bereitung mehr Sorgfalt verwendete.

Das antike Theater von Taormina, auf steilem Berge über dem Meer gelegen mit weitem Blick über das Ätnaland, bildet als »ungeheuerstes Natur- und Kunstwerk« den grandiosen Erlebnisschluß dieser notwendigen Reise, besungen für das Nausikaa-Projekt: »Ein weißer Glanz ruht über Land und Meer, / Und duftend schwebt der Äther ohne Wolken.« Am 12. Mai 1787 geht es von Messina mit einem wenig komfortablen französischen Segler und einer untüchtigen Besatzung zurück nach Neapel. Beinahe wären die Seefahrer dort nicht angekommen; eine starke Strömung drohte das Schiff an einem Felsen zerschellen zu lassen. Wieder leidet Goethe unter der Seekrankheit, liegt unter Deck, arbeitet am *Tasso* und wird von Kniep mit Brot und Rotwein versorgt. »In dieser Lage wollte mir die ganze sizilianische Reise in kei-

Sizilianische Landschaft, 1787

nem guten Licht erscheinen.« Doch schon zwei Wochen später ein anderes Resümee. »Daß ich Sizilien gesehen habe«, schreibt er dem Herzog nach Weimar, »ist mir ein unzerstörlicher Schatz auf mein ganzes Leben. Ich bin neugierig, wie mir sein wird, wenn ich kein Meer künftig sehe, das ich nun drei Monate anhaltend und aus so vielen Gesichtspunkten im Auge gehabt habe. Wie schwer es ist, ein Land zu beurteilen. Der Fremde kann es nicht, und der Einheimische schwer. Diejenigen, die ich über Neapel und Sizilien gesprochen habe, haben im Einzelnen fast alle recht, im Ganzen, wie mir scheint, fast keiner.«

Die Klarheit des Himmels, der Hauch des Meeres, die Düfte, wodurch die Gebirge mit Himmel und Meer gleichsam in ein Element aufgelöst wurden, alles dies gab Nahrung meinen Vorsätzen; und indem ich in jenem schönen öffentlichen Garten zwischen blühenden Hecken von Oleander, durch Lauben von fruchttragenden Orangen- und Zitronenbäumen wandelte und zwischen andern Bäumen und Sträuchern, die mir unbekannt waren, verweilte, fühlte ich den fremden Einfluß auf das alleranehmste. Ich hatte mir, überzeugt, daß es für mich keinen besseren Kommentar zur *Odyssee* geben könne als eben gerade diese lebendige Umgebung, ein Exemplar verschafft und las es nach meiner Art mit unglaublichem Anteil. Doch wurde ich gar bald zu eigner Produktion angeregt, die, so seltsam sie auch im ersten Augenblicke schien, mir doch immer lieber ward und mich endlich ganz beschäftigte. Ich ergriff nämlich den Gedanken, den Gegenstand der Nausikaa als Tragödie zu behandeln.
Es war in dieser Komposition nichts, was ich nicht aus eignen

Erfahrungen nach der Natur hätte ausmalen können. Selbst auf der Reise, selbst in Gefahr, Neigungen zu erregen, die, wenn sie auch kein tragisches Ende nehmen, doch schmerzlich genug, gefährlich und schädlich werden können; selbst in dem Falle, in einer so großen Entfernung von der Heimat angelegne Gegenstände, Reiseabenteuer, Lebensvorfälle zu Unterhaltung der Gesellschaft mit lebhaften Farben auszumalen, von der Jugend für einen Halbgott, von gesetzern Personen für einen Aufschneider gehalten zu werden, manche unverdiente Gunst, manches unerwartete Hindernis zu erfahren; das alles gab mir ein solches Attachement an diesem Plan, an diesem Vorsatz, daß ich darüber meinen Aufenthalt zu Palermo, ja den größten Teil meiner übrigen sizilianischen Reise verträumte. Weshalb ich denn auch von allen Unbequemlichkeiten wenig empfand, da ich mich auf dem überklassischen Boden in einer poetischen Stimmung fühlte, in der ich das, was ich erfuhr, was ich sah, was ich bemerkte, was mir entgegenkam, alles auffassen und in einem erfreulichen Gefäß bewahren konnte.

Nach meiner löblichen oder unlöblichen Gewohnheit schrieb ich wenig oder nichts davon auf, arbeitete aber den größten Teil bis aufs letzte Detail im Geiste durch, wo es denn, durch nachfolgende Zerstreuungen zurückgedrängt, liegengeblieben, bis ich gegenwärtig nur eine flüchtige Erinnerung davon zurückrufe.

> Aus: *Italienische Reise*, Einschub *Aus der Erinnerung*
> zum 7. Mai 1887 in Sizilien

Straßburg und Sesenheim

Halbtot hatte der Student an seinem 19. Geburtstag Leipzig verlassen; auch ohne Studienabschluß, zum Mißvergnügen des Vaters. Der hatte ernste Lebensführung und mehr Leistung erwartet. Anderthalb Jahre dauert die seelische und körperliche Rekonvaleszenz im Elternhaus in Frankfurt. Gesund und munter reitet Goethe im April 1770 nach Straßburg. Hier soll das leidige juristische Studium zu Ende gebracht werden. Nach der Promotion zum Licentiaten der Rechte, drei Semester später, verläßt er, nun ein Sturm-und-Drang-Dichter, die elsässische Universitätsstadt. Allerdings hatte es auch hier Aufregenderes als die Juristerei gegeben. Zunächst sieht es allerdings nicht nach Amüsement aus. Dem ehemaligen Leipziger Stubennachbar Limprecht meldet er: »15 Tage bin ich nun hier und finde Straßburg nicht ein Haar besser, noch schlimmer, als alles, was ich auf der Welt kenne, das heißt sehr mittelmäßig, und das doch gewisse Seiten hat, die einem zum Guten und Bösen in Bewegung setzen und aus seiner gewöhnlichen Lage bringen können.« In Bewegung gesetzt wird der gut erholte Mensch schon bald bei einer forschen Reise zu Pferde mit dem neuen Freund Weyland, einem Medizinstudenten, durch Elsaß und Lothringen bis Zabern und Saarbrücken. Und Herz wie Sinne werden aus der »gewöhnlichen Lage« gebracht bei Ausflügen nach Sesenheim, wo das Pfarrerstöchterchen Friederike Brion bald sehnsüchtig auf ihn wartet. Schon der erste Brief an die »liebe neue Freundin« läßt ahnen, er werde bald wiederkehren: »Soviel merk ich an einer gewissen innerlichen Unruhe, daß ich gerne bei Ihnen sein möchte; und in dem Falle ist ein Stückchen Papier so ein wahrer

Trost, so ein geflügeltes Pferd für mich hier, mitten in dem lärmenden Straßburg, als es Ihnen, in Ihrer Ruhe, nur sein kann, wenn Sie die Entfernung von Ihren Freunden recht lebhaft fühlen.« Auch er fühlt recht lebhaft und innig, zum ersten Mal am 10. Oktober 1770. Der endgültige Abschied im August 1771, so steht es in *Dichtung und Wahrheit*, seien peinliche Tage gewesen, deren Erinnerung ihm nicht geblieben sei. Ein typischer Fall von Verdrängung. Doch das allerletzte Lebewohl geht ihm nicht aus dem Kopf: »Als ich ihr die Hand vom Pferd reichte, standen ihr Tränen in den Augen, und mir war sehr übel zumute.« Das Bleibende der schwärmenden Liebesmonate, Friederike sei Dank, sind die *Sesenheimer Lieder*, mit denen der Dichter den eigenen und einen ganz neuen lyrischen Ton gefunden hat – im »Mailied« ebenso wie im »Heideröslein«.

Neue geistige Horizonte haben sich aufgetan in Straßburg. Die Freundschaft mit Herder führt den Studiosus zu Shakespeare, und er begeistert sich für Schlichtheit und Wahrheit des Volkslieds. Ergriffen steht er vor dem Straßburger Münster, der gotischen Offenbarung, vermeintlich ein Urbild deutscher Baukunst. Und er verehrt den »edlen Erwin« von Steinbach, Schöpfer der Westfassaden-Fensterrose. Das Erlebnismotto für Straßburg heißt nun: »Dabei wollen wir nicht sein, sondern alles werden wollen.« Auch schwindelfrei. Mit der Besteigung des Münsterturms werden Höhenangst und Schwindelgefühl besiegt; beim Besuch anatomischer Vorlesungen verliert er den Abscheu vor dem »widerwärtigsten Anblick«. Eine neue Goethe-Ära ist angebrochen.

Ich befand mich in einem Gesundheitszustand, der mich bei allem, was ich unternehmen wollte und sollte, hinreichend förderte; nur war mir noch eine gewisse Reizbarkeit übrig geblieben, die mich nicht immer im Gleichgewicht ließ. Ein starker Schall war mir zuwider, krankhafte Gegenstände erregten mir Ekel und Abscheu. Besonders aber ängstigte mich ein Schwindel, der mich jedesmal befiel, wenn ich von einer Höhe herunterblickte. Allen diesen Mängeln suchte ich abzuhelfen, und zwar, weil ich keine Zeit verlieren wollte, auf eine etwas heftige Weise. Abends beim Zapfenstreich ging ich neben der Menge Trommeln her, deren gewaltsame Wirbel und Schläge das Herz im Busen hätte zersprengen mögen.

Ich erstieg ganz allein den höchsten Gipfel des Münsterturms und saß in dem sogenannten Hals, unter dem Knopf oder der Krone, wie man's nennt, wohl eine Viertel Stunde lang, bis ich es wagte, wieder heraus in die freie Luft zu treten, wo man auf einer Platte, die kaum eine Elle im Gevierte haben wird, ohne sich sonderlich anhalten zu können, stehend das unendliche Land vor sich sieht, indessen die nächsten Umgebungen und Zieraten die Kirche und alles, worauf und worüber man steht, verbergen. Es ist völlig, als wenn man sich auf einer Mongolfiere in die Luft erhoben sähe. Dergleichen Angst und Qual wiederholte ich so oft, bis der Eindruck mir ganz gleichgültig ward, und ich habe nachher bei Bergreisen und geologischen Studien, bei großen Bauten, wo ich mit den Zimmerleuten um die Wette über die freiliegenden Balken und über die Gesimse des Gebäudes herlief, ja in Rom, wo man eben dergleichen Wagstücke ausüben muß, um bedeutende Kunstwerke näher zu sehen, von jenen Vorübungen großen Vorteil gezogen.

Das Pfarrhaus in Sesenheim, 1770/1771

Die Anatomie war mir auch deshalb doppelt wert, weil sie mich den widerwärtigsten Anblick ertragen lehrte, indem sie meine Wißbegierde befriedigte. Und so besuchte ich auch das Klinikum des älteren Doktor Ehrmann, so wie die Lektionen der Entbindungskunst seines Sohns, in der doppelten Absicht, alle Zustände kennen zu lernen und mich von aller Apprehension gegen widerwärtige Dinge zu befreien. Ich habe es auch wirklich darin so weit gebracht, daß nichts dergleichen mich jemals aus der Fassung setzen konnte. Aber nicht allein gegen diese sinnlichen Eindrücke, sondern auch gegen die Anfechtungen der Einbildungskraft suchte ich mich zu stählen. Die ahndungs- und schauervollen Eindrücke der Finsternis, einsamer Örter, nächtlicher Kirchen und Kapellen und was hiemit verwandt sein mag, wußte ich mir ebenfalls gleichgültig zu machen; und auch darin brachte ich es so weit, daß mir Tag und Nacht und jedes Lokal völlig gleich war, ja daß, als in später Zeit mich die Lust ankam, wieder einmal in solcher Umgebung die angenehmen Schauer der Jugend zu fühlen, ich diese in mir kaum durch die seltsamsten und fürchterlichsten Bilder, die ich hervorrief, wieder einigermaßen erzwingen konnte.

Aus: *Dichtung und Wahrheit*, neuntes Buch

Stuttgart

Die württembergische Residenzstadt macht auf den zum zweiten Mal hier verweilenden Besucher aus Weimar nicht den besten Eindruck. Neun Tage hält sich Goethe in Stuttgart auf, schaut sich Kultur und öffentliches Leben genau an – und ist enttäuscht. Bei der ersten Visite als Begleiter des jugendlichen Herzogs Carl August auf der Rückreise aus der Schweiz war er noch einigermaßen beeindruckt gewesen vom höfischen Leben und vom Zustand der Baulichkeiten. Das war im Dezember 1779, und der Weimarer Hofbeamte konnte der Preisvergabe zum Schuljahresschluß in der Karlsschule, dem Elite-Institut des Landes, beiwohnen. Der dichterisch noch unbekannte Friedrich Schiller wurde da gleich dreifach als guter Schüler ausgezeichnet. Nun, bei neuerlichem Aufenthalt achtzehn Jahre später, diesmal auf dem Weg zur dritten Reise durch die Schweiz, erhält der Zustand der fürstlichen Anlagen kein gutes Zeugnis. Kaum noch zu einer Theaterdekoration tauge das Alte Schloß; und überhaupt müsse man beim Anblick der Gebäude sagen, »daß sie in gar keinem Geschmack gebaut sind, indem sie nicht die geringste Empfindung weder der Neigung noch des Widerwillens erregen«. Immerhin kann dem Freund Schiller in Jena von einem erfreulichen Besuch beim Bildhauer Dannecker berichtet werden: »Was mich besonders frappierte, war der Originalausguß von Ihrer Büste, der eine solche Wahrheit und Ausführlichkeit hat, daß er wirklich Erstaunen erregt.« Dem ehemaligen Stuttgarter Eleven verschweigt er wohlweislich sein Urteil über die mißratene *Don-Carlos*-Aufführung und die indiskutablen Verhältnisse des hiesigen Theaters. Der Verriß ist dennoch nachzulesen: im Reisetagebuch unter dem Datum des 31. August 1797.

Hierauf ein wenig spazieren und dann in das Schauspiel. Ich habe nicht leicht ein Ganzes gesehen, das sich so sehr dem Marionettentheater nähert als dieses. Eine Steifheit, eine Kälte, eine Geschmacklosigkeit, ein Ungeschick, die Meubles auf dem Theater zu stellen, ein Mangel an richtiger Sprache und Deklamation in jeder Art Ausdruck irgendeines Gefühls oder höhern Gedankens, daß man sich eben zwanzig Jahre oder länger zurückversetzt fühlt. Und was am merkwürdigsten ist, kein einziger, der auch nur sich irgend zu seinem Vorteil auszeichnete; sie passen alle auf das beste zusammen. Ein paar junge wohlgewachsene Leute sind dabei, die weder übel sprechen noch agieren, und doch wüßte ich nicht zu sagen, ob von einem irgend für die Zukunft was zu hoffen wäre. Es ward Don Carlos von Schiller gegeben. Der Entrepreneur Miholé wird abgehen und ein neuer antreten, der aber die Obliegenheit hat, sowohl Schauspieler und Tänzer, die sich von dem alten Theater des Herzogs Karl herschreiben und auf zeitlebens pensioniert sind, beizubehalten. Da er nun zugleich seinen Vorteil sucht und sich durch Abschaffung untauglicher Subjekte nicht Luft machen kann, so ist nicht zu denken, daß dieses Theater leicht verbessert werden könnte. Doch wird es besucht, getadelt, gelobt und ertragen. – Italienisches Sprichwort: Geld ist das zweite Blut des Menschen.

Aus: *Reise in die Schweiz 1797*

T

Taormina · Teplitz · Thüringer Schlösser
Tivoli · Torbole siehe Gardasee · Tübingen

Dies ist der eigentlichste Gewinn der Reisen, und jeder hat nach seiner Art und Weise genugsam Vorteil davon: Das Bekannte wird neu durch unerwartete Bezüge und erregt, mit neuen Gegenständen verknüpft, Aufmerksamkeit, Nachdenken und Urteil.

Geschichte meines botanischen Studiums

Taormina

Dieser herrliche Tag ist die Glückserfüllung der ganzen sizilianischen Reise. Auf der letzten Station vor der Rückfahrt nach Neapel von Messina aus, der vier Jahre zuvor vom Erdbeben zerstörten Hafenstadt, erlebt Goethe den südländisch fremden Einfluß auf das Allerangenehmste. Die florale Umgebung in den Gärten von Taormina, die Klarheit des Himmels, der Hauch des Meeres, die Düfte – alles zusammen eine zeitlose, eben deshalb auch antike Imagination und der schönste Kommentar zur *Odyssee*. So sitzt der Dichter auf niedrig wachsenden Orangenbaumästen und denkt seinen Plan zu *Nausikaa* zu Ende, der dramatischen Konzentration des homerischen Epos. In dieser seligen Atmosphäre kann auch der Reisegefährte Kniep nicht genug gepriesen werden. Der stets zufriedene und vergnügte Maler hat währenddessen unter diesem reinsten Himmel die Landschaft gezeichnet, »zwei ungeheure Blätter, beide wird er zum ewigen Gedächtnis an diesen herrlichen Tag für mich ausführen«. Vor allem hat Kniep den Freund hier zur dichterischen Bestimmung geführt, »mich einer Bürde entledigt, die mir unerträglich wäre«, der Bürde, bildender Künstler sein zu sollen. In den Ruinen des griechischen Amphitheaters erleben die Augenmenschen die vollkommene Harmonie von architektonischer Kunst und Natur mit dem unendlichen Blick über das weite Ätnaland. Förderlich beiden, dem Dichter und dem Maler.

6. Mai 1787. Gott sei Dank, daß alles, was wir heute gesehen, schon genugsam beschrieben ist. Wenn man die Höhe der

Felsenwände erstiegen hat, welche unfern des Meeresstrandes in die Höhe steilen, findet man zwei Gipfel durch ein Halbrund verbunden. Was dies auch von Natur für eine Gestalt gehabt haben mag, die Kunst hat nachgeholfen. Und daraus den amphitheatralischen Halbzirkel für Zuschauer gebildet; Mauern und andere Angebäude von Ziegelsteinen, sich anschließend, supplierten die nötigen Gänge und Hallen. Am Fuße des stufenartigen Halbzirkels erbaute man die Szene quer vor, verband dadurch die beiden Felsen und vollendete das ungeheuerste Natur- und Kunstwerk. Setzt man sich nun dahin, wo ehmals die obersten Zuschauer saßen, so muß man gestehen, daß wohl nie ein Publikum im Theater solche Gegenstände vor sich gehabt. Rechts zur Seite auf höheren Felsen erheben sich Kastelle, weiter unten liegt die Stadt, und obschon diese Baulichkeiten aus neueren Zeiten sind, so standen doch vor alters wohl eben dergleichen auf derselben Stelle. Nun sieht man an dem ganzen langen Gebirgsrücken des Ätna hin, links das Meerufer bis nach Catania, ja Syrakus; dann schließt der ungeheure, dampfende Feuerberg das weite, breite Bild, aber nicht schrecklich, denn die mildernde Atmosphäre zeigt ihn entfernter und sanfter, als er ist.

Wendet man sich von diesem Anblick in die an der Rückseite der Zuschauer angebrachten Gänge, so hat man die sämtlichen Felswände links, zwischen denen und dem Meere sich der Weg nach Messina hinschlingt. Felsgruppen und Felsrücken im Meere selbst, die Küste von Kalabrien in der weitesten Ferne, nur mit Aufmerksamkeit von gelind sich erhebenden Wolken zu unterscheiden.

Wir stiegen gegen das Theater hinab, verweilten in dessen Ruinen, an welchen ein geschickter Architekt seine Restaurierungsgabe wenigstens auf dem Papier versuchen sollte, unternahmen sodann, uns durch die Gärten eine Bahn nach der Stadt zu brechen. Allein hier erfuhren wir, was ein Zaun von nebeneinander gepflanzten Agaven für ein undurchdringliches Bollwerk sei; die kräftigen Stacheln der Blattränder sind empfindliche Hindernisse; tritt man auf ein solches kolossales Blatt, in Hoffnung, es werde uns tragen, so bricht es zusammen, und anstatt ins Freie zu kommen, fallen wir einer Nachbarpflanze in die Arme. Zuletzt entwickelten wir uns doch diesem Labyrinthe, genossen weniges in der Stadt, konnten aber vor Sonnenuntergang von der Gegend nicht scheiden. Unendlich schön war es zu beobachten, wie diese in allen Punkten bedeutende Gegend nach und nach in Finsternis versank. Aus: *Italienische Reise*

Teplitz

Während seines zweiten Aufenthalts im nordböhmischen Kurort liest Goethe der hochgeschätzten Maria Ludovica, Gemahlin des österreichischen Kaisers Franz I., in intimer Runde fast täglich aus eigenen Werken vor. Majestät kennt die Weimarer Prominenz aus der Zeit der Karlsbader Badekur zwei Jahre zuvor; der Fürstin scheint ein persönlicher Umgang mit dem Dichter ein Bedürfnis zu sein, jedenfalls hat sie ihn nach Teplitz eingeladen. Aus seiner Verehrung der Kaiserin macht der Dichter seinerseits kein Hehl; er preist ihre Schönheit, Klugheit und geistige Anmut, schreibt Huldigungsverse, und das Gedicht »Geheimstes« gilt vermutlich ihr. In diesem heiteren Sommer 1812 trifft Goethe an vier Julitagen in Teplitz auch mit Beethoven zusammen.

Worüber die beiden gesprochen haben, ist nicht übermittelt. Im Tagebuch sind zu diesen Terminen lediglich drei Eintragungen mit dem Namen des Komponisten zu finden. Am 19. Juli in der Aufzählung der Besuchten; am 20. Juli ist vermerkt: »abends mit Beethoven nach Bilin zu gefahren«; und am 21. Juli weilt er »abends bei Beethoven. Er spielte köstlich.« Seiner Frau, die sich in Karlsbad aufhält, meldet Goethe nach dem ersten Zusammentreffen mit Beethoven: »Zusammengefaßter, energischer, inniger habe ich noch keinen Künstler gesehen. Ich begreife recht gut, wie er gegen die Welt wunderlich stehn muß.«

An Carl Friedrich Zelter
2. September 1812. Beethoven habe ich in Teplitz kennen gelernt. Sein Talent hat mich in Erstaunen gesetzt; allein er ist leider eine ganz ungebändigte Persönlichkeit, die zwar gar nicht Unrecht hat, wenn sie die Welt detestabel findet, aber sie freilich dadurch weder für sich noch für andere genußreicher macht. Sehr zu entschuldigen ist er hingegen und sehr zu bedauern, da ihn sein Gehör verläßt, das vielleicht dem musikalischen Teil seines Wesens weniger als dem geselligen schadet. Er, der ohnehin lakonischer Natur ist, wird es doppelt durch diesen Mangel.

Thüringer Schlösser

Thüringen, das Land seiner Väter. Der Urgroßvater schmiedet Hufe in Artern; Großvater Friedrich Georg Göthe wandert von dort nach Lyon und Paris und erlernt das Schneiderhandwerk, bevor er sich in Frankfurt ansiedelt. Und, was Genealogen erst nach Goethes Tod ermittelt haben: Lukas Cranach, der sein letztes Lebensjahr in Weimar im Hause seines Schwiegersohnes Christian Brück verbringt, ist ein Vorfahre des Dichters mütterlicherseits; elf Generationen leben in den Jahrhunderten zwischen den beiden. In Thüringen hat sich Goethe wohlgefühlt, auch wenn er zuweilen an gegenteiliger Meinung leidet. Auf der unfreiwilligen Reise zur Campagne in Frankreich wünscht er sich wieder »zwischen die Thüringer Hügel, wo ich doch Haus und Garten zuschließen kann«.

Für seinen Herzog fährt und wandert der Staatsdiener jahrzehntelang zu Wagen, Pferd und Fuß kreuz und quer durchs Land. Dienstliche Aufträge führen ihn oft, manchmal für Wochen in die Residenz der kunstverständigen Herzöge von Sachsen-Gotha und Altenburg nach Gotha. Im Winter scheint er sich dort witterungsbedingt nicht allzu gerne aufgehalten zu haben. An Carl August meldet er am 18. Januar 1781: »Bedenk ich noch dazu den Zug auf dem Gothaischen Schlosse, die Kälte, und daß man weder Herr von seinem Rock noch Fußbekleidung bleibt, so schreckt mich das ganz in mein Dachsloch zurück, wo mich ohnedies eine hypochondrische Vorliebe gefangen hält.« Als Oberaufsichtsrat für die Universität Jena hat Goethe mit dem regierenden Gothaer Fürsten als einem landesherrlichen Teilhaber der Thüringer Gemeinschaftsuniversität auch immer dann zu tun, wenn Geld für die Alma Mater benötigt wird.

Als Goethe in seinen späten Jahren mit Eckermann Ettersburg bei Weimar besucht, erinnert er sich »an manchen guten Tag« in dieser Schloßanlage. »Wir waren alle jung und voll Übermut, und es fehlte uns im Sommer nicht an allerlei improvisiertem Komödienspiel und im Winter nicht an allerlei Tanz und Schlittenfahrten mit Fackeln.« An Anna Amalias Musenhof wurde viel Theater gespielt, das freche *Jahrmarktsfest zu Plundersweilern* ebenso uraufgeführt wie *Die Laune des Verliebten*. Zum Ereignis wurde ein *Iphigenie*-Abend mit dem gemeinsamen Auftritt von Corona Schröter in der Titelrolle und Goethe als Orest.

Das Schlößchen Tiefurt in Weimars Nähe erwählte die Herzogin-Mutter 1781 zum neuen Sommersitz; sie läßt in den folgenden Jahren den Garten sowie umliegende Wiesen und Wäldchen zu einem englischen Landschaftspark nach Wörlitzer Vorbild gestalten mit einer Naturkulisse für Freiluftaufführungen; ein idealer Ort für zwanglose Geselligkeit und als Treffpunkt von Dichtern, Musikern, Schauspielern und bildenden Künstlern, geweiht »der Empfindung, der Weisheit und den Grazien«. Auch in diesem Ambiente ist Goethe geistiger und künstlerischer Mittelpunkt. Sein Singspiel *Die Fischerin* wird nächtens eindrucksvoll uraufgeführt mit Corona Schröter in der Titelrolle. Und der Dichter liest hier zum erstenmal öffentlich aus seinem *Tasso* vor.

Das Schloß Heidecksburg des kleinen thüringischen Fürstentums Schwarzburg Rudolstadt in Rudolstadt besucht Goethe oft in diplomatischer Mission; der Weg dorthin führt vorbei am Schloß Groß-Kochberg, wo Charlotte von Stein Gastgeberin ist. Hier kehrt der Seelenfreund ein, solange die

Hausherrin es gut mit ihm meint. In Rudolstadt, im Hause der Frau von Lengenfeld, der späteren Schwiegermutter Schillers, kommt es im September 1788 zur ersten persönlichen Begegnung Goethes mit Schiller; beiderseits kühl, verkrampft und betont desinteressiert absolviert.

Die anmutige Lage auf steilem Felsen über der Saale wie die weite Aussicht über das Thüringer Land macht die drei Schlösser über dem Städtchen Dornburg zum Lieblingsort des Weimarer Fürsten; Goethe verbringt hier als Gast viele angenehme Tage. Zudem ist der Naturfreund beglückt vom Anblick der schön angelegten Terrassen und Gärten, nicht weniger von den in jüngster Zeit kultivierten Weinhängen. Nach dem plötzlichen Tod des Großherzogs im Juli 1828 sucht der Dichter tiefbetrübt die Einsamkeit, er zieht für zwei Monate in die sogenannte Bergstube im kleinsten der drei Ensembles, um mit seiner Melancholie fertig zu werden, spaziert viele Stunden auf den weitläufigen Terrassen, geht den botanischen und meteorologischen Interessen nach, schreibt lange Briefe und erlebt jeden Tag vom Aufgang der Sonne bis zu ihrem Untergang. Im Tagebuch ist am 18. August 1828 vermerkt: »Vor Sonnenaufgang aufgestanden. Vollkommene Klarheit des Tals. Der Ausdruck des Dichters: heilige Frühe ward empfunden.« Zwei der fünf »Dornburger Gedichte« wachsen aus dieser Empfindung: »Früh, wenn Tal, Gebirg und Garten« sowie »Dem aufgehenden Vollmonde« mit der Schlußzeile »Überselig ist die Nacht«.

An Carl Friedrich Zelter
Dornburg, den 10. Juli 1828. Ich weiß nicht, ob Dornburg dir bekannt ist; es ist ein Städtchen auf der Höhe im Saaletal unter Jena, vor welchem eine Reihe von Schlössern und Schlößchen gerade am Absturz des Kalkflözgebirges zu den verschiedensten Zeiten erbaut ist; anmutige Gärten ziehen sich an Lusthäusern her; ich bewohne das alte neuaufgeputzte Schlößchen am südlichsten Ende. Die Aussicht ist herrlich und fröhlich, die Blumen blühen in den wohlunterhaltenen Gärten, die Traubengeländer sind reichlich behangen, und unter meinem Fenster seh' ich einen wohlgediehenen Weinberg, den der Verblichene auf dem ödesten Abhang noch vor drei Jahren anlegen ließ und an dessen Ergrünung er sich die letzten Pfingsttage noch zu erfreuen die Lust hatte. Von den anderen Seiten sind die Rosenlauben bis zum Feenhaften geschmückt und die Malven und was nicht alles blühend und bunt, und mir erscheint das alles in erhöhteren Farben wie der Regenbogen auf schwarzgrauem Grunde.

Seit fünfzig Jahren hab ich an dieser Stätte mich mehrmals mit ihm des Lebens gefreut, und ich könnte diesmal an keinem Ort verweilen, wo seine Tätigkeit auffallender anmutig vor die Sinne tritt. Das Ältere erhalten und aufgeschmückt, das Neuerworbene (eben das Schlößchen, das ich bewohne, ehemals ein Privat-Eigentum) mäßig und schicklich eingerichtet, durch anmutige Berggänge und Terrassen mit den frühern Schloßgärten verbunden, für eine zahlreiche Hofhaltung, wenn sie keine übertriebene Forderungen macht, geräumig und genügend, und was der Gärtner ohne Pedanterie und Ängstlichkeit zu leisten verpflichtet ist, alles vollkommen, Anlage wie Flor.

Damit du aber wissest, wie dein Freund auf einem luftigen

Schloß, von wo er ein hübsches Tal mit flachen Wiesen, steigenden Äckern und einer bis an die unzugänglichen steilen Waldränder sich erstreckenden Vegetation übersieht, wie er daselbst diese langen Tage von Sonnenaufgang bis Sonnenuntergang zubringt, will ich dir vertrauen: daß ich schon seit einiger Zeit vom Auslande her die Naturwissenschaften wieder aufzunehmen angeregt bin. Das liebe Deutschland hat etwas ganz eigentlich Wunderliches in seiner Art; ich habe redlich aufgepaßt, ob bei denen nun seit drei Jahren eingeleiteten und durchgeführten naturwissenschaftlichen Zusammenkünften mich auch nur etwas berühre, anrühre, mich, der ich seit fünfzig Jahren leidenschaftlich den Naturbetrachtungen ergeben bin; es ist mir aber, außer gewissen Einzelheiten, die mir aber eigentlich doch auch nur Kenntnis gaben, nichts zu Teil geworden, keine neue Forderung ist an mich gelangt, keine neue Gabe ward mir angeboten; ich mußte daher die Interessen zum Capital schlagen und will nun sehen, wie das Summa Summarum im Auslande fruchtet.

Tivoli

Für wohlhabende Römer ist der Ort in den Albaner Bergen mit den herrschaftlichen Villenanlagen über den grandiosen Wasserfällen des Anio viele Jahrhunderte eine bevorzugte Sommerfrische. Goethe kommt nach dem Neapelabenteuer am 11. Juni 1787 mit dem Dichterfreund Carl Philip Moritz hierher. Der berühmte Maler Philipp Hackert, dem Italienreisenden aus Weimar schon in Rom ein künstlerischer Betreuer, soll nun zwei Wochen lang Lehrer für Landschaftszeichnen sein.

Rom, den 16. Juni. In Tivoli war ich sehr müde vom Spazierengehen und vom Zeichnen in der Hitze. Ich war mit Herrn Hackert draußen, der eine unglaubliche Meisterschaft hat, die Natur abzuschreiben und der Zeichnung gleich eine Gestalt zu geben. Ich habe in diesen wenigen Tagen viel von ihm gelernt. Weiter mag ich gar nichts sagen. Das ist wieder ein Gipfel irdischer Dinge. Herr Hackert hat mich gelobt und getadelt und mir weitergeholfen. Er tat mir halb im Scherz halb im Ernst den Vorschlag, achtzehn Monate in Italien zu bleiben und mich nach guten Grundsätzen zu üben; nach dieser Zeit, versprach er mir, sollte ich Freude an meinen Arbeiten haben. Ich sehe auch wohl, was und wie man studieren muß, um über gewisse Schwierigkeiten hinauszukommen, unter deren Last man sonst sein ganzes Leben hinkriecht.

Noch eine Bemerkung. Jetzt fangen erst die Bäume, die Felsen, ja Rom selbst an, mir lieb zu werden; bisher hab ich sie immer nur als fremd gefühlt; dagegen freuten mich geringe Gegenstände, die mit denen Ähnlichkeiten hatten, die ich in der Jugend sah. Nun muß ich auch erst hier zu Hause werden, und doch kann ich's nie so innig sein als mit jenen ersten Gegenständen des Lebens. Aus: *Italienische Reise*

Tübingen

»Die Stadt selbst ist abscheulich, allein man darf nur wenige Schritte tun, um die schönste Gegend zu sehen.« So Goethes Tübinger Bericht am 11. September 1797 an seine Gefährtin in Weimar. Er befindet sich auf der dritten Reise in die Schweiz, begleitet vom tüchtigen Schreiber Johann

Ludwig Geist. Schon einmal war der Reisende für kurze Zeit hier gewesen, achtzehn Jahre zuvor mit dem Herzog Carl August auf seiner zweiten Reise in die Schweiz. Neun Tage hält sich Goethe diesmal in der schwäbischen Universitätsstadt auf, fühlt sich im Hause seines späteren Verlegers Cotta sehr gut aufgehoben, unternimmt mit diesem erfreuliche Ausflüge ins Neckartal und die nähere Umgebung, genießt die Aussichten, besichtigt das Schloß, die Universität (die »Akademie«), trifft sich durch Vermittlung Cottas mit interessanten Professoren, findet die Universitätsverfassung, gemessen an den Verhältnissen in Jena, allerdings rückständig. In der Stiftskirche interessieren ihn vor allem die bunten Glasfenster; er verfaßt in diesen Tagen seinen ersten Aufsatz *Über Glasmalerei*.

An Herzog Carl August
Weimar, 11. September 1797. Wie auslöschlich die Züge der Gegenstände im Gedächtnis seien, bemerkte ich hier mit Verwunderung, indem mir keine Spur vom Bilde Tübingens geblieben ist, das wir doch auch auf jener sonderbaren und angenehmen ritterlichen Expedition vor so vielen Jahren berührten. Die Akademie ist hier sehr schwach, ob sie gleich verdienstvolle Leute besitzt und ein ungeheures Geld auf die verschiedenen Anstalten verwendet wird; allein die alte Form widerspricht jedem fortschreitenden Leben, die Wirkungen greifen nicht ineinander, und über der Sorge, wie die verschiedenen Einrichtungen im alten Geleise zu erhalten seien, kann nicht zur Betrachtung kommen, was man ehemals dadurch bewirkte und jetzt auf andere Weise bewirken sollte und könnte. Der Hauptsinn einer Verfassung wie die würt-

tembergische bleibt nur immer: die Mittel zum Zwecke recht fest und gewiß zu halten, und eben deswegen kann der Zweck, der selbst beweglich ist, nicht wohl erreicht werden.

An Friedrich Schiller
14. September 1797. Nun bin ich seit dem siebenten in Tübingen, dessen Umgebungen ich die ersten Tage, bei schönem Wetter, mit Vergnügen betrachtete, und nun eine traurige Regenzeit durch geselligen Umgang um ihren Einfluß betrüge. Bei Cotta habe ich ein heiteres Zimmer und, zwischen der alten Kirche und dem akademischen Gebäude, einen freundlichen, obgleich schmalen Ausblick ins Neckartal. Je näher ich Cotta kennen lerne, desto besser gefällt er mir. Für einen Mann von strebender Denkart und unternehmender Handelsweise hat er so viel Mäßiges, Sanftes und Gefaßtes, so viel Klarheit und Beharrlichkeit, daß er mir eine seltene Erscheinung ist. Ich habe mehrere von den hiesigen Professoren kennen lernen, in ihren Fächern, Denkungsart und Lebensweise sehr schätzbare Männer, die sich alle in ihrer Lage gut zu befinden scheinen, ohne daß sie gerade einer bewegten akademischen Zirkulation nötig hätten. Die großen Stiftungen scheinen den großen Gebäuden gleich, in die sie eingeschlossen sind; sie stehen wie ruhige Kolosse auf sich selbst gegründet und bringen keine lebhafte Tätigkeit hervor, die sie zu ihrer Erhaltung nicht bedürften.

V

**Valmy · Venedig · Verdun · Verona
Vesuv · Vicenza · Vierwaldstätter See
Volpertshausen siehe Wetzlar**

Für einen Reisenden geziemt sich ein skeptischer Realismus.

An Friedrich Schiller, 12. August 1797

Valmy

Die Kanonade von Valmy am 20. September 1792 ist in die Geschichtsbücher wie in die Literaturgeschichte eingegangen. Preußen und Österreicher, dazu wenige militärische Kräfte aus Sachsen-Weimar auf der einen Seite, auf der anderen die Freiwilligen der Französischen Revolution beschossen sich an diesem Tag auf den kargen Hügeln um das Dorf zwischen Chalons und Saint Menehould aufs heftigste, ohne daß es zu einer Schlacht gekommen wäre. Am Abend sei es eben so gewesen, »als wenn nichts gewesen wäre«. Und doch behauptet Goethe, als Begleiter seines Herzogs sozusagen der literarische Kriegsberichterstatter, in den Aufzeichnungen zur *Campagne in Frankreich*, er habe (irrtümlich datiert: 19. September) im Kreise einer demoralisierten Offiziersgruppe den Ausspruch getan: »Von hier und heute geht eine neue Epoche der Weltgeschichte aus, und ihr könnt sagen, ihr seid dabei gewesen.« Zunächst ging von dem militärisch sinnlosen Artillerieduell auf den versumpften Wiesen und verschlammten Äckern für die Koalitionäre nur ein katastrophaler Rückzug aus, wobei ein erheblicher Teil der Truppen verhungerte oder an Typhus zugrunde ging. Von der neuen, der napoleonischen Epoche, die möglich wurde durch das klägliche Scheitern dieses Feldzugs gegen die Revolution, konnte an diesem Kanonadeabend keine Rede sein. Doch Goethes »Kanonenfieber«, erfahrungsbegierig wie leichtsinnig im Selbstversuch erprobt, wird gewiß Gesprächsthema gewesen sein.

Dem Ehepaar Herder zu Hause in Weimar bezeichnet der Kriegsteilnehmer das militärische Unternehmen im Dauerregen als bösen Traum, der ihn »zwischen Trümmern, Leichen, Äsern und Scheißhaufen gefangen« gehalten habe. Dreißig Jahre später erinnert er sich noch daran, daß er in diesem Elend zwischen Not und Kot, Gefahr und Qual das neckische Gelübde getan habe, man solle von ihm niemals wieder einen Klagelaut vernehmen über den »meine freiere Zimmeraussicht beschränkenden Nachbargiebel; ferner wollt' ich mich über Mißbehagen und Langeweile im deutschen Theater nie wieder beklagen, wo man doch immer Gott danken könne unter Dach zu sein, was auch auf der Bühne vorgehe«.

Den 19. September nachts. Von jeder Seite wurden an diesem Tage zehntausend Schüsse verschwendet, wobei auf unserer Seite nur zwölfhundert Mann und auch diese ganz unnütz fielen. Von der ungeheuren Erschütterung klärte sich der Himmel auf: denn man schoß mit Kanonen völlig, als wär' es Pelotonfeuer, zwar ungleich, bald abnehmend, bald zunehmend. Nachmittags ein Uhr, nach einiger Pause, war es am gewaltsamsten, die Erde bebte im ganz eigentlichsten Sinne, und doch sah man in den Stellungen nicht die mindeste Veränderung. Niemand wußte, was daraus werden sollte.
Ich hatte soviel vom Kanonenfieber gehört und wünschte zu wissen, wie es eigentlich damit beschaffen sei. Langeweile und ein Geist, den jede Gefahr zur Kühnheit, ja zur Verwegenheit aufruft, verleitete mich, ganz gelassen nach dem Vorwerk la Lune hinaufzureiten. Dieses war wieder von den unsrigen besetzt, gewährte jedoch einen gar wilden Anblick. Die zerschossenen Dächer, die herumgestreuten Weizenbündel, die darauf hie und da ausgestreckten tödlich Verwundeten und dazwischen noch manchmal eine Kanonenkugel, die sich

herüberverirrend in den Überresten der Ziegeldächer klapperte. Ganz allein, mir selbstgelassen, ritt ich links auf den Höhen weg und konnte deutlich die glückliche Stellung der Franzosen überschauen; sie standen amphitheatralisch in größter Ruh und Sicherheit. Mir begegnete gute Gesellschaft, es waren bekannte Offiziere vom Generalstabe und vom Regimente, höchst verwundert, mich hier zu finden. Sie wollten mich mit sich zurücknehmen, ich sprach ihnen aber von besonderen Absichten, und sie überließen mich meinem bekannten wunderlichen Eigensinn.

Ich war nun vollkommen in die Region gelangt, wo die Kugeln herüber spielten; der Ton ist wundersam genug, als wär' er zusammengesetzt aus dem Brummen des Kreisels, dem Butteln des Wassers und dem Pfeifen eines Vogels. Sie waren weniger gefährlich wegen des feuchten Erdbodens; wo eine hinschlug, blieb sie stecken, und so ward mein törichter Versuchsritt wenigstens vor der Gefahr des Ricochetirens gesichert. Unter diesen Umständen konnte ich jedoch bald bemerken, daß etwas Ungewöhnliches in mir vorgehe; ich achtete genau darauf, und doch würde sich die Empfindung nur gleichnisweise mitteilen lassen. Es schien, als wäre man an einem sehr heißen Orte, und zugleich von derselben Hitze völlig durchdrungen, so daß man sich mit demselben Element, in welchem man sich befindet, vollkommen gleich fühlt. Die Augen verlieren nichts an ihrer Stärke noch Deutlichkeit; aber es ist doch, als wenn die Welt einen gewissen braunrötlichen Ton hätte, der den Zustand so wie die Gegenstände noch apprehensiver macht. Von Bewegung des Blutes habe ich nichts bemerken können, sondern mir schien vielmehr alles in jener Glut verschlungen zu sein. Hieraus erhellet nun, in welchem Sinne man diesen Zustand ein Fieber nennen könnte. Bemerkenswert bleibt es indessen, daß jenes gräßlich Bängliche nur durch die Ohren zu uns gebracht wird; denn der Kanonen Donner, das Heulen, Pfeifen, Schmettern der Kugeln durch die Luft ist doch eigentlich Ursache an diesen Empfindungen. Als ich zurückgeritten und völlig in Sicherheit war, fand ich bemerkenswert, daß alle jene Glut sogleich erloschen und nicht das Mindeste von einer fieberhaften Bewegung übrig geblieben sei. Es gehört übrigens dieser Zustand unter die am wenigsten wünschenswerten; wie ich denn auch unter meinen lieben und edlen Kriegskameraden kaum einen gefunden habe, der einen eigentlich leidenschaftlichen Trieb hiernach geäußert hätte.

So war der Tag hingegangen. Unbeweglich standen die Franzosen; unsere Leute zog man aus dem Feuer zurück. Und es war eben, als wenn nichts gewesen wäre.

Aus: *Campagne in Frankreich*

Venedig

Bei zwei Aufenthalten, unterschiedlich motiviert und beurteilt, weilt Goethe insgesamt zehn Wochen in der Lagunenstadt. »So stand es denn im Buche des Schicksals auf meinem Blatte geschrieben, daß ich 1786 den achtundzwanzigsten September, abends, nach unserer Uhr um fünfe, Venedig zum erstenmal, aus der Brenta in die Lagune einfahrend, erblicken und bald darauf diese wunderbare Inselstadt, diese Biberrepublik betreten und besuchen sollte.« Es ist der einzige länger dauernde Zwischenhalt auf der eilenden Reise nach Rom. Beim zweiten, nicht freiwilligen Besuch vier Jahre später sieht der Reisende die Stadt als »Stein- und Was-

sernest«, erregt er sich in einem Brief an Herder über das »Sauleben dieser Nation«. Trübes Aprilwetter verdirbt zudem die Stimmung. Seinem Fürsten in Weimar, der ihn nach Venedig gesandt hat, um die Herzogin-Mutter nach Hause zu geleiten, teilt er genervt mit, »daß meiner Liebe für Italien durch diese Reise ein tödlicher Stoß versetzt wird«.
Das erste Mal kommt Goethe mit dem öffentlichen Schiff von Padua, »in gesitteter Gesellschaft«. Am Morgen nach der Ankunft eilt er, sich einen Eindruck zu verschaffen. Ohne Begleiter wirft er sich ins Labyrinth der Stadt, »welche, obgleich durchaus von Kanälen und Kanälchen durchschnitten, durch Brücken und Brückchen wieder zusammenhängt. Die Enge und Gedrängtheit des Ganzen denkt man nicht, ohne es gesehen zu haben.« Hektisch streift er durch die aufregende Stadt; doch nicht alles, was er sieht, konveniert. Die Architektur von Sankt Markus »ist jeden Unsinns wert, der jemals drinne gelehrt oder getrieben worden sein mag«. Über die Kirche Santa Maria della Salute ein noch strengeres Urteil: »Das Ganze bis ins Einzelne, Muster über Muster eines schlechten Geschmacks.« Tags darauf besteigt er den Markusturm, »wo sich dem Auge ein einziges Schauspiel darstellt«. Von hier sieht Goethe in der Ferne zum ersten Mal das Meer. Mit Unrast wird das Besichtigungs- und Vergnügungsprogramm absolviert: Kirchen, Paläste, Galerien, Gondelfahrten, Ausflüge zum Lido. Abends Oper oder Komödie. Was im Tagebuch festgehalten wird, »mag stehen als Denkmal des ersten Eindrucks, der, wenn er auch nicht immer wahr wäre, uns doch köstlich und wert bleibt«. Dem Italiener, meint er, ist das Ultramontane eine dunkle Vorstellung. »Auch mir kommt das Jenseits der Alpen nun düster vor. Nur das Klima würde mich reizen, diese Gegen-

den jenen vorzuziehen: denn Geburt und Gewohnheit sind mächtige Fesseln. Ich möchte hier nicht leben, wie überall an keinem Orte, wo ich unbeschäftigt wäre.«

Den 29. September 1786, Michaelstag, abends. Nachdem ich müde geworden, setzte ich mich in eine Gondel, die engen Gassen verlassend, und fuhr den nördlichen Teil des großen Kanals durch, um die Insel der heiligen Klara, in die Lagunen, den Kanal der Giudecca herein, bis gegen den Markusplatz, und war nun auf einmal ein Mitherr des Adriatischen Meeres, wie jeder Venezianer sich fühlt, wenn er sich in seine Gondel legt. Ich gedachte dabei meines guten Vaters in Ehren, der nichts besseres wußte, als von diesen Dingen zu erzählen. Wird mir's nicht auch so gehen? Alles was mich umgibt ist würdig, ein großes respektables Werk versammelter Menschenkraft, ein herrliches Monument, nicht eines Gebieters, sondern eines Volkes.

Den 1. Oktober. Ich ging und besah mir die Stadt in mancherlei Rücksichten, und da es eben Sonntag war, fiel mir die große Unreinlichkeit der Straßen auf, worüber ich meine Betrachtungen anstellen mußte. Es ist wohl eine Art von Polizei in diesem Artikel, die Leute schieben den Kehrig in die Ecken, auch sehe ich große Schiffe hin und wider fahren, die an manchen Orten stille liegen und das Kehrig mitnehmen, Leute von den Inseln umher, welche des Düngers bedürfen; aber es ist in diesen Anstalten weder Folge noch Strenge, und desto unverzeihlicher die Unreinlichkeit der Stadt, da sie ganz zur Reinlichkeit angelegt worden, so gut als irgend eine holländische. Alle Straßen sind geplattet, selbst die entferntesten Quartiere wenigstens mit Backsteinen auf der hohen Kante ausgesetzt, wo es nötig, in der Mitte ein wenig erhaben, an der Seite Vertiefungen, das Wasser aufzufassen und in bedeckte Kanäle zu leiten. Noch andere architektonische Vorrichtungen der ersten wohlüberdachten Anlage zeugen von der Absicht trefflicher Baumeister, Venedig zu der reinsten Stadt zu machen, wie sie die sonderbarste ist. Ich konnte nicht unterlassen, gleich im Spazierengehen eine Anordnung deshalb zu entwerfen und einen Polizeivorsteher, dem es Ernst wäre, in Gedanken vorzuarbeiten. So hat man immer Trieb und Lust, vor fremden Türen zu kehren.

Den 5. Oktober. Nachts. Ich komme noch lachend aus der Tragödie und muß diesen Scherz gleich auf dem Papier befestigen. Das Stück war nicht schlimm, der Verfasser hatte alle tragischen Matadore zusammengesteckt und die Schauspieler hatten gut spielen. Zwei Väter, die sich hassen, Söhne und Töchter aus diesen getrennten Familien, leidenschaftlich übers Kreuz verliebt, ja das eine Paar heimlich verheiratet. Es ging wild und grausam zu, und nichts blieb zuletzt übrig, um die jungen Leute glücklich zu machen, als daß die beiden Väter sich erstachen, worauf, unter lebhaftem Händeklatschen, der Vorhang fiel. Nun ward aber das Klatschen heftiger, nun wurde fuora gerufen, und das so lange, bis sich die zwei Hauptpaare bequemten, hinter dem Vorhang hervorzukriechen, ihre Bücklinge zu machen und auf der anderen Seite wieder abzugehen. Das Publikum war noch nicht befriedigt, es klatschte fort und rief: I morti! Das dauerte so lange, bis die zwei Toten auch herauskamen und sich bückten, da denn einige Stimmen riefen: Bravi i morti! Sie wurden durch Klatschen lange festgehalten, bis man ihnen gleichfalls abzugehen erlaubte. Diese Posse gewinnt für den Augen- und Ohrenzeugen unendlich, der das Bravo! Bravi!, das die

Italiener immer im Munde führen, so in den Ohren hat wie ich, und dann auf einmal auch die Toten mit diesem Ehrenwort anrufen hört.

Den 6. Oktober. Die Tragödie gestern hat mich manches gelehrt. Erstlich habe ich gehört, wie die Italiener ihre elfsilbrigen Jamben deklamieren, dann habe ich begriffen, wie klug Gozzi die Masken mit den tragischen Figuren verbunden hat. Das ist das eigentliche Schauspiel für dieses Volk, denn es will auf eine krude Weise gerührt sein, es nimmt keinen innigen zärtlichen Anteil am Unglücklichen, es freut sie nur, wenn der Held gut spricht, denn aufs Reden halten sie viel, sodann aber wollen sie lachen oder etwas Albernes vornehmen. Ihr Anteil am Schauspiel ist nur als an einem Wirklichen. Da der Tyrann seinem Sohne das Schwert reichte und forderte, daß dieser seine eigne Gemahlin umbringen sollte, fing das Volk laut an, sein Mißvergnügen über diese Zumutung zu beweisen, und es fehlte nicht viel, so wäre das Stück unterbrochen worden. Sie verlangten, der Alte sollte sein Schwert zurücknehmen. Endlich entschloß sich der bedrängte Sohn, trat ins Proszenium und bat demütig: sie möchten sich nur noch einen Augenblick gedulden, die Sache werde noch ganz nach Wunsch ablaufen. Aus: *Italienische Reise*

Vier Jahre später der zweite Venedig-Besuch, »ein wenig intoleranter gegen das Sauleben dieser Nation als das vorige Mal«. So klingt das Verdikt im vierten Venezianischen Epigramm:

Das ist Italien, das ich verließ. Noch stäuben die Wege,
Noch ist der Fremde geprellt, stell er sich, wie er auch will.

Deutsche Redlichkeit suchst du in allen Winkeln vergebens:
Leben und Weben ist hier, aber nicht Ordnung und Zucht;
Jeder sorgt nur für sich, mißtraut dem andern, ist eitel,
Und die Meister des Staats sorgen nur wieder für sich.
Schön ist das Land; doch ach! Faustinen find ich nicht wieder.
Das ist Italien nicht mehr, das ich mit Schmerzen verließ.

Verdun

Krieg! Goethe macht im Herbst 1792 die Campagne in Frankreich mit, widerwillig, auf Verlangen seines militärisch ambitionierten Herzogs, eines preußischen Generals. Der Staatsbeamte reist dem Troß hinterher, erlebt in Frankfurt ein freudiges Wiedersehen mit der Mutter, macht sich noch zwei schöne Tage in Trier, »einem alten Pfaffennest, das in angenehmer Gegend liegt«, und erreicht schließlich an seinem Geburtstag das preußische Feldlager in der Ardennenstadt Longwy. Lustig ist das Lagerleben nicht, denn es regnet Tag und Nacht. Und in den folgenden Wochen hört der Regen nicht auf. Die Campagne gegen die Franzosen versinkt in Wasser, Schlamm und Fäkalien. Bis Verdun stößt das Heer kaum auf militärischen Widerstand. Goethe beobachtet, mitleidend mit den Einwohnern, das Bombardement der Festung. Am 3. September ziehen die Deutschen in die Stadt ein. Eine ruhige Woche in bequemen Betten folgt; der treusorgende Hausvater kauft für die Lieben daheim den besten Liqueur und berühmtes Zuckerwerk; nebenbei macht er in Pfützen interessante Beobachtungen für seine Farbenlehre. Der Sieg gegen die französischen Revolutionäre, dann die Befreiung des Königs in Paris scheinen nicht fern zu

Festung Verdun, 1792

sein. Doch es kommt ganz anders. Beim unrühmlichen Rückzug nach der Kanonade von Valmy wird Verdun vom 9. bis 11. Oktober zum Lazarett für die erfolglose Invasionstruppe. »Das Wetter war furchtbarer denn je«, so erinnert sich der Dichter dreißig Jahre später, und »das Unheil stieg aufs Höchste, die Zelte durchnäßt, sonst kein Schirm, kein Obdach, man wußte nicht, wohin man sich wenden sollte«. Stadt und Land ein einziges Katastrophengebiet.

An Christiane Vulpius
Im Lager bei Verdun, d. 10. Sept. 1792. Wärst du nur jetzt bei mir! Es sind überall große breite Betten, und du solltest dich nicht beklagen, wie es manchmal zu Hause geschieht. Ach! Mein Liebchen! Es ist nichts besser als beisammen zu sein. Wir wollen es uns immer sagen, wenn wir uns wieder haben. Denke nur! Wir sind so nah an Champagne und finden kein gut Glas Wein. Auf dem Frauenplan soll's besser werden, wenn nur erst mein Liebchen Küche und Keller besorgt. Mache nur, daß unser Häuschen recht ordentlich wird, für das andere soll schon gesorgt werden. In Paris wird's allerlei geben.

Verdun. Den 11. Oktober. Ohne die Nacht geschlafen zu haben, waren wir früh um drei Uhr schon im Begriff, unseren gegen das Hoftor gerichteten Wagen zu besteigen, als wir ein unüberwindliches Hindernis gewahr wurden; denn es zog eine ununterbrochene Kolonne Krankenwagen durch die zum Sumpf gefahrene Stadt. Der Tag brach an, wir befanden uns vor der Stadt in dem größtmöglichen Gewirr und Gewimmel. Wir zogen mit unserer Kolonne rechts gegen Estain, auf einem beschränkten Fahrweg mit Graben zu beiden Seiten. Die Selbsterhaltung in einem so ungeheuren Drange kannte schon kein Mitleiden, keine Rücksicht mehr; nicht weit vor uns fiel ein Pferd vor einem Rüstwagen, man schnitt die Stränge entzwei und ließ es liegen. Als nun aber die drei übrigen die Last nicht weiter bringen konnten, schnitt man auch sie los, warf das schwerbepackte Fuhrwerk in den Graben, und mit dem geringsten Aufhalte fuhren wir weiter und zugleich über das Pferd weg, das sich eben erholen wollte, und ich sah ganz deutlich, wie dessen Gebeine unter den Rädern knirschten und schlotterten. Reiter und Fußgänger suchten sich von der unwegsamen Fahrstraße auf die Wiesen zu retten; aber auch diese waren zu Grunde geregnet, von ausgetretenen Gräben überschwemmt, die Verbindung der Fußpfade überall unterbrochen. Daß man unter solchen Umständen in Gräben, auf Wiesen, Feldern und Angern tote Pferde genug erblickte, war natürliche Folge des Zustands; bald aber fand man sie auch abgedeckt, die fleischigen Teile sogar ausgeschnitten, trauriges Zeichen des allgemeinen Mangels. So zogen wir fort, jeden Augenblick in Gefahr, bei der geringsten eigenen Stockung selbst über Bord geworfen zu werden.

Aus: *Campagne in Frankreich*

Verona

Auf einem Maultier reitet Goethe, vom Gardasee kommend, am 14. September 1786 in Verona ein. Der Reisende verweilt fünf Tage in dieser ersten größeren Stadt mit südlichem Flair. Die empfindsamen, empfindlichen Sinne nehmen die unbekannte Lebensart der Italiener wahr. Aufregend das römische Amphitheater; die Arena ist das erste bedeutende Monument der alten Zeit, dessen er ansichtig wird. Und so gut erhalten! »Als ich hineintrat, mehr noch, als ich oben auf dem Rande umher ging, schien es mir seltsam, etwas Großes und doch eigentlich nichts zu sehen.« Nur in der frühesten Zeit, meint er, »als das Volk noch mehr Volk war, als es jetzt ist«, habe es seine ganze Wirkung getan. »Denn eigentlich ist so ein Amphitheater recht gemacht, dem Volk mit sich selbst zu imponieren, das Volk mit sich selbst zum besten zu haben.« Das heißt, man will nicht nur sehen, sondern auch gesehen werden. Beeindruckend für den Nordländer das bunte Leben auf den Straßen; abstoßend allerdings die Unreinlichkeit der Häuser, der Unrat auf den Straßen.

17. September 1786. Das Volk rührt sich hier sehr lebhaft durcheinander, besonders in einigen Straßen, wo Kaufläden und Handwerksbuden aneinander stoßen, sieht es recht lustig aus. Da ist nicht etwa eine Tür vor dem Laden oder Arbeitszimmer, nein, die ganze Breite des Hauses ist offen, man sieht bis in die Tiefe und alles, was darin vorgeht. Die Schneider nähen, die Schuster ziehen und pochen alle halb auf der Gasse; ja die Werkstätten machen einen Teil der Straße. Abends, wenn Lichter brennen, sieht es recht lebendig. Auf den Plätzen ist es an Markttagen sehr voll, Gemüse und Früchte unübersehlich, Knoblauch und Zwiebeln nach Herzenslust. Übrigens schreien, schäkern und singen sie den ganzen Tag, werfen und balgen sich, jauchzen und lachen unaufhörlich. Die milde Luft, die wohlfeile Nahrung läßt sie leicht leben. Alles, was nur kann, ist unter freiem Himmel. Nachts geht nun das Singen und Lärmen recht an. Das Lied-

chen von Marlborough hört man auf allen Straßen, dann ein Hackebrett, eine Violine. Sie üben sich, alle Vögel mit Pfeifen nachzumachen. Die wunderlichsten Töne brechen überall hervor. Ein solches Übergefühl des Daseins verleiht ein mildes Klima auch der Armut, und der Schatten des Volks scheint selbst noch ehrwürdig.

Die uns so sehr auffallende Unreinlichkeit und wenige Bequemlichkeit der Häuser entspringt auch daher: sie sind immer draußen, und in ihrer Sorglosigkeit denken sie an nichts. Dem Volk ist alles recht und gut, der Mittelmann lebt auch von einem Tag zum andern, der Reiche und Vornehme schließt sich in seine Wohnung, die eben auch nicht so wohnlich ist wie im Norden. Vorhöfe und Säulengänge sind alle mit Unrat besudelt, und es geht ganz natürlich zu. Das Volk fühlt sich immer vor. Der Reiche kann reich sein, Paläste bauen, aber wenn er einen Säulengang, einen Vorhof anlegt, so bedient sich das Volk dessen zu seinem Bedürfnis, und es hat kein dringenderes, als das so schnell wie möglich los zu werden, was es so häufig als möglich zu sich genommen hat. An öffentlichen Gebäuden läßt sich das Volk sein Recht nun gar nicht nehmen, und das ist's, worüber der Fremde durch ganz Italien Beschwerde führt. Aus: *Italienische Reise*

Vesuv

Ein überraschender Ausbruch des Vesuvs macht den Geologen Goethe, zweihundert Kilometer von Neapel entfernt, nervös. Die Touristen in der Ewigen Stadt machen sich eilends auf den Weg dorthin, und »man muß sich Gewalt antun, um nicht mit fortgerissen zu werden«. Der Mann aus

Weimar kümmert sich in Rom seit acht Wochen um die Kunst. Nun will er ausharren in der Hoffnung, »daß der Berg noch etwas für mich aufheben wird«. Drei Monate später kann der von allem Vulkanischen Begeisterte wahrlich was erleben während seines Aufenthalts in Neapel. Tag und Nacht knallt's, sind Eruptionen zu beobachten. Drei Mal wagt sich der Naturforscher in den »Höllenbrudel«. Das erste Mal bei trübem Wetter und umwölktem Gipfel bis auf die Höhe des alten Kraters. Dort dampft es aus allen Löchern und »wir waren ungefähr fünfzig Schritte in den Dampf hinein, als er so stark wurde, daß ich kaum meine Schuhe sehen konnte. Das Schnupftuch vorgehalten half nichts, der Führer war mir auch verschwunden, die Tritte auf den ausgeworfenen Lavabröckchen unsicher, fand ich für gut umzukehren und mir den gewünschten Anblick auf einen heitern Tag und verminderten Rauch zu sparen.« Beim zweiten Versuch, dem gefährlichsten, gelingt es dem Bergsteiger zwar nicht, in den eruptiven Krater zu blicken, doch immerhin erkennt er bei Todesgefahr durch einen »Zwischenraum des Qualms« geborstene Felsenwände im Schlund des Vulkans.

Neapel, den 6. März 1787. Obgleich ungern, doch aus treuer Geselligkeit, begleitete Tischbein mich heute auf den Vesuv. Ihm, dem bildenden Künstler, der sich nur immer mit den schönsten Menschen- und Tierformen beschäftigt, ja das Ungeformte selbst, Felsen und Landschaften, durch Sinn und Geschmack vermenschlicht, ihm wird eine solche furchtbare, ungestalte Aufhäufung, die sich immer wieder selbst verzehrt und allem Schönheitsgefühl den Krieg ankündigt, ganz ab-

Vesuv-Ausbruch, 1787

scheulich vorkommen. Der Weg durch die äußersten Vorstädte und Gärten sollte schon auf etwas Plutonisches hindeuten. Denn da es lange nicht geregnet, waren von dickem, aschgrauem Staube die von Natur immergrünen Pflanzen überdeckt, alle Dächer, Gurtgesimse und was nur irgend eine Fläche bot, gleichfalls übergraut, so daß nur der herrliche blaue Himmel und die hereinscheinende mächtige Sonne ein Zeugnis gab, daß man unter den Lebendigen wandle.
Am Fuße des steilen Hanges empfingen uns zwei Führer, ein älterer und ein jüngerer, beide tüchtige Leute. Der erste schleppte mich, der zweite Tischbein den Berg hinauf. Sie schleppten, sage ich; denn ein solcher Führer umgürtet sich mit einem ledernen Riemen, in welchen der Reisende greift und, hinaufwärts gezogen, sich an einem Stabe auf seinen eigenen Füßen desto leichter emporhilft. So erlangten wir die Fläche, über welcher sich der Kegelberg erhebt, gegen Norden die Trümmer der Somma.
Ein Blick westwärts über die Gegend nahm wie ein heilsames Bad alle Schmerzen der Anstrengung und alle Müdigkeit hinweg, und wir umkreisten nunmehr den immer qualmenden, Stein und Asche auswerfenden Kegelberg. Solange der Raum gestattete, in gehöriger Entfernung zu bleiben, war es ein großes, geisterhebendes Schauspiel. Erst ein gewaltsamer Donner, der aus dem tiefsten Schlunde hervortönte, sodann Steine, größere und kleinere, zu Tausenden in die Luft geschleudert, von Aschenwolken eingehüllt. Der größte Teil fiel in den Schlund zurück. Die andern, nach der Seite zu getriebenen Brocken, auf die Außenseite des Kegels niederfallend, machten ein wunderbares Geräusch: erst plumpten die schwereren und hupften mit dumpfem Getön an die Kegelseite hinab, die geringeren klapperten hinterdrein, und

zuletzt rieselte die Asche nieder. Dieses alles geschah in regelmäßigen Pausen, die wir durch ein ruhiges Zählen sehr wohl abmessen konnten. Zwischen der Somma und dem Kegelberge ward aber der Raum enge genug, schon fielen mehrere Steine um uns her und machten den Umgang unerfreulich. Tischbein fühlte sich nunmehr auf dem Berge noch verdrießlicher, da dieses Ungetüm, nicht zufrieden, häßlich zu sein, auch noch gefährlich werden wollte.

Wie aber durchaus eine gegenwärtige Gefahr etwas Reizendes hat und den Widerspruchsgeist im Menschen auffordert, ihr zu trotzen, so bedachte ich, daß es möglich sein müsse, in der Zwischenzeit von zwei Eruptionen den Kegelberg hinauf an den Schlund zu gelangen und auch in diesem Zeitraum den Rückweg zu gewinnen. Ich ratschlagte hierüber mit den Führern unter einem überhängenden Felsen der Somma, wo wir, in Sicherheit gelagert, uns an den mitgebrachten Vorräten erquickten. Der jüngere getraute sich, das Wagestück mit mir zu bestehen, unsere Hutköpfe fütterten wir mit leinenen und seidenen Tüchern, wir stellten uns bereit, die Stäbe in der Hand, ich seinen Gürtel fassend.

Noch klapperten die kleinen Steine um uns herum, noch rieselte die Asche, als der rüstige Jüngling mich schon über das glühende Gerölle hinaufriß. Hier standen wir an dem ungeheuren Rachen, dessen Rauch eine leise Luft von uns ablenkte, aber zugleich das Innere des Schlundes verhüllte, der ringsum aus tausend Ritzen dampfte. Durch einen Zwischenraum des Qualmes erblickte man hie und da geborstene Felsenwände.

Der Anblick war weder unterrichtend noch erfreulich, aber eben deswegen, weil man nichts sah, verweilte man, um etwas herauszusehen. Das ruhige Zählen war versäumt, wir standen auf einem scharfen Rande vor dem ungeheuern Abgrund. Auf einmal erscholl der Donner, die furchtbare Ladung flog an uns vorbei, wir duckten uns unwillkürlich, als wenn uns das vor den niederstürzenden Massen gerettet hätte; die kleineren Steine klapperten schon, und wir, ohne zu bedenken, daß wir abermals eine Pause vor uns hatten, froh, die Gefahr überstanden zu haben, kamen mit der noch rieselenden Asche am Fuß des Kegels an, Hüte und Schultern genugsam eingeäschert. Von Tischbein aufs freundlichste empfangen, gescholten und erquickt, konnte ich nun den älteren und neueren Laven eine besondere Aufmerksamkeit widmen.

Aus: *Italienische Reise*

Vicenza

Ein Geologe und Vinologe, so scheint es, wenn man in der *Italienischen Reise* liest, ist unterwegs von Verona nach Vicenza. »Man fährt nordostwärts an den Gebirgen hin und hat die Vorderberge, die aus Sand, Kalk, Ton, Mergel bestehen, immer linker Hand.« Vor Vicenza sind die Hügel vulkanisch, sie umschließen die Ebene. Und da laufen bequeme breite Wege durch fruchtbarstes Feld. Für den Weinbau in tiefen Baumreihen, auch wie die Trauben gerade geerntet werden: Dafür muß man sich doch begeistern! »Besonders freuen mich die Wagen mit niedrigen, tellerartigen Rädern, die, mit vier Ochsen bespannt, große Kufen hin und wider führen, in welchen die Weintrauben aus den Gärten geholt und gestampft werden.« Und wenn die Wagen leer sind, stehen die Führer drinnen wie in einem bacchantischen Triumphzug. Fünf Tage hält sich Goethe in dieser herrlichsten

Landschaft in der Stadt Palladios auf und, was im Reisetagebuch unbedingt hervorgehoben werden muß, in der Stadt der schönen Frauen. Gern wäre er länger geblieben, doch Rom ruft. Wichtigstes im Besichtigungsprogramm: die Palladio-Villen. Ein Kunsterlebnis, das lebenslang nachwirkt. Schon der Vater hatte die Bauwerke auf seiner Italien-Reise bewundert. Erstaunlich für diese frühe Zeit des Italien-Tourismus: Der Besucher kann sich bei seinen Besichtigungen eines gedruckten Stadt- und Kunstführers mit Kupferstichabbildungen bedienen.

Vicenza, den 19. September. Vor einigen Stunden bin ich hier angekommen, habe schon die Stadt durchlaufen, das Olympische Theater und die Gebäude des Palladio gesehen. Man hat ein sehr artiges Büchelchen mit Kupfern zur Bequemlichkeit der Fremden herausgegeben mit einem kunstverständigen Texte. Wenn man nun diese Werke gegenwärtig sieht, so erkennt man erst den großen Wert derselben, denn sie sollen ja durch ihre wirkliche Größe und Körperlichkeit das Auge füllen, und durch die schöne Harmonie ihrer Dimensionen nicht nur in abstrakten Aufrissen, sondern mit dem ganzen perspektivischen Vordringen und Zurückweichen den Geist befriedigen; und so sag' ich vom Palladio: er ist ein recht innerlich und von innen heraus großer Mensch gewesen. Die höchste Schwierigkeit, mit der dieser Mann wie alle neuern Architekten zu kämpfen hatte, ist die schickliche Anwendung der Säulenordnungen in der bürgerlichen Baukunst; denn Säulen und Mauern zu verbinden, bleibt doch immer ein Widerspruch. Aber wie er das untereinander gearbeitet hat, wie er durch die Gegenwart seiner Werke imponiert und vergessen macht, daß er nur überredet! Es ist wirklich etwas Göttliches in seinen Anlagen, völlig wie die Force des großen Dichters, der aus Wahrheit und Lüge ein Drittes bildet, dessen erborgtes Dasein uns bezaubert.

Betrachtet man nun hier am Orte die herrlichen Gebäude, die jener Mann aufführte, und sieht, wie sie schon durch das enge schmutzige Bedürfnis der Menschen entstellt sind, wie die Anlagen meist über die Kräfte der Unternehmer waren, wie wenig diese köstlichen Denkmale eines hohen Menschengeistes zu dem Leben der übrigen passen, so fällt einem denn doch ein, daß es in allem andern ebenso ist: denn man verdient wenig Dank von den Menschen, wenn man ihr inneres Bedürfnis erhöhen, ihnen eine große Idee von ihnen selbst geben, ihnen das Herrliche eines wahren edlen Daseins zum Gefühl bringen will.

Ich muß mich schon auf eine wunderliche Weise zusammenfassen: denn ich finde auch hier, leider gleich!, das was ich fliehe und suche gleichzeitig. Aus: *Italienische Reise*

Vierwaldstätter See

»Zum dritten Male besucht' ich die kleinen Kantone, und weil die epische Form bei mir gerade das Übergewicht hatte, ersann ich einen Tell unmittelbar in der Gegenwart der klassischen Örtlichkeit.« In den *Tag- und Jahresheften* für 1797 wird der dritten Schweiz-Reise die größte Aufmerksamkeit geschenkt. Bei der Seefahrt wie bei den Wanderungen am Vierwaldstätter See ist dem Dichter die Tell-Sage auf Schritt und Tritt gegenwärtig. Die Lokalitäten wie die Charaktere, die Sitten und Gebräuche der Menschen in dieser Gegend werden gründlich beobachtet. Und nun komme es auf gut Glück an, so meldet er Schiller nach Weimar, ob aus diesem Unternehmen etwas werden könne. Wieder zu Hause, überläßt er dem Dichterfreund den Stoff, schenkt ihm die eigenen Vorbereitungen und Anschauungen, veranstaltet im März 1804 die Weimarer Uraufführung des Schillerschen Dramas und entwirft auch das Bühnenbild dafür.

An Friedrich Schiller
Stäfa, am 25. September 1797. Nun soll es in einigen Tagen nach dem Vierwaldstätter See gehen. Die großen Naturszenen, die ihn umgeben, muß ich mir, da wir so nahe sind, wieder zum Anschauen bringen, denn die Rubrik dieser ungeheuern Felsen darf mir unter meinen Reise-Kapiteln nicht fehlen. Ich habe schon ein paar tüchtige Aktenfaszikel gesammelt, in die alles, was ich erfahren habe oder was mir sonst vorgekommen ist, sich eingeschrieben oder eingeheftet befindet, bis jetzt noch der bunteste Stoff von der Welt. Ich hoffe diese Reisesammlung noch um vieles zu vermehren und kann mich dabei an so mancherlei Gegenständen prüfen. Man genießt doch zuletzt, wenn man fühlt, daß man so manches subsumieren kann, die Früchte der großen und anfangs unfruchtbar scheinenden Arbeiten, mit denen man sich in seinem Leben geplagt hat.

W

Walchensee · Weimar · Wetzlar
Wiesbaden · Winkel

Wie ich immer gefunden habe, so läßt sich eine Badezeit mit dem Leben überhaupt vergleichen. Man kommt als Neuling mit allerlei Hoffnungen und Forderungen an, manches bleibt unerfüllt, anderes erfüllt sich über alle Erwartung, manches unerwartete Gute und Böse ereignet sich, und zuletzt tritt man ungern ab, ohne gerade wieder von vorne anfangen zu wollen.

An Josephine Gräfin O'Donnell, 5. August 1813

Walchensee

»Was laß ich nicht alles rechts und links liegen, um einen Gedanken auszuführen, der fast zu alt in meiner Seele geworden ist!« Nach Italien! Noch befindet er sich, am 7. September 1786, diesseits der Alpenbarriere. Von München geht's nach Mittenwald. An den Tiroler Bergen, zu denen Goethe großzügig auch die Wettersteingipfel zählt, »stehen die Wolken in ungeheuern Massen fest«. Doch endlich, von Sonnenglanz begleitet, die Fahrt durch Benediktbeuern, prächtig gelegen, zum Walchensee. Der Postillon bricht in Fröhlichkeit aus und behauptet, es sei der erste schöne Tag im ganzen verregneten Sommer. An der Uferstraße des hochgelegenen Sees ergibt sich eine bedeutsame Begegnung, Südländisches ahnend. »So finde ich nach und nach meine Menschen« für das literarische Werk. Hier einen Harfner und seine Tochter, die Goethe im Wagen mitfahren läßt. Mignon wird später Wilhelm Meister begleiten und an Sehnsucht sterben nach der Heimat, dem »Land, wo die Zitronen blühn«.

7. September 1786. Ein Harfner mit seiner Tochter, einem Mädchen von elf Jahren, gingen vor mir her und baten mich, das Kind einzunehmen. Er trug das Instrument weiter, ich ließ sie zu mir sitzen, und sie stellte eine große neue Schachtel sorgfältig zu ihren Füßen. Ein artiges ausgebildetes Geschöpf, in der Welt schon ziemlich bewandert. All ihre Reisen habe sie zu Fuß gemacht, zuletzt in München vor dem Kurfürsten gespielt und sich überhaupt vor einundzwanzig fürstlichen Personen hören lassen. Sie unterhielt mich recht gut. Hübsche, große, braune Augen, eine eigensinnige Stirn, die

sich manchmal ein wenig hinaufwärts faltete. Wenn sie sprach, war sie angenehm und natürlich, besonders wenn sie kindischlaut lachte; hingegen wenn sie schwieg, schien sie etwas bedeuten zu wollen und machte mit der Oberlippe eine fatale Miene. Ich sprach sehr viel mit ihr durch, sie war überall zu Hause und merkte gut auf die Gegenstände. Sie gehe, sagte sie, nach Bozen auf die Messe, wo ich doch wahrscheinlich auch hinzöge. Wenn sie mich dort anträfe, müsse ich ihr einen Jahrmarkt kaufen, welches ich ihr denn auch versprach. Dort wollte sie auch ihre neue Haube aufsetzen, die sie in München von ihrem Verdienst habe machen lassen. Sie wollte mir solche im voraus zeigen. Nun eröffnete sie die Schachtel, und ich mußte mich des reichgestickten und wohlbebänderten Kopfschmuckes mit ihr erfreuen.

Über eine andere frohe Aussicht vergnügten wir uns gleichfalls zusammen. Sie versicherte nämlich, daß es gut Wetter gäbe. Sie trügen ihren Barometer mit sich, und das sei die Harfe. Wenn sich der Diskant hinaufstimme, so gebe es gutes Wetter, und das habe er heute getan. Ich ergriff das Omen, und wir schieden im besten Humor, in der Hoffnung eines baldigen Wiedersehns. Aus: *Italienische Reise*

Weimar

Von hier ist er in die Welt hinaus gereist; wo ist er nicht überall gewesen. Und immer, jedenfalls fast immer, ist Goethe gern nach Weimar zurückgekehrt. Denn dort leben »alle diese vortrefflichen Menschen«, wie er Eckermann sein Festhalten an dieser kleinen thüringischen Residenz- und Weltliteraturstadt erklärt. »Das ist es, was ich Heimat nenne.« Von der

letzten Reise über die Landesgrenzen hinaus kommt er im September 1823 mit 74 Jahren heim, voller Liebesschmerz und mit der *Marienbader Elegie* im Gepäck, entstanden auf der holprigen Kutschfahrt aus dem Böhmischen heraus. Nun bleibt er zu Hause. Es beginnt das Leben mit dem treuen Eckermann. Der Weltmann läßt reisen. Er liest begierig Reiseberichte als Welterfahrung. Korrespondiert in viele Länder. Empfängt Forschungsreisende wie den Brasilienfahrer Carl Friedrich von Martius (der eine neuentdeckte Malvenart in Verehrung für den Pflanzenforscher »Goethea« benennt). Zum Besuch des Berliner Studenten Salomon Munk, der gerade nach Paris will und der dort später Professor für Orientalistik wird, überliefert der Kanzler Müller einen Ausspruch Goethes: »Ich sehe solche Leute gern, man tut dabei einen Blick in die weite Welt hinaus und hat die behagliche Empfindung, nicht selbst reisen zu müssen.« Und schließlich schickt der Vater seinen Sohn stellvertretend nach Italien, wo August von Goethe im Oktober 1830 stirbt und an der Cestiuspyramide begraben wird. Wenn Wilhelm von Humboldt bei Weimarbesuchen der seßhaft gewordenen Exzellenz von Reisen nach Spanien und durch Frankreich berichtet, dann zeigt sich Goethe dankbar, »die großen Lücken, die sich in meiner Kenntnis dieser Länder befinden, aufgefüllt zu sehen. Denn was man durch einen gleichgesinnten Freund erfährt, ist nahezu, als wenn man es selbst erfahren hätte.«
Weimar ist nicht erst in Goethes späten Jahren Wallfahrtsort für alle Verehrer des Universalisten. Sogar Napoleon denkt in größter Not an den Olympier. Als der Kaiser der Franzosen auf seiner winterlichen Flucht aus Rußland im Dezember 1812 nachts durch Weimar eilt, vergißt er nicht, den Dich-

Felsentreppe im Weimarer Park, 1779

terfürsten grüßen zu lassen. Weimar hat, besonders durch den Weltweisen, den Ruhm einer wissenschaftlichen und kunstreichen Bildung über Deutschland, ja über Europa verbreitet; und »dadurch ward herkömmlich«, so ist in einem Brief an den Ministerkollegen Voigt zu lesen, »sich in zweifelhaften literarischen und artistischen Fällen hier guten Rat zu holen«. Solches Weimarer Selbstbewußtsein beweist sich in der ironischen Spruchdichtung der Zahmen Xenien: »Gott grüß euch, Brüder, / Sämtliche Oner und Aner! / Ich bin Weltbewohner, bin Weimaraner, / Ich habe diesem edlen Kreis, / Durch Bildung mich empfohlen. / Und wer es etwas besser weiß, / Der mag's wo anders holen.«

Jena, Montag, den 15. September 1823. Goethe ist von Marienbad glücklich zurückgekommen, wird aber, da seine hiesige Gartenwohnung nicht die erforderliche Bequemlichkeit darbietet, hier nur wenige Tage verweilen. Er ist wohl und rüstig, so daß er einen Weg von mehreren Stunden zu Fuß machen kann und es eine wahre Freude ist, ihn anzusehen. Nach einem beiderseitigen fröhlichen Begrüßen fing Goethe sogleich an, über meine Angelegenheit zu reden. »Ich muß geradeheraus sagen«, begann er, »ich wünsche, daß Sie diesen Winter bei mir in Weimar bleiben.« Dies waren seine ersten Worte, dann ging er näher ein und fuhr fort: »In der Poesie und Kritik steht es mit Ihnen aufs beste, Sie haben darin ein natürliches Fundament; das ist Ihr Metier, woran Sie sich zu halten haben und welches Ihnen auch sehr bald eine tüchtige Existenz zuwege bringen wird. Nun ist aber noch manches, was nicht eigentlich zum Fache gehört und was Sie doch auch wissen müssen. Es kommt aber darauf an, daß Sie hierbei nicht lange Zeit verlieren, sondern schnell darüber hinwegkommen. Das sollen Sie nun diesen Winter bei uns in Weimar, und Sie sollen sich wundern, wie weit Sie Ostern sein werden. Sie sollen von allem das Beste haben, weil die besten Hilfsmittel in meinen Händen sind. Dann stehen Sie fürs Leben fest und kommen zum Behagen und können überall mit Zuversicht auftreten.«

Ich freute mich dieser Vorschläge und sagte, daß ich mich ganz seinen Ansichten und Wünschen überlassen wolle. »Für eine Wohnung in meiner Nähe«, fuhr Goethe fort, »werde ich sorgen; Sie sollen den ganzen Winter keinen unbedeutenden Moment haben. Es ist in Weimar noch viel Gutes beisammen, und Sie werden nach und nach in den höheren Kreisen eine Gesellschaft finden, die den besten aller großen Städte gleichkommt. Auch sind mit mir persönlich ganz vorzügliche Männer verbunden, deren Bekanntschaft Sie nach und nach machen werden und deren Umgang Ihnen im hohen Grade lehrreich und nützlich sein wird.« Goethe nannte mir verschiedene angesehene Namen und bezeichnete mit wenigen Worten die besonderen Verdienste jedes einzelnen.

»Wo finden Sie«, fuhr er fort, »auf einem so engen Fleck noch so viel Gutes! Auch besitzen wir eine ausgesuchte Bibliothek und ein Theater, was den besten anderer deutscher Städte in den Hauptsachen keineswegs nachsteht. Ich wiederhole daher: bleiben Sie bei uns, und nicht bloß diesen Winter, wählen Sie Weimar zu Ihrem Wohnort. Es gehen von dort die Tore und Straßen nach allen Enden der Welt. Im Sommer machen Sie Reisen und sehen nach und nach, was Sie zu sehen wünschen. Ich bin seit fünfzig Jahren dort, und wo bin ich nicht überall gewesen! Aber ich bin immer gerne nach Weimar zurückgekehrt.«

Ich war beglückt, Goethen wieder nahe zu sein und ihn wieder reden zu hören, und ich fühlte mich ihm mit meinem ganzen Innern hingegeben.
Johann Peter Eckermann, *Gespräche mit Goethe*

Wetzlar

In die schön gelegene, doch »übel gebaute Stadt«, Sitz des Reichskammergerichts, kommt Goethe im Mai 1772 als Praktikant zum Abschluß seiner juristischen Ausbildung; er ist dort einer von achtzehn Volontären. Für Rechtsfragen interessiert sich der Licentiat allerdings viel weniger als für Homer, indische Märchen und *Die neue Heloise* von Rousseau. Auch schreibt er Rezensionen für die »Frankfurter Gelehrten Anzeigen«, wandert einmal sogar bis nach Gießen, trifft dort mit Freund Merck zusammen, dem Herausgeber der literarischen Zeitschrift. Weltliterarisch bedeutsam wird der Aufenthalt in Wetzlar, weil Goethe im Jagdhaus des nahe gelegenen Dorfes Volpertshausen bei einer Tanzeinladung sich verliebt in die 19 Jahre alte Charlotte Buff, die verlobt ist mit dem Hannoverschen Legationssekretär Johann Christian Kestner. Sie wird später zur Lotte stilisiert im Briefroman über die *Leiden des jungen Werthers*. An gleicher Stelle, beim Tanz in diesem Jagdhaus, beginnt auch die Leidenschaft Werthers. Nach vier Monaten verläßt Goethe, unfähig, mit Neigung und Eifersucht fertig zu werden, hastig die Stadt, wandert die Lahn hinunter bis Ems, nimmt dort das Boot bis Ehrenbreitstein, wo er die Familie La Roche aufsucht – und sich ein bißchen in Maximiliane, die Tochter des Hauses, verliebt. Mit den Kestners verbindet ihn auch weiterhin eine Freundschaft. Kestner berichtet dem Freund nach Frankfurt vom spektakulären Selbstmord des Juristen Jerusalem, der sich aus verschmähter Liebe zu einer verheirateten Frau mit einer von Kestner geliehenen Pistole erschossen hat. Goethe kannte den Wetzlarer Kollegen, Sohn eines bekannten, »frei und zart denkenden Gottesgelehrten«, schon aus der Leipziger Studentenzeit. Die ungeheure Tat wird zum unmittelbaren Anlaß für den epochemachenden Roman. Was vom eigenen Leben und Leiden des Autors dem Werke »zugewendet« wurde, das lasse sich nicht entziffern, so verrätselt Goethe die Wetzlarer Zeit. Als ein »unbemerkter junger Mensch« habe er sein Wesen zwar nicht heimlich, aber doch im Stillen getrieben.

Der neue Ankömmling, völlig frei von allen Banden, sorglos in der Gegenwart eines Mädchens, das, schon versagt, den gefälligsten Dienst nicht als Bewerbung auslegen und sich desto eher daran erfreuen konnte, ließ sich ruhig gehen, war aber bald dergestalt eingesponnen und gefesselt und zugleich von dem jungen Paare so zutraulich und freundlich behandelt, daß er sich selbst nicht mehr kannte. Müßig und träumerisch, weil ihm keine Gegenwart genügte, fand er das, was ihm abging, in einer Freundin, die, indem sie fürs ganze Jahr lebte, nur für den Augenblick zu leben schien. Sie mochte ihn gern zu ihrem Begleiter; er konnte bald ihre Nähe nicht missen, denn sie vermittelte ihm die Alltagswelt, und so waren sie, bei einer ausgedehnten Wirtschaft, auf dem Acker und den Wiesen, auf dem Krautland wie im Garten, bald unzertrennliche Gefährten. Erlaubten es dem Bräutigam seine Geschäfte, so war er an seinem Teil dabei; sie hatten sich alle drei aneinander gewöhnt, ohne es zu wollen, und wußten nicht, wie sie dazu kamen, sich nicht entbehren zu können. So lebten sie, den herrlichen Sommer hin, eine echt deutsche Idylle, wozu das fruchtbare Land die Prosa und eine reine Neigung die Poesie hergab. Durch reife Kornfelder wandernd, erquickten sie sich am taureichen Morgen; das Lied der Lerche, der Schlag der Wachtel waren ergötzliche Töne; heiße Stunden folgten, ungeheure Gewitter brachen herein, man schloß sich nur desto mehr aneinander, und mancher kleine Familien-Verdruß war leicht ausgelöscht durch fortdauernde Liebe. Und so nahm ein gemeiner Tag den andern auf, und alle schienen Festtage zu sein; der ganze Kalender hätte müssen rot gedruckt werden. Verstehen wird mich, wer sich erinnert, was von dem glücklich-unglücklichen Freunde der neuen Heloise geweissagt worden: »Und zu den Füßen der Geliebten sitzend, wird er Hanf brechen, und er wird wünschen Hanf zu brechen, heute, morgen und übermorgen, ja sein ganzes Leben.«

Aus: *Dichtung und Wahrheit*, zwölftes Buch

Wiesbaden

Ohne Nachwirkung bleiben die ersten Berührungen mit dem damals noch verschlafenen Kurstädtchen am Taunus; die jugendlich beschwingte Wanderung in dieser Rheingegend wie auch eine Stippvisite auf der sogenannten Geniereise mit Lavater im Erscheinungsjahr des *Werthers* finden nur kurz Erwähnung in *Dichtung und Wahrheit*. Ganz anders die wohltätigen, auch ereignisreichen Kuraufenthalte in dem prosperierenden, nun schon eleganten Badeort in den

Sommermonaten der Jahre 1814 und 1815. Die Wahl Wiesbadens anstelle der böhmischen Bäder begründet Goethe in den *Tag- und Jahresheften* damit, daß »der politische Himmel sich nach und nach aufzuklären schien und der Wunsch in die freie Welt, besonders aber ins freie Geburtsland, zu dem ich wieder Lust und Anteil fassen konnte, zu einer Reise drängte«. Hier trifft der Dichter am 4. August 1814 zufällig mit Marianne von Willemer zusammen; eine Begegnung, die dichterisch viel bewirkt und im nächsten Jahr, im Anschluß an die Kur, selige Tage in Frankfurt und auf der Gerbermühle, somit die schönsten Gedichte im *West-östlichen Divan* zur Folge hat. Von Wiesbaden aus unternimmt Exzellenz belebende und dichterisch ergiebige Ausflüge: zum Rochusfest nach Bingen oder zu den Brentanos nach Winkel mit Wanderungen zu beeindruckenden Rheingau-Orten im ersten Badejahr. Im zweiten ergibt sich zwischen den Kurwochen eine Kunstreise mit dem Freiherrn vom Stein nach Köln; eine Unternehmung, wie der Vater dem Sohn entschuldigend mitteilt, die »aus dem Stegreife geschah, gewiß aber nicht ohne Folgen bleiben wird«. Aus den Briefen an Christiane von Goethe erfahren wir auch etwas über die wohltuende, der Gesundheit förderliche Wirkung des Kuraufenthaltes in Wiesbaden.

An Christiane von Goethe
3. Juni 1815. Nun bin ich so ziemlich eingerichtet, ich wohne allerliebst, aber teuer, esse gut und wohlfeil, Wein habe ich von Frankfurt verschrieben und werde mich also in diesen Hauptpunkten bald wohl versorgt finden. Morgens, nach köstlichem Schwalbacher Wasser, bade ich in dem heilsamen Wies-

bade, das alles bekommt mir recht gut und ich kann tätig sein. Neapel rückt vor, so wie Sizilien; diese lustigen Erinnerungen unterhalten mich ohne die mindeste Anstrengung. Ich habe sie oft erzählt, daß es Zeit ist, sie auf dem Papier zu befestigen. – Ich lebe in der erwünschtesten Einsamkeit. Des Tages gehe ich zweimal spazieren, die Gegend erscheint herrlicher, je mehr man sie sieht und schätzt.

Sonntag, den 4. Juni. Nun bin ich volle acht Tage hier, und alles läßt sich sehr gut an. Ich trinke das Weilbacher Schwefelwasser mit Milch, bade täglich und diktiere dabei immerfort. Nach der Badeliste sind schon vierhundert Gäste hier, die ich nicht bemerke: der Ort ist groß, sie sind alle wahrhaft krank, und dann komme ich auch weder an öffentliche Tische noch Orte. Die hiesige Bibliothek, alle Zeitungen, Staatsblätter und Journale anschaffend, sie in der schönsten Ordnung mitteilend, bewirkt eine für den Fremden sehr günstige Unterhaltung.

Winkel im Rheingau

»Das lebendige Schauen der nun zu beschreibenden Örtlichkeiten und Gegenstände verdanke ich der geliebten wie verehrten Familie Brentano, die mir an den Ufern des Rheins, auf ihrem Landgute zu Winkel, viele glückliche Stunden bereitete.« Den Dank stattet Goethe ab mit einer Huldigung der Gastfreundschaft wie der augenfreundlichen Landschaft an den weinbebauten Ufern des Rheins, beschrieben in dem kleinen Aufsatz *Im Rheingau Herbsttage* als Supplement des *Sankt Rochus Festes zu Bingen 1814*. Den Wiesbadener Kuraufenthalt im Sommer 1814 nutzt Goethe für Ausflüge in

Weinbauernhaus im Rheingau, 1815

den Rheingau; einmal zum Rochusfest, ein anderes Mal folgt er der Einladung der Frankfurter Freunde Franz und Antonie Brentano für acht meist sonnige Tage auf dem Anwesen am Strom. Wanderungen führen in die Umgebung, zu dem von Kriegsläuften vandalisierten Kloster Eibingen, nach Schloß Vollrads, wo die herrliche Aussicht für den Verfall der Räume entschädigt, oder nach Johannisberg, wo auf dem Altan des Schlosses »von Biebrich bis Bingen einem gesunden Auge alles sichtbar« ist. Auch Ingelheim mit den Resten der Kaiserpfalz Karls des Großen wird besucht, staunenswert im historischen Ort ist allein das gut eingerichtete Posthaus: »Frau Glöckle nennt sich die Postmeisterin, jetzt von Reisenden, besonders Engländern und Engländerinnen, fleißig besucht.« Am Rheinufer von Winkel zeigt man dem Gast, wo Fräulein von Günderode sich entleibte. Der Dichter gedenkt der Dichterin mit Schaudern. »Die Erzählung dieser Katastrophe an Ort und Stelle, von Personen, die in der Nähe gewesen und Teil genommen, gab das unangenehme Gefühl, was ein tragisches Lokal jederzeit erregt. Wie man Eger nicht betreten kann, ohne daß die Geister Wallensteins und seiner Gefährten uns umschweben.«

Z

Zabern · Zinnwald siehe Altenberg · Zürich

Jeder denkt doch eigentlich für sein Geld auf der Reise zu genießen. Er erwartet alle die Gegenstände, von denen er so vieles hat reden hören, nicht zu finden wie der Himmel und die Umstände wollen, sondern so rein, wie sie in seiner Imagination stehen. Und fast nichts findet er so, fast nichts kann er so genießen. Hier ist was zerstört, hier was angekleckt, hier stinkt's, hier raucht's, hier ist Schmutz etc., so in den Wirtshäusern, mit den Menschen etc. Der Genuß auf einer Reise, wenn man ihn rein haben will, ist ein abstrakter Genuß, ich muß die Unbequemlichkeiten, Widerwärtigkeiten, das, was mit mir nicht stimmt, was ich nicht erwarte, alles muß ich beiseite bringen, in dem Kunstwerk nur den Gedanken des Künstlers, die erste Ausführung, das Leben der ersten Zeit, da das Werk entstand, heraussuchen und es wieder rein in meine Seele bringen. Dann hab ich einen reinen bleibenden Genuß, um dessentwillen bin ich gereist, nicht um des augenblicklichen Wohlseins oder Spaßes willen.

An Charlotte von Stein, 25. September 1786

Zabern

Das erste Studiensemester in Straßburg ist noch nicht vorbei, da macht Goethe sich im Juni 1770 auf und davon; mit zwei neuen Freunden geht es zu Pferde durch Elsaß und Lothringen bis nach Saarbrücken. In den Industriegebieten von Saar und Mosel erschreckt und fasziniert zugleich die schwarze Welt der Kohlefelder und Bergwerksgruben. Die von Schwefeldünsten begleitete Wanderung auf den »brennenden Berg«, vorbei an finstern Stollenschlünden und verdorrten Bäumen, ist ein geologisches Initialerlebnis. Sein Leben lang wird ihn nun interessieren, was einen Berg im Innersten zusammenhält. Eine wohlgefällige Station auf dieser Reise ist das Städtchen Zabern mit dem Schloß der Bischöfe von Straßburg, in der herrlichen Elsässer Ebene am Fuße der Vogesen gelegen. Die Reisenden reiten auch die Zaberner Steige hoch und wieder runter, die unter König Ludwig XV. angelegte Paßstraße von Zabern nach Pfalzburg, ein technisches Meisterwerk des 18. Jahrhunderts.

Mit zwei werten Freunden und Tischgenossen, Engelbach und Weyland, beide aus dem untern Elsaß gebürtig, begab ich mich zu Pferde nach Zabern, wo uns, bei schönem Wetter, der kleine freundliche Ort gar anmutig anlachte. Der Anblick des bischöflichen Schlosses erregte unsere Bewunderung. Die Herrlichkeit der Treppe überraschte uns, die Zimmer und Säle betraten wir mit Ehrfurcht, nur kontrastierte die Person des Kardinals, ein kleiner zusammengefallener Mann, den wir speisen sahen. Der Blick in den Garten ist herrlich, und ein Kanal, dreiviertel Stunden lang, schnurgerade auf die Mitte des Schlosses gerichtet, gibt einen hohen Begriff von dem Sinn und den Kräften der vorigen Besitzer.

Nachdem wir uns nun an diesem geistlichen Vorposten einer königlichen Macht erfreut und es uns in seiner Region wohl sein lassen, gelangten wir früh den andern Morgen zu einem öffentlichen Werk, das höchst würdig den Eingang in ein mächtiges Königreich eröffnet. Von der aufgehenden Sonne beschienen, erhob sich vor uns die gerühmte Zaberner Steige, ein Werk von unüberdenklicher Arbeit. Schlangenweis, über die fürchterlichsten Felsen aufgemauert, führt eine Chaussee, für drei Wagen neben einander breit genug, so leise bergauf, daß man es kaum empfindet. Die Härte und Glätte des Wegs, die geplatteten Erhöhungen an beiden Seiten für die Fußgänger, die steinernen Rinnen zum Ableiten der Bergwasser, alles ist so reinlich als künstlich und dauerhaft hergerichtet, daß es einen genügenden Anblick gewährt. So gelangt man allmählich nach Pfalzburg, einer neueren Festung. Sehr gern ritten wir nun wieder die Steige hinab, um dieses architektonische Wunder zum zweiten Male anzustaunen und uns der erquickenden Aussicht über das Elsaß nochmals zu erfreuen.

Aus: *Dichtung und Wahrheit*, zehntes Buch

Zürich

Goethe und Johann Caspar Lavater – eine Freundschaftswelt für sich. Drei Wochen wohnt der *Werther*-Autor während seiner ersten Schweiz-Reise bei dem Zürcher Prediger, der berühmt ist als pietistischer Schriftsteller und missionarischer Physiognom. Durch ihn wird Goethe mit dem alten Dichter Johann Jacob Bodmer bekannt und mit Barbara Schultheß, einer Lavater-Jüngerin, deren späterer Goethe-Verehrung zu verdanken ist, daß die Urform des *Wilhelm Meister* überliefert ist, weil sie eine Kopie des Manuskriptes für sich selber abgeschrieben hat. Ganz erfüllt vom Wesen und Wirken Lavaters berichtet der Begleiter des Weimarer Herzogs am Ende seiner zweiten Exkursion durch das Alpenland an Frau von Stein: »Wir sind in und mit Lavatern glücklich, es ist uns allen eine Kur, um einen Menschen zu sein, der in der Häuslichkeit der Liebe lebt und strebt, der an dem, was er wirkt, Genuß im Wirken hat und seine Freunde mit unglaublicher Aufmerksamkeit trägt, nährt, leitet und erfreut. Wie gern möchte ich ein Vierteljahr neben ihm zubringen, freilich nicht müßig wie jetzt. Etwas zu arbeiten haben und abends wieder zusammen laufen. Die Wahrheit ist einem doch immer neu, und wenn man wieder einmal so einen ganz wahren Menschen sieht, meint man, man käme erst auf die Welt.« Achtzehn Jahre später, beim dritten Besuch in Zürich, sind sich die beiden nicht mehr gut. Längst hat sich ihr Verhältnis zu Feindschaft gewandelt. Einer möglichen Begegnung, gar Versöhnung weicht Goethe am 20. September 1797 aus, indem er die Straßenseite wechselt, als er des Pastors ansichtig wird.

Zu Zeiten der leuchtenden Freundschaft mit Lavater steht ein Besuch beim philosophierenden Landwirt Jacob Gujer, genannt Kleinjogg, auf dem Mustergut Katzenrütihof bei Zürich auf dem Programm. Zu besichtigen ist eine ländliche Idylle ganz im Rousseauschen Sinne. Kleinjoggs unorthodoxe Bodenbewirtschaftung mit hohen Erträgen wird weit und breit und bis Amerika gerühmt. »Den Republikaner und freien Bauern, eines der herrlichsten Geschöpfe, wie sie diese

Erde hervorbringt, aus der auch wir entsprossen sind«, habe er getroffen, rühmt Goethe am 12. Juni 1775 in einem Brief an Sophie von La Roche, die den Kleinjogg auch schon kennt. Er legt dem Brief ein Stück Brot bei, »an Klijoggs Tisch geschnitten«, und merkt an: »für schneiden sagen sie hier hauen: ein Stück Brot abgehauen«. Auch vier Jahre später, auf der Erziehungsreise mit Carl August, ist der Kleinjogg besuchenswert. Der junge Herzog teilt der Gattin in Weimar etwas indigniert seinen Eindruck von diesem berühmten Manne mit: »Er hat einen entsetzl. durchdringenden Verstand, aber keinen esprit raisonneux.«

In *Dichtung und Wahrheit* gibt der Autobiograph auch die Geschichte eines Skandals zum besten, den Goethe und die Brüder Stolberg, die jugendliche Reisebande aus Deutschland, im Sommer 1775 den Eidgenossen geliefert haben: Sie badeten nackt.

Ich selbst will nicht leugnen, daß ich mich im klaren See zu baden mit meinen Gesellen vereinte und, wie es schien, weit genug von allen menschlichen Blicken. Nackte Körper jedoch leuchten weit, und wer es auch mochte gesehen haben, nahm Ärgernis daran. Die guten harmlosen Jünglinge, welche gar nichts Anstößiges fanden, halb nackt wie ein poetischer Schäfer oder ganz nackt wie eine heidnische Gottheit sich zu sehen, wurden von Freunden erinnert, dergleichen zu unterlassen. Man machte ihnen begreiflich: sie weseten nicht in der uranfänglichen Natur, sondern in einem Lande, das für gut und nützlich erachtet habe, an ältern, aus der Mittelzeit sich herschreibenden Einrichtungen und Sitten festzuhalten. Sie waren nicht abgeneigt, dies einzusehen, besonders da vom

Mittelalter die Rede war, welches ihnen als eine zweite Natur verehrlich schien.

Sie verließen daher die allzu taghaften Seeufer und fanden auf ihren Spaziergängen durch das Gebirge so klare rauschende erfrischende Gewässer, daß es ihnen unmöglich schien, einer solchen Erquickung zu widerstehen. So waren sie auf ihren weitschweifenden Spaziergängen in das düstere Tal gelangt, wo hinter dem Albis die Sill strömend herabfließt, um sich unterhalb Zürich in die Limmat zu ergießen. Entfernt von aller Wohnung, ja von allem betretenen Fußpfad fanden sie es hier ganz unverfänglich, die Kleider abzuwerfen und sich kühnlich den schäumenden Stromwellen entgegen zu setzen; dies geschah freilich nicht ohne Geschrei, nicht ohne ein wildes, teils von der Kühlung, teils von dem Behagen aufgeregten Lustjauchzen, wodurch sie diese düster bewaldeten Felsen zur idyllischen Szene einzuweihen den Begriff hatten. Allein, ob ihnen frühere Mißwollende nachgeschlichen oder ob sie sich durch diesen dichterischen Tumult in der Einsamkeit selbst Gegner aufgerufen, ist nicht zu bestimmen. Genug, sie mußten aus dem oberen stummen Gebüsch herab Steinwurf auf Steinwurf erfahren, ungewiß, ob zufällig oder absichtlich, und sie fanden daher für das Klügste, das erquickende Element zu verlassen und ihre Kleider zu suchen.

Auf Lavater erstreckten sich die unangenehmsten Folgen, da er junge Leute von dieser Frechheit bei sich freundlich aufgenommen, mit ihnen Spazierfahrten angestellt und sie sonst begünstigt, deren wildes, unbändiges, unchristliches, ja heidnisches Naturell einen solchen Skandal in einer gesitteten, wohlgeregelten Gegend anrichte.

Aus: *Dichtung und Wahrheit*, Achtzehntes Buch

Von den Eigenheiten
der Franzosen, Italiener, Schweizer

Auf der Reise rafft man auf, was man kann, jeder Tag bringt etwas, und man eilt auch, darüber zu denken und zu urteilen.

An Charlotte von Stein, 7. November 1786

So essen die Franzosen

Einer seiner Großväter war Gastwirt in Frankfurt gewesen; auch diese Herkunft prägt. Goethe entwickelte sich im Laufe seines Lebens zum lukullischen Universalisten an der üppigen Mittagstafel; zu einem Gourmet dazu. Leckereien expedierte er gern an Freundinnen und Freunde in alle Himmelsrichtungen. Und er freute sich von Herzen über Delikatessen wie Teltower Rübchen, die ihm hin und wieder von Freund Zelter aus Berlin zugeschickt wurden. Erhebliche Einschränkungen bei Genuß und Ernährung mußte der Kriegsberichterstatter während der katastrophalen Campagne in Frankreich erdulden; an manchem Tag hatte die Truppe mit verschimmeltem Schwarzbrot zufrieden zu sein, wenn man nicht Gras essen wollte. Um so erfreulicher die Einladung zu schlichtem Mahl bei einfachen Leuten.

3. September 1792. Mittags am Wirtstische wurden wir mit guten Schöpskeulen und Wein von Bar traktiert, den man, weil er nicht verfahren werden kann, im Lande selbst aufsuchen und genießen muß. Nun ist aber an solchen Tischen Sitte, daß man wohl Löffel, jedoch weder Messer noch Gabel erhält, die man daher mitbringen muß. Von dieser Landesart unterrichtet, hatten wir schon solche Bestecke angeschafft, die man dort flach und zierlich gearbeitet zu kaufen findet. Muntere Mädchen warteten auf, nach derselben Art und Weise, wie sie vor einigen Tagen ihrer Garnison noch aufgewartet hatten.
24. September 1792. Als Leidensgenossen bedauerte ich auch

in dieser Zeit zwei hübsche Knaben von vierzehn bis fünfzehn Jahren. Sie hatten, als Requirierte, mit vier schwachen Pferden meine leichte Chaise bis hierher kaum durchgeschleppt und litten still, mehr für ihre Tiere als für sich, doch war ihnen so wenig als uns allen zu helfen. Da sie um meinetwillen jedes Unheil ausstanden, fühlte ich mich zu irgendeiner Pietät gedrungen und wollte jenes erhandelte Commißbrot redlich mit ihnen teilen; allein sie lehnten es ab und versicherten, dergleichen könnten sie nicht essen, und als ich fragte, was sie denn gewöhnlich genössen? versetzten sie: du bon pain, de la bonne soupe, de la bonne viande, de la bonne bière. Da nun bei ihnen alles gut und bei uns alles schlimm war, verzieh ich ihnen gern, daß sie unter Zurücklassung ihrer Pferde sich bald darauf davon machten. Sie hatten manches Unheil ausgestanden, ich glaube aber, daß eigentlich das dargebotene Commißbrot sie zu dem letzten entscheidenden Schritt, als ein furchtbares Gespenst, bewogen habe. Weiß und schwarz Brot ist eigentlich das Schibolet, das Feldgeschrei zwischen Deutschen und Franzosen.

4. Oktober 1792. Da es beschlossen war, den fünften in der Gegend zu rasten, so wurden wir in Sivry einquartiert und fanden, nach so viel Unbilden, die Häuslichkeit gar erfreulich und konnten den französisch ländlichen, idyllisch Homerischen Zustand zu unserer Unterhaltung und Zerstreuung abermals genauer bemerken. Man trat nicht unmittelbar von der Straße in das Haus, sondern fand sich erst in einem kleinen, offenen, viereckten Raum, wie die Türe selbst das Quadrat angab. Von da gelangte man, durch die eigentliche Haustüre, in ein geräumiges, hohes, dem Familienleben bestimmtes Zimmer; es war mit Ziegelsteinen gepflastert, links, an der langen Wand, ein Feuerherd, unmittelbar an Mauer

und Erde; die Esse, die den Rauch abzog, schwebte darüber. Nach Begrüßung der Wirtsleute zog man sich gern dahin, wo man eine entschieden bleibende Rangordnung für die Umsitzenden gewahrte. Rechts am Feuer stand ein hohes Klappkästchen, das auch zum Stuhl diente; es enthielt das Salz, welches, in Vorrat angeschafft, an einem trockenen Platze verwahrt werden mußte. Hier war der Ehrenplatz, der sogleich dem vornehmsten Fremden angewiesen wurde; auf mehrere hölzerne Stühle setzten sich die übrigen Ankömmlinge mit den Hausgenossen. Die landsittliche Kochvorrichtung, pot au feu, konnt' ich hier zum erstenmal genau betrachten. Ein großer eiserner Kessel hing an einem Haken, den man durch Verzahnung erhöhen und erniedrigen konnte, über dem Feuer; darin befand sich schon ein gutes Stück Rindfleisch mit Wasser und Salz, zugleich aber auch mit weißen und gelben Rüben, Porée, Kraut und anderen vegetabilischen Ingredienzien. Indessen wir uns freundlich mit den guten Menschen besprachen, bemerkt' ich erst, wie architektonisch klug Anrichte, Gossenstein, Topf- und Tellerbreter angebracht seien. Diese nahmen sämtlich den länglichen Raum ein, den jenes Viereck des offenen Vorhauses inwendig zur Seite ließ. Nett und alles der Ordnung gemäß war das Geräte zusammengestellt; eine Magd, oder Schwester des Hauses, besorgte alles aufs zierlichste. Die Hausfrau saß am Feuer, ein Knabe stand an ihren Knien, zwei Töchterchen drängten sich an sie heran. Der Tisch war gedeckt, ein großer irdener Napf aufgestellt, schönes weißes Brot in Scheibchen hineingeschnitten, die heiße Brühe drüber gegossen und guter Appetit empfohlen. Hier hätten jene Knaben, die mein Commißbrot verschmähten, mich auf das Muster von bon pain und bonne soupe verweisen können. Hierauf folgte das zur gleichen Zeit gar gewordene Zugemüse, so wie das Fleisch, und jedermann hätte sich an dieser einfachen Kochkunst begnügen können.

Aus: *Campagne in Frankreich*

Vom Stundenmaß der Italiener

Daß in Italien die Uhren anders gehen als nördlich der Alpen, hat Goethe gemerkt, als er nach Verona kam, in die erste große italienische Stadt auf seiner Reise nach Rom. Im Fahrtenbuch für die Frau von Stein steht zu lesen: »Die Art der Italiener, die Uhr zu zählen, verwirrt jeden Ankömmling.« Und zwar so sehr, daß der Mitteleuropäer meint, diese Eigentümlichkeit gleich zweimal gründlich erläutern zu müssen. Zur visuellen Verdeutlichung sogar mit einem Vergleichskreis der italienischen und der deutschen Uhr.

Verona, 17. September 1786. In einem Lande, wo man des Tages genießt, besonders aber des Abends sich erfreut, ist es höchst bedeutend, wenn die Nacht einbricht. Dann hört die Arbeit auf, dann kehrt der Spaziergänger zurück, der Vater will seine Tochter wieder zu Hause sehen, der Tag hat ein Ende; doch was Tag sei, wissen wir Cimmerier kaum. In ewigem Nebel und Trübe ist es uns einerlei, ob es Tag oder Nacht ist; denn wieviel Zeit können wir uns unter freiem Himmel wahrhaft ergehen und ergötzen? Wie hier die Nacht eintritt, ist der Tag entschieden vorbei, der aus Abend und Morgen bestand, vierundzwanzig Stunden sind verlebt, eine neue Rechnung geht an, die Glocken läuten, der Rosenkranz wird gebetet, mit brennender Lampe tritt die Magd ins Zimmer und spricht: Felicissima notte! Diese Epoche verändert sich mit jeder Jahreszeit, und der Mensch, der hier lebendig lebt, kann nicht irre werden, weil jeder Genuß seines Daseins sich nicht auf die Stunde, sondern auf die Tageszeit bezieht. Zwänge man dem Volke einen deutschen Zeiger auf, so würde man es verwirrt machen, denn der seinige ist innigst mit seiner Natur verwebt.

Um mich in einem wichtigen Punkte der Landesgewohnheit gleichzustellen, habe ich mir ein Hilfsmittel erdacht, wie ich ihre Stundenrechnung mir leichter zu eigen machte. Der innere Kreis bedeutet unsere vierundzwanzig Stunden von Mitternacht zu Mitternacht, in zweimal zwölf geteilt, wie wir zählen und unsere Uhren sie zeigen. Der mittlere Kreis deutet an, wie die Glocken in der jetzigen Jahreszeit hier schlagen, nämlich gleichfalls zweimal bis zwölf in vierundzwanzig Stunden, allein dergestalt, daß es eins schlägt, wenn es bei uns acht schlüge, und so fort, bis zwölfe voll sind. Morgens acht Uhr nach unserm Zeiger schlägt es wieder eins und so fort. Der oberste Kreis zeigt nun endlich, wie bis vierundzwanzig im Leben gezählt wird. Ich höre zum Beispiel in der Nacht sieben schlagen und weiß, daß Mitternacht um fünf ist, so ziehe ich die Zahl von jener ab, und habe also zwei Uhr Nachmitternacht. Hör' ich am Tag sieben schlagen und weiß, daß auch Mittag um fünf Uhr ist, so verfahre ich ebenso und habe zwei Uhr Nachmittag. Will ich aber die Stunden nach hiesiger Weise aussprechen, so muß ich wissen, daß Mittag siebzehn Uhr ist, hierzu füge ich noch die zwei und sage neunzehn Uhr.

Wenn man dies zum erstenmal hört und überdenkt, so scheint es höchst verworren und schwer durchzuführen; man wird es aber gar bald gewohnt und findet diese Beschäftigung unterhaltend, wie sich auch das Volk an dem ewigen Hin- und Widerrechnen ergötzt, wie Kinder an leicht zu überwindenden Schwierigkeiten. Sie haben ohnedies immer die Finger in der Luft, rechnen alles im Kopfe und machen sich gern mit Zahlen zu schaffen. Ferner ist dem Inländer die Sache so viel leichter, weil er sich um Mittag und Mitternacht eigentlich nicht bekümmert und nicht, wie der Fremde in diesem Lande tut, zwei Zeiger miteinander vergleicht. Sie zählen nur von Abend die Stunden, wie sie schlagen, am Tag addieren sie die Zahl zu der ihnen bekannten abwechselnden Mittagszahl.

Aus: *Italienische Reise*. Erster Teil

Warum sind die Schweizer so unfrei?

»Als vor mehreren Jahren uns nachstehende Briefe abschriftlich mitgeteilt wurden, behauptete man, sie unter Werthers Papieren gefunden zu haben und wollte wissen, daß er vor seiner Bekanntschaft mit Lotten in der Schweiz gewesen. Die Originale haben wir niemals gesehen, und mögen übrigens dem Gefühl und Urteil des Lesers auf keine Weise vorgreifen: denn, wie dem auch sei, so wird man die wenigen Blätter nicht ohne Teilnahme durchlaufen können.« So zu lesen im Vorwort zur ersten Abteilung von Goethes *Briefen aus der Schweiz* mit Schilderungen von Begebenheiten und Erlebnissen seiner zweiten Reise zu den Eidgenossen, die er Ende des Jahres 1779 als Tutor von Herzog Carl August unternommen hat und die er 17 Jahre später in Schillers *Horen* veröffentlichte. Den ausgewählten, leicht bearbeiteten Briefen an die Freunde in Weimar gehen die »Fragmente von Werthers Reisen« voran, die allerdings Goethes eigene Stimmung, seine Naturbetrachtungsweise und Wahrnehmung der Eigenheiten der Menschen in der Schweiz mit Werthers Augen und Gefühlen literarisch reflektieren. Immerhin war Goethe auf seiner ersten Reise in die Schweiz, ein Jahr nach der epochemachenden Veröffentlichung des Bestsellers, im Wertherschen Outfit unterwegs gewesen. – Die kleine Schweizerzählung beginnt mit dem Staunen über die Diskrepanz von Anspruch und Erfahrung.

Frei wären die Schweizer? Frei, diese wohlhabenden Bürger in den verschlossenen Städten? Frei, diese armen Teufel an den Klippen und Felsen? Was man den Menschen nicht alles weismachen kann! Besonders wenn man so ein altes Märchen in Spiritus aufbewahrt. Sie machten sich einmal von einem Tyrannen los und konnten sich in einem Augenblick frei denken; nun erschuf ihnen die liebe Sonne aus dem Aas des Unterdrückers einen Schwarm von kleinen Tyrannen durch eine sonderbare Wiedergeburt; nun erzählen sie das alte Märchen immerfort, man hört bis zum Überdruß: sie hätten sich einmal frei gemacht und wären frei geblieben; und nun sitzen sie hinter ihren Mauern, eingefangen von ihren Gewohnheiten und Gesetzen, ihren Fraubasereien und Philistereien, und da draußen auf den Felsen ist's auch wohl der Mühe wert, von Freiheiten zu reden, wenn man das halbe Jahr vom Schnee wie ein Murmeltier gefangengehalten wird. Pfui, wie sieht so ein Menschenwerk und so ein schlechtes notgedrungenes Menschenwerk, so ein schwarzes Städtchen, so ein Schindel- und Steinhaufen, mitten in der großen, herrlichen Natur aus! Große Kiesel- und andere Steine auf den Dächern, daß ja der Sturm ihnen die traurige Decke nicht vom Kopfe wegführe, und den Schmutz, den Mist! Und staunende Wahnsinnige! – Wo man den Menschen nur wieder begegnet, möchte man von ihnen und ihren kümmerlichen Werken gleich davon fliehen ...

Es ist was Schönes und Erbauliches um die Sinnbilder und Sittensprüche, die man hier auf den Öfen antrifft. Hier hast du die Zeichnung von einem solchen Lehrbild, das mich besonders ansprach. Ein Pferd mit dem Hinterhufe an einen Pfahl gebunden grast umher, so weit es ihm der Strick zuläßt, unten steht geschrieben: Laß mich mein bescheiden Teil Speise dahin nehmen. So wird es ja wohl bald auch mit mir werden, wenn ich nach Hause komme und nach eurem Willen, wie das Pferd in der Mühle, meine Pflicht tue und dafür, wie das Pferd hier am Ofen, einen wohl abgemessenen Unterhalt empfange. Ja, ich komme zurück, und was mich erwartet, war wohl der Mühe wert, diese Berghöhen zu erklettern, diese Täler zu durchirren und diesen blauen Himmel zu sehen, zu sehen, daß es eine Natur gibt, die durch eine ewige stumme Notwendigkeit besteht, die unbedürftig, gefühllos und göttlich ist, indes wir in Flecken und Städten unser kümmerliches Bedürfnis zu sichern haben, und nebenher alles einer verworrenen Willkür unterwerfen, die wir Freiheit nennen. Ja, ich habe die Furka, den Gotthard bestiegen! Diese erhabenen, unvergleichlichen Naturszenen werden immer vor meinem Geiste stehen; ja, ich habe die römische Geschichte gelesen, um bei der Vergleichung recht lebhaft zu fühlen, was für ein armseliger Schlucker ich bin.

Aus: *Briefe aus der Schweiz*, Erste Abteilung

Bildnachweis

Bildarchiv Preußischer Kulturbesitz, Berlin: 131; Klassik Stiftung Weimar: 4, 31, 49, 85, 117, 125, 159, 171, 201, 215, 221, 249, 267, 275; Kunstsammlungen zu Weimar: 255; Umschlagabbildung: © AKG-images/ Erich Lessing

Goethe
im Insel Verlag und insel taschenbuch
Eine Auswahl

Werke, Briefe und Gespräche

»Behalte mich ja lieb!« Christianes und Goethes Ehebriefe. Ausgewählt und mit einem Nachwort versehen von Sigrid Damm. it 2450. 180 Seiten

Briefe aus dem Elternhaus. Herausgegeben und mit drei Essays eingeleitet von Ernst Beutler. it 1850. 1068 Seiten

Dichtung und Wahrheit. Mit zeitgenössischen Illustrationen, ausgewählt von Jörn Göres. it 150. 1120 Seiten

Elegie von Marienbad. it 1250. 128 Seiten

Erotische Gedichte. Gedichte, Skizzen und Fragmente. Herausgegeben von Andreas Ammer. it 1225. 246 Seiten

Faust. Erster Teil. Nachwort von Jörn Göres. Mit Illustrationen von Eugène Delacroix. it 50. 273 Seiten

Faust. Zweiter Teil. Mit Federzeichnungen von Max Beckmann. Mit einem Nachwort zum Text von Jörn Göres und zu den Zeichnungen von Friedhelm Fischer. it 100. 492 Seiten

Faust. Erster und zweiter Teil. Herausgegeben und mit einem Nachwort versehen von Jörn Göres. it 2283. 760 Seiten

Faust. Text und Kommentar. Herausgegeben von Albrecht Schöne. Zwei Bände in Kassette. it 3000. 1976 Seiten

Faust. Urfaust / Faust. Ein Fragment / Faust. Eine Tragödie.
Paralleldruck der drei Fassungen. Herausgegeben von Werner Keller. Zwei Bände. it 625. 690 Seiten

Gedichte. Sämtliche Gedichte in zeitlicher Folge. Herausgegeben von Heinz Nicolai. it 2281. 1264 Seiten

Gedichte in Handschriften. Fünfzig Gedichte Goethes. Ausgewählt und erläutert von Karl Eibl. it 2175. 288 Seiten

Gedichte in zeitlicher Folge. Eine Lebensgeschichte Goethes in seinen Gedichten. Herausgegeben von Heinz Nicolai. it 1400. 1264 Seiten

Gespräche mit Goethe in den letzten Jahren seines Lebens. Von Johann Peter Eckermann. Herausgegeben von Fritz Bergemann. it 500. 955 Seiten

Goethes Briefwechsel mit einem Kinde. Von Bettine von Arnim. Herausgegeben und eingeleitet von Waldemar Oehlke. Mit zeitgenössischen Abbildungen. it 767. 678 Seiten

Goethes Gedanken über Musik. Eine Sammlung aus seinen Werken, Briefen, Gesprächen und Tagebüchern. Herausgegeben von Hedwig Walwei-Wiegelmann. Mit achtundvierzig Abbildungen, erläutert von Hartmut Schmidt.
it 800. 262 Seiten

Goethes Liebesgedichte. Herausgegeben von Hans Gerhard Gräf. Mit einem Nachwort von Emil Staiger. it 275. 317 Seiten

Hermann und Dorothea. Mit Aufsätzen von August Wilhelm Schlegel, Wilhelm von Humboldt, Georg Wilhelm Friedrich Hegel und Hermann Hettner. Mit zehn Kupfern von Catel. it 225. 199 Seiten

Italienische Reise. Mit vierzig Zeichnungen des Autors. Herausgegeben und mit einem Nachwort versehen von Christoph Michel. it 175. 808 Seiten

Tagebuch der Italienischen Reise 1786. Notizen und Briefe aus Italien. Mit Skizzen und Zeichnungen des Autors. Herausgegeben und erläutert von Christoph Michel. it 176. 402 Seiten

Der junge Goethe in seiner Zeit. In zwei Bänden und einer CD-ROM. Herausgegeben von Karl Eibl, Fotis Jannidis und Marianne Willems. it 2100. 1479 Seiten

Das Leben, es ist gut. Hundert Gedichte. Ausgewählt von Siegfried Unseld. GD. it 2425. 200 Seiten. it 2000. 204 Seiten

Leben des Benvenuto Cellini florentinischen Goldschmieds und Bildhauers von ihm selbst geschrieben. Übersetzt und mit einem Anhange herausgegeben von Johann Wolfgang Goethe. Mit einem Nachwort von Harald Keller. Mit Abbildungen. it 525. 559 Seiten

Die Leiden des jungen Werther. Ein Briefroman. Mit einem Essay von Georg Lukács. Nachwort von Jörn Göres. Mit zeitgenössischen Illustrationen von Daniel Nikolaus Chodowiecki u.a. it 25. 231 Seiten. it 3500. 172 Seiten

Lektüre für Augenblicke. Gedanken aus seinen Büchern, Briefen und Gesprächen. Auswahl und Nachwort von Gerhart Baumann. it 1750. 177 Seiten

Lieber Engel, ich bin ganz dein! Goethes schönste Briefe an Frauen. Herausgegeben von Angelika Maass. Mit zahlreichen Abbildungen. it 2150. 486 Seiten

Liebesgedichte. Ausgewählt von Karl Eibl. it 2825. 108 Seiten

Liebesgeschichten. Ausgewählt von Hans-Joachim Simm. it 2892. 144 Seiten

Märchen. Der neue Paris. Die neue Melusine. Das Märchen. Herausgegeben und erläutert von Katharina Mommsen. it 2287. 232 Seiten

Der Mann von funfzig Jahren. Mit einem Nachwort von Adolf Muschg. it 3200. 115 Seiten

Maximen und Reflexionen. Text der Ausgabe von 1907 mit den Erläuterungen und der Einleitung Max Heckers. Mit einem Nachwort von Isabella Kuhn. it 200. 370 Seiten. it 2975. 365 Seiten

Novelle. Herausgegeben und mit einem Nachwort versehen von Peter Höfle. it 2625. 144 Seiten

Novellen. Herausgegeben und mit einem Nachwort versehen von Katharina Mommsen. Mit Federzeichnungen von Max Liebermann. it 425. 293 Seiten

Rameaus Neffe. Ein Dialog von Denis Diderot. Übersetzt von Goethe. Zweisprachige Ausgabe. Mit Zeichnungen von Antoine Watteau und einem Nachwort von Horst Günther. it 1675. 324 Seiten

Reinecke Fuchs. Aquarelle von J.H.W. Tischbein. 240 Seiten. Gebunden

Das römische Carneval. Mit einem Nachwort von Siegfried Unseld. IB 1292. 80 Seiten

Römische Elegien und Venezianische Epigramme.
it 3175. 105 Seiten

Sämtliche Gedichte in einem Band. Mit einem Nachwort von Karl Eibl. 1141 Seiten. Gebunden

Sollst mir ewig Suleika heißen. Briefwechsel mit Marianne und Johann Jakob Willemer. Herausgegeben von Hans-J. Weitz. Mit zeitgenössischen Abbildungen. it 1475. 568 Seiten

Sprüche in Prosa. Sämtliche Maximen und Reflexionen. 486 Seiten. Gebunden

Die Tafeln zur Farbenlehre und deren Erklärung. Mit einem Nachwort von Jürgen Teller. IB 1140. 95 Seiten

Verweile doch. 111 Gedichte mit Interpretationen. Herausgegeben von Marcel Reich-Ranicki. it 1775. 512 Seiten

Die Wahlverwandtschaften. Ein Roman. Erläuterungen von Hans-J. Weitz. Mit einem Essay von Walter Benjamin. it 1. 333 Seiten

Werke in sechs Bänden. Redaktion Hans-Georg Dewitz und Hans-Joachim Simm. 5038 Seiten. Gebunden

West-östlicher Divan. Mit Essays zum »Divan« von Hugo von Hofmannsthal, Oskar Loerke und Karl Krolow. Herausgegeben und mit Erläuterungen versehen von Hans-J. Weitz. it 75. 400 Seiten

Wilhelm Meisters Lehrjahre. Herausgegeben von Erich Schmitt. Mit sechs Kupferstichen von Catel. it 475. 642 Seiten

Wilhelm Meisters Wanderjahre oder die Entsagenden.
Mit einem Nachwort von Adolf Muschg. it 575. 523 Seiten

Johann Wolfgang Goethe / Friedrich Schiller. Sämtliche Balladen und Romanzen in zeitlicher Folge. Herausgegeben von Karl Eibl. it 1275. 197 Seiten

Johann Wolfgang Goethe / Friedrich Schiller. Der Briefwechsel zwischen Schiller und Goethe. Revidierte Neuausgabe. Mit zahlreichen Abbildungen. Herausgegeben von Emil Staiger. 1.185 Seiten. Gebunden. it 3125. 1152 Seiten

Anthologien und Sammlungen

Allen Gewalten zum Trutz sich erhalten. Gedichte und Bilder. Herausgegeben von Hans-Joachim Simm. IB 1277. 101 Seiten

Goethe für Gestreßte. Ausgewählt von Walter Hinck. it 1900. 128 Seiten. it 2675. 128 Seiten

Goethe für Kinder. »Ich bin so guter Dinge«. Ausgewählt von Peter Härtling. Illustriert von Hans Traxler. 93 Seiten. Gebunden. it 2900. 96 Seiten

Goethe und die Religion. Aus seinen Werken, Briefen, Tagebüchern und Gesprächen. Zusammengestellt von Hans-Joachim Simm. it 2200. 448 Seiten

Mit Goethe durch den Garten. Ein Abc für Gartenfreunde, aufgeblättert von Claudia Schmölders. Mit farbigen Illustrationen von Hans Traxler. it 1211. 137 Seiten

Goethe, unser Zeitgenosse. Über Fremdes und Eigenes. Herausgegeben von Siegfried Unseld. it 1425. 160 Seiten. it 2290. 161 Seiten

Goethe. Von Mensch und Menschheit. Aus seinen Werken, Briefen, Tagebüchern und Gesprächen. Herausgegeben von Bruno Wachsmuth. Mit einem Nachwort von Jochen Golz. it 2850. 416 Seiten

Goethe und die Medizin. Selbstzeugnisse und Dokumente. Von Manfred Wenzel. it 1350. 127 Seiten

Goethes schönste Gedichte. Herausgegeben von Jochen Schmidt. IB 1013. 64 Seiten

Über die Liebe. Ausgewählt von Friedemar Apel. it 3225. 176 Seiten

Wie herrlich leuchtet mir die Natur. Gedichte und Bilder. Herausgegeben von Hans-Joachim Simm. IB 1240. 103 Seiten

Darstellungen über Goethe

Bei Goethe zu Gast. Besucher in Weimar. Herausgegeben von Werner Völker. Mit zahlreichen Abbildungen. it 1725. 172 Seiten

Essays um Goethe. Von Ernst Beutler. Erweiterte Frankfurter Ausgabe. Herausgegeben von Christian Beutler. it 1575. 1008 Seiten

Goethe. Der Dichter in seiner Zeit. Von Nicholas Boyle. Übersetzt von Holger Fliessbach. Mit Abbildungen.
- Band I: 1749-1790. it 3025. 905 Seiten
- Band II: 1790-1803. it 3050. 1115 Seiten

Christiane und Goethe. Eine Recherche. Von Sigrid Damm. Mit Abbildungen. Gebunden und it 2800. 544 Seiten

Cornelia Goethe. Von Sigrid Damm. Gebunden und it 1452. 260 Seiten

Goethes erste große Liebe Lili Schönemann. Von Dagmar von Gersdorff. Mit Abbildungen. IB 1229. 112 Seiten

Goethes Mutter. Catharina Elisabeth. Eine Biographie. Von Dagmar von Gersdorff. 464 Seiten. Gebunden und it 2925

Goethe aus der Nähe. Berichte von Zeitgenossen. Ausgewählt und kommentiert von Eckart Kleßmann. it 1800. 552 Seiten

Goethe. Seine äußere Erscheinung. Literarische und künstlerische Dokumente seiner Zeitgenossen. Zusammengetragen von Emil Schaeffer. Überprüft und ergänzt von Jörn Göres. it 2275. 199 Seiten

Goethe und Lenz. Die Geschichte einer Entzweiung. Dokumentiert von Matthias Luserke. it 2750. 208 Seiten

Goethe und seine Zeitgenossen. Zwischen Annäherung und Realität. Von Ludwig Fertig. it 2525. 416 Seiten

Goethes Gretchen. Das Leben und Sterben der Kindsmörderin Margaretha Brandt. Nach den Prozeßakten dargestellt von Siegfried Birkner. it 2563. 176 Seiten

Goethes Morgenlandfahrten. West-östliche Begegnungen. Herausgegeben von Jochen Golz. it 2600. 320 Seiten